◆ 高等院校会展专业教材
◆ 南开大学出版社

◆ 魏士洲　主编 ◆

展览实务

图书在版编目(CIP)数据

展览实务 / 魏士洲主编. —天津：南开大学出版社，2013.5

高等院校会展专业教材

ISBN 978-7-310-04172-5

Ⅰ. ①展…　Ⅱ. ①魏…　Ⅲ. ①展览会—高等学校—教材　Ⅳ. ①G245

中国版本图书馆 CIP 数据核字(2013)第 084475 号

南开大学出版社出版发行

出版人：孙克强

地址：天津市南开区卫津路 94 号　邮政编码：300071

营销部电话：(022)23508339　23500755

营销部传真：(022)23508542　邮购部电话：(022)23502200

*

天津午阳印刷有限公司印刷

全国各地新华书店经销

*

2013 年 5 月第 1 版　2013 年 5 月第 1 次印刷

230×170 毫米　16 开本　14.625 印张　268 千字

定价：26.00 元

如遇图书印装质量问题，请与本社营销部联系调换，电话：(022)23507125

前　言

一直想编写一本更贴近实际的教材，它既要符合本科生、高职学生学习的需要，也适合展览实际从业者阅读，现在这一愿望终于得以实现。

《展览实务》是以展览项目操盘手的视角来组织编写的，即它以展览工作者实际工作为主要内容。同时，本书也兼顾了有关展览项目战略管理的内容，以便于学习者掌握展览实际工作技巧，培养自身展览项目战略管理的能力。

本书在编写过程中，试图体现以下特点：

1. 考虑到展览和会议管理有着不同的特点和规律，本书改变以往教材将“展览实务”和“会议实务”混在一起形成“会展实务”的做法，只就“展览实务”内容进行编写，以使其内容更具针对性。

2. 以案例为导引，直接切入实务，以使学习者先获得感性认识，然后从案例中引出问题与思考，把理论学习与实际联系起来。

3. 以展览项目组织流程为主线进行编写，以体现工作的实际情境。

4. 每章设计实训项目，并给出实训项目的内容撰写框架作为参考，以使学习者能够掌握思考框架，遵循一定的基本规范，达到一个基本的水准，这也使实训项目更具有可操作性。

编者深深知道，本书的章节框架还不完美，各章节的内容也需更精炼、更贴近实际，实训项目的设计也有待进一步改进。望读者有任何意见、建议或批评都不吝赐教，编者将不胜感激。

魏士洲

2012 年 8 月

目　录

第一章

展览概述

学习要点

- 展览的概念
- 展览的作用
- 中国展览业的发展趋势
- 展览产业与其他产业的关系

引导案例

中国国际纺织机械博览会的历史变迁

中国国际纺织机械展览会由中国纺织工业协会和中国国际贸易促进委员会主办，由中国国际贸易促进委员会纺织行业分会、中国国际展览中心集团公司、中国纺织机械器材工业协会承办，中国香港展览公司协办。该展览会从1988年初创，始终得到中国政府行业主管部门的重视与支持，伴随着中国纺织工业的改革与发展不断成长壮大，也得到了世界主要纺织机械生产厂商和业内人士的认同，已经成为蜚声世界四大国际纺机展之一。2002年，中国国际纺织机械展览会在德国慕尼黑第69届UFI年会上被正式接纳成为会员展览会，同期展览主承办单位中国国际贸易促进委员会纺织行业分会也成为了UFI正式会员。

经过十多年的辛勤耕耘，到2006年的第十届展览会，来自德国、意大利、瑞士、法国、英国、西班牙、荷兰、日本、韩国、印度、中国(含香港、澳门、台湾省)共24个国家和地区1045家企业参加了展出。展览会集先进技术于一堂，融国际性与本土化于一体。展出的产品涉及纺织纤维生产、纤维纺纱和织造、针织和织物染整、非织造布和器材以及检测试验仪器、控制技术等共15个专业的千余种设备和上万种零件、部件和软件技术，展品数量是历届之最；展出的面积达6万多平米，是历届之最；参观展览会的业内专业人士多达15万人次，其中来自海外

64个国家和地区的有5000多人。为不断提高展会质量,减轻参展企业的负担,鼓励企业以设备等实物参展,组委会规定从2006年第十届中国国际纺织机械展览会开始,国内参展企业免费使用参展设备所需常规动力电及水、气的政策,同时对展馆现场所有展品进出馆的搬运、就位等也进行免费服务。

自2008年的第十一届展会开始,中国国际纺织机械展览会走上了和ITMA AISA的联合之路。ITMA AISA被誉为世界纺机业界的“奥林匹克”,由欧洲纺织机械制造商委员会举办,是众多全球先进的纺机技术企业的首选展览会。中国国际纺织机械展览会与ITMA AISA的联合举办,不仅是为了有力地推动亚洲纺织机械领域的技术设备更新换代,加强各国纺织与纺织机械行业的合作与交流,促进纺织机械类展览会的融合,更为重要的是,将会大大减少全球纺机企业、纺机用户的参展和参观成本,并促进我国国内以及周边地区纺机专业类展览会健康、有序地持续发展。

自联合举办以来,中国国际纺织机械展览会表现出以下特点:

第一,规模最大。2008年联合展的展出面积达到126500平方米;2010年,即便受到国际金融危机的影响,展出面积也超过了10万平方米,依然是2010年度全球规模最大的国际纺机展;2012年,展览面积为132250平方米,较上届增加近30%,展会租用了上海新国际博览中心W侧的全部5个馆、E侧的1至6馆以及E7的半个馆,共11.5个馆。

第二,参展企业最多。2008年展会共有来自全球30多个国家和地区的1300多家企业参展;2010年,有28个国家和地区的1171家企业参展,虽然受全球金融危机的影响,但全球知名的纺机生产企业悉数到场,如立达、欧瑞康、必佳乐、卡尔·迈耶、意达、苏米特、萨维奥、丰田、村田、津田驹、佰龙、立信、中国恒天集团、上海太平洋集团等;2012年,共有来自28个国家和地区的1283家纺机生产企业或相关企业参展,全球纺机业界的知名企业几乎全数云集在这里,展示其最新的技术、工艺和设备。

第三,国际化水平最高。2008年海外参展企业的展出面积和参展企业数量占总面积和总数量的55%;2010年的这些比例也接近50%;2012年,中国大陆参展企业的展出面积虽然大幅扩大,但海外参展企业的展出面积也占到近40%。

第四,观众质量最高。2008年联合展接待了来自96个国家和地区的8万多名专业观众,海外观众比例超过20%;2010年展会接待了8.2万多名专业观众,其中有22%的观众来自海外99个不同的国家和地区;2012年,到6月8日(网上预登录观众的截止日期),海内外观众网上预登录人数已超过1万人,而整个展期的观众人数超过8万人。

资料来源:http://www.citme.com.cn

案例分析

在中国国际纺织机械展览会的发展过程中,主办单位始终坚持了融国际化和本土化于一体的办展思路,立足中国纺织业,服务中国及世界纺织工业。在办展理念和操作过程中向国际标准看齐,培育和拓展展览会的服务内容,力争通过展览会这个平台,实现参展商和贸易观众的良性互动。

第一节　展览的概念

一、展览的起源

展览会、展示会、博览会、交易会等习惯统称为展览会,英文常用 exhibition、fair、show、display 等单词,最早起源于封建社会的宗教庙会和集市。这是西方学者经过研究得出的结论。许多专家认为,展览和贸易同样古老和悠久,几乎与人类文明同时产生。当人类社会还处在以物易物的初级交换时期,庙会和集市就已具备了"摆"、"看"、"交流"等展览会的基本特征,被称作展览会的原始形式。依附于宗教迷信的古代庙会,一开始只是一种祭祀仪式,或者是传经布道、供神求愿的寺庙活动。这些活动一般要在寺院、庙宇的殿堂及大院内或门外空地上举行,形式神秘死板、庄严肃穆,多数由祭司主持,只允许部分僧侣和信徒参加。内容除了焚香、燃灯、供奉、跪拜、祈祷、诵经之外,有时还伴有歌舞和威严的锣鼓及唢呐之声,响彻云霄,声震四周,故此引来了好奇者及围观者的窥视与议论,进而一传十、十传百,逐步吸引了社会各界人士。一时间,民间艺人成帮结伙前来助兴表演;农夫、牧民携带农副产品、赶着牲畜借机交换,互通有无;作坊老板、手工业者、小商小贩划地叫卖,出售商品;江湖游医、方士、算命先生不甘落后,匆匆赶来,招摇过市,奔波谋生;还有乞丐、小偷也闻风而动,穿梭在人群之中,浑水摸鱼,以求一逞。久而久之,原本从事宗教活动的场所演变成为内容纷繁、人员复杂、商贸与娱乐结合在一起的乡镇大庙会。这种古代宗教庙会就是展览会的雏形。

庙会有着浓厚的农业社会特点:古朴、简陋、粗犷、松散,没有组织机构去要求,没有范围、规模来约束,一切顺其自然,自然生产、自然发展。

随着社会的进步,到了封建社会的后期,生产力不断地发展,农副产品逐渐丰富起来,社会上出现了较多的剩余产品和手工业产品。农民、手工业者、作坊老板就把宗教庙会当成了推销产品的重要渠道和市场,使得庙会上的贸易交流活动规模越来越大,人员越来越多,后来者居上,喧宾夺主,竟成了庙会的主要活动，而开始在寺院中举行的祭祀仪式反倒成了陪衬。这时期的庙会实际上已成为一种农副产品、用品的交流大集市。不过，庙会的名称仍然保留着，时间和地点逐渐固定下来。

从原始庙会上的借机交换产品，发展到固定时间、固定地点、有目的的集市贸易交流，是展览会形式演变过程中的一个飞跃，集市被学术界称为展览会的初级阶段。

二、展览的概念

所谓展览，是一种旨在促进营销的活动，其形式可以是展示会、交易会、展览会或商业活动。相互竞争或互补的卖方通过租用聚集在某幢建筑物中或有限场地上划界分配的区域或摊位，展示其产品和服务，宣传有关信息。其观众包括经选择的部分顾客、可能的买主、决策影响者和中间商。

从本质上讲，展览是一种媒介。它是同行业企业之间、企业与顾客之间、政府与企业之间、企业与公众之间交流的一种介质。对展览企业而言，其经营展览项目其实是在经营一个媒介平台；对参展企业而言，展览其实是其一个营销工具，西方大多数企业把每年的参展费用开支作为对外联系交际费列在Communication项目下，在营销方式上则把它与直接销售和电子商务相并列，三者属同一范畴；对观众而言，展览是其获取资讯的一个通道；对政府而言，展览是其传播产业水平、宣传城市形象、提高城市知名度的有力工具。

由于会展业本身是一种无污染产业，且对整个城市经济发展具有较大的带动和促进作用，在一些办展历史悠久、展览业高度发达的国家，如德国，会展业成为服务业中最重要的组成部分。同时，对那些地域狭小，但在交通、通信和对外开放度方面具有较大优势的国家或地区来说，发展会展业常常成为城市经济发展的首选战略之一，新加坡和中国香港都在采取各种措施，努力把自己建设成为亚洲一流的会议展览举办地。

三、展览的特点

(一)产业带动力强

会展业的首要特点在于它与旅游业相似，是一个“引爆行业”，既能为策划、主办和参加会展的各方带来一定的经济效益，又能收到多方面的社会效益。会展业可以带动诸如建筑、交通、运输、通信、广告、旅游、宾馆、餐饮、房地产和城市建设等一系列产业的发展，孕育和发展新的产业门类。

(二)综合效益高

一是有利于环境保护。与第二产业的有形生产相比，展览业的主要要素是展馆、参展商和参观者，不会构成明显的污染。从可持续发展的角度看，由于会展业属于第三产业范畴，会展业不仅符合产业发展的一般规律，符合加快发展第三产业的要求，更重要的作用在于这个产业的发展绝不是以牺牲环境质量为代价的，而在很多方面恰恰是以加强环境保护、创造人与自然和谐发展的环境为目的的。

二是效益高。这包括经济效益和社会效益两方面。据有关针对展览会主办方的调查，办展利润高于一般贸易的利润，国际展览业的利润率在20%以上；同时，大型展览会一般都能给参展商带来大量的订单和潜在的商业机会，展览、展示也是维持客户良好关系的有效手段。正是这一特点决定了其适合在经济发达、金融与贸易比较集中的大城市和特大城市发展。

（三）有利于提升城市整体形象

一是推动市政建设，二是提供就业机会，三是提高城市知名度。事实上，会展城市也应作为一个产品来经营和推广，会展营销的主体可以包括政府、会展企业、参展商、与会者甚至媒体。显而易见，如果一座城市成为会展知名城市，这个城市在公众心中的形象必然是高大的，城市的知名度也因此有所提高；况且，在创造和开辟新的服务行业、提高城市综合竞争力等方面，会展的作用十分明显。

（四）发展潜力大

一是会展具有朝阳产业的特征。会展本身是为其他有形和无形的产业部门提供服务的，这就决定了其可以顺应产业发展的方向，甚至可以引领和促进新兴产业的发展。

二是对于发展中国家而言，会展业的发展潜力巨大。

第二节　展览的作用

一、展示最新成果，交流市场信息

在科技飞速发展的现代化社会中，信息传播手段日新月异。企业公司可以通过各种媒介、载体等渠道去推介自身及其产品，包括电视、广播、报纸、刊物及互联网等。但是时至今日，新的传播手段一直没有取代展览会——这个古而有之的流通方式和传播载体。有人把展览会比喻为“立体广告”，笔者认为很有道理。

展览会的交流和宣传是综合性的，尤其是在展示新成果、新产品时，又有一种人性化沟通的亲和力，可以让受众近距离直观其物。下面，请读者跟着笔者的描述到展览会现场感受一下具体的情况。

首先看参展单位。在展览会中拥有一席之地，建有展台，陈列、展示着自已的产品。同时有工作人员面向观众讲解、演示新技术的优越性能，还可以通过录像、幻灯、投影、散发资料等手段更全面地介绍公司情况和设备特色。此时的展台完全像一个独立的工作机构，可以约见客人、洽谈生意，自成一统，自由支配，从容不迫地组织活动，合理合法地安排宣传。除此以外，参展厂商又可走出自己的展台，参观其他展台，体会整个展览会的气氛，了解世界各地的新技术、新产品，从中触摸市场和技术发展的脉博及走势

再看观众。如果你是一位采购商，大可眼观六路，耳听八方，货比三家，选择产品，还可能获得优惠价格以及其他相关服务。如果你是科研工作者，眼前这个琳琅满目的展品世界是了解新的技术成就的绝好窗口，在此可以随意观察、揣摩，了解自己感兴趣的设备，开拓思路，启迪创新。技术人员在这里能看到平时很难见到的先进技术设备，获得大量有用的信息。而在综合性展览会上，徜徉于大厅之内的一般观众总是屡见不鲜。他们也是乐此不疲，各得其所：或流连于光怪陆离的展台之间，了解珍闻趣事；或驻足在精美的设备之前，感受科学技术的魅力。总而言之，展览会像一个大课堂、一本百科全书，不同的人可以获得不一样的满足、知识和乐趣。展览会承载的展示、宣传等功能确实令其他媒介望尘莫及。

二、树立企业形象，赢得销售市场

初期的或初级水平的展览会，参展者一般是采用租赁摊位的方式。国际标准展位的布局为：占地 9 平方米，三面有展墙，一面向观众，配有桌子、椅子、灯具、电源插座等，能满足参展者的基本要求。展商就在此小天地内组织活动、展示产品。大的厂家如果觉得面积不够用，可以再多租几个展位。随着时代的发展、展览观念的转变，以及现代建筑、装饰材料和电子、灯光、音响技术的不断出现，原先那种千篇一律的标准展位已明显滞后，展览会上的特殊装修乘机而入，大出风头。采用新型钢架结构、铝型板材，并结合光学、美学、环境学、色彩学等多种技术的个性化设计和展台建筑相继出现在大型国际展览会上，让人耳目一新。特别是几个大公司、大企业、跨国集团出现在同一个展览会上时，展览会现场就像体育赛场一样，参展商个个争先恐后，不甘逊色，试与对手一比高低。不仅在展品上刻意挑选，力争高人一筹，同时也要在展台设计和装修方面标新立异，真可谓八仙过海，各显其能。用意就是引人注目，借机展示企业的实力，树立公司的形象，取得用户的信赖，赢得销售市场，获得丰厚的订单及合同和合作意向。在展览会的活动之中，还有许多展示实力、树立形象的方式和方法，如散发资料、赠送礼品、文艺演出等，都是不容忽视、不可错过的环节。经验丰富的公司经营者每每都要精心安排，认真打理，充分发挥每种形式的潜力，为公司所用。

三、结交新老朋友，扩大国际交往

国际展览业发展到今天，其影响范围早已远远超出了经济、贸易领域，广泛

涉及了科学、文化、历史、外交、政治等诸多方面。世界上著名的博览会、展览会不仅将人类各种文明新成果、新产品、新工艺汇聚到一地，展示教育公众，而且也将全球的优秀企业家、公司决策人、领导人甚至政府要员、国家元首召集到一起，共商大计，密切接触，构建起一个高层次国际交流的大平台。

“结交新朋友，不忘老朋友”，这是贸易界的一句老话。展览会期间，这句话被体现得淋漓尽致。新的朋友可能会给你带来新的希望和新的贸易合作机会，所以有必要进行感情投资。老朋友交情深厚，展会相逢，更要聚会叙旧。要是能安排官方接触，疏通外交关系，更是求之不得之幸事，一定要把握机遇，创造性运用。加之博览会举办地有时就是一座综合服务城，招待朋友不需车马劳顿，信步博览会现场就能如愿以偿。许多经验丰富的参展者都是有备而来，满载而归。

四、促成贸易成交，吸引外部投资

展览会的直接目的或潜在效果是促进贸易或增加投资项目，这是不言而喻的。

请先体会一下展览会名称：如交易会、订货会、贸易洽谈会、投资项目洽谈会等，其直言不讳自己的目的就在于现场成交、洽谈订货、签订投资合同及意向；而像博览会、展览会、交流会等名称则比较含蓄，先展示成果、树立形象，然后达到促进贸易、合作投资的目标。不同名称的展览会重点不同，各有侧重，但却殊途同归。

世界展览业在漫长的发展进程中，逐步形成了自己的组织系统。目前，国际展览界有两人派系组织：一是国际展览局，二是国际展览联盟。这两个组织的总部都设在法国巴黎，在机构形式上和工作重点上都有所不同且相差甚远，不过都在为促进国际之间的经济交流、贸易往来而奔波努力、不懈工作。

五、拉动地区经济发展，彰显人类文明进步

在充分发挥上述四项作用和功能的基础上，展览的第五功能是综合性的，就是拉动举办地整体经济的发展，彰显人类文明并推进社会进步。

在现实中，展览会作为一种特殊的宣传载体、流通媒介依然在切实具体地为企业、公司乃至政府部门提供着多方位、多层次、多领域的服务。这就是许多国家看好世博会并不遗余力争办世博会的原因，也是许多城市、地区尽力去筹办和组织综合、专业性贸易展览会，使得展览业持续不断并蓬勃发展的关键所在。

第三节 中国展览业的发展趋势

我国的会展业起步于改革开放的初期，经历了从纯粹的政府行为到政府安排至各方积极参与的过程。中国于1982年参加了美国诺克维斯克能源世博会后，声誉日隆。1993年5月3日，中国正式加入了国际展览局，成为了第46个成员，其后获得了世博会的申办权。在不到20年的时间内，我国会展业发展迅速。据不完全统计，至2002年，全国展览场馆已超过150个，其中北京、上海、广州、大连、厦门占据了全国会展业的半壁江山。在众多会展中产生较大影响的有北京的亚运会、世界妇女大会、万国邮联大会，上海的99′财富论坛·上海年会、APEC会议、上海合作组织首脑会议、亚洲银行会议、上交会，广州的广交会，深圳的高交会，珠海的航空展，昆明的昆交会、世界博艺园等。尽管如此，与西方国家相比，中国会展业的实力还显得太弱小。以1998年承办国际会议数量排名，中国世界排名第34位，暂居亚太地区第12位，远远落后于澳大利亚、日本、以色列、韩国，甚至还不及泰国、马来西亚等东盟国家。但随着我国加入WTO，巨大的潜在市场正逐步向世界开放，而不断完善的基础设施、综合服务能力也促使中国朝着成为世界会议的最佳举办地的目标前进。

一、国际化

会展活动的国际化趋势，一方面是举办机构、组织体制和运作规则的国际化，另一方面是展会参与企业、人员的国际化和非排他趋势正在加强，这与我国加入WTO、迅速融入经济全球化的经济发展大趋势有关，也与会展业属于服务业、壁垒相对较少的特性有关。随着世界经济全球化的进程，国际性的专业会展也不断地提高国际化水平，增加国外参展商、参会者和参观客户的比例。

二、专业化

综观当代会展业的发展状况，当今世界著名的国际会议都围绕着某一专门的主题展开，展览会也以专业展居多。专业化成为会展业发展的趋势，是经济全球化分工发展的必然。只有具备了明确的主题、专业和市场定位，会展服务才能真正满足参展商或参会者的需求。

三、品牌化趋势

品牌将会是会展业发展的灵魂。不但会展活动的成功举办有赖于品牌的树立，而且会展城市也需要打造品牌。

从我国会展品牌发展的方向看，一是要制定品牌战略，树立牢固的品牌观念，并从场馆的设计、主题的选择、展会的规划、组织与管理等具体方面来实现会展业的品牌化发展。二是要提升品牌质量，主要从展会的硬件和软件两个方面入手：要加大投入，不失时机地更新展会的硬件设备；要加大对专业人才的引进力度，积极加入国际性的会展组织，通过这些途径实现展会服务与国际接轨。三是要拓展品牌空间，以时间、空间和价值思维来进行拓展。

四、多元化趋势

从整体来看，世界会展业的多元化趋势主要包括会展内容的多元化和经营形式的多元化。

会展内容从会展发端时以服务于制造业的企业和产品为主，向服务于第三产业特别是服务业的产品为主过渡，近年来很多会展的内容已涉及文化和意识形态领域。

经营形式多元化也是会展业创新发展的客观要求。现在的国际展览公司经营形式日益多元化：一是在国外设立办事处，以收集海外会展信息，拓展市场；二是在国外成立合资公司，与当地同行共同开拓国际会议和展览市场；三是以外资的身份投资兴建会展场馆；四是将自己的品牌展览移植到海外举办，以合并国外的小规模同类展览会，并吸引大量的本国展览者和当地观众。

第四节 展览业与其他产业的关系

一、展览与其紧密关联产业的关系

会展产业产出的是一种无形的服务商品，因此属于第三产业中的服务业范畴。与其他服务行业相比，会展产业最显著的一个特点就是它产业关联度高，对产业相关服务行业具有较强的带动作用。会展活动有利于产业结构的调整，主要表现在可带动旅游、宾馆、餐饮、交通、通信、购物、物流、保险、金融、租赁、环保、广告等第三产业内部相关行业的发展。

(一)会展为旅游业注入了活力

拥有颇具吸引力的旅游景点的地利优势，是开展会展活动的重要条件之一。在举办各种会展的过程中，参展人员趁空闲之际对当地的社会、经济、历史、人文、风景进行考察，既有利于发现商机，还可以在百忙之中进行充电以利于再战，无疑是两得之举。另一方面，现在旅游往往是花在“旅”上的时间太长，“游”的过程却较短，且不说效率与效益不高，人们还容易感觉疲惫不堪。而会展活动与旅游业相结合则具有劳逸结合、客户消费高、停留时间长、团队规模大、赢利性好、行业带动性强等特点。在会展产业蓬勃发展的同时也为旅游业创造了巨大的商机，开发出一个极大的市场，以至于形成了以会展带动旅游、以旅游促进会展的良性互动发展模式。

(二)会展提高了宾馆与餐饮业的收益

会展活动期间,大量的参展商和观众涌入,对举办地的餐饮、住宿业形成巨大的需求。每年两届的广交会开幕后,广州市主要宾馆平均出租率可达95%以上,其最高出租率可达110%左右,加上交易房价上浮,主要宾馆在4月和10月的营业收入比平常月份普遍高1～3倍。1999年《财富》论坛在上海举办,短短几天时间,上海酒店收入就超过了1亿元。在第二届长春汽车博览会期间,长春市内十大宾馆入住率提高了48.2%,全市第三产业同比增长17%。

(三)会展带动了交通与通信业的发展

会展活动将大量的人流、物流汇集到举办地,而人员与物质的流动既增加了对交通和通信业的需求,也极大地推动了交通、通信业的发展。因为会展活动提高了人们之间交通和通信联系的频率。与此同时,会展活动增加了对人们通信服务的需求和相互之间通信联系的频次,为交通及通信业的发展创造了机会。

(四)会展刺激了消费需求

会展活动期间,大量人流的涌入会增加对生活用品以及富有纪念性的、有地区特色的商品的需求,从而促进商场、超市、专卖店零售业的发展。据统计,1997年参观展览的人士在中国香港地区的商店总消费额达27亿港元,占零售业总收入的1.2%;北京的当代商城、秀水街、红桥市场在第21届世界大学生运动会举行的11天时间里,实际销售额分别达到1137万元、60万元和3900万元,月销售额同比增长了35%、110%和30%;在第二届长春汽车博览会期间,长春市十大商场贸易额与去年同期比较增长了37.1%。

(五)会展导致了物流频繁

会展活动期间,由于需要汇集大量商品,因而导致了频繁的物流活动:展览前后需要对参展商品及其他会展配套设施进行运输、包装、储存、装卸、搬运,会展活动期间需向参展商和参观者分发食品,这都会增加货物流量和对物流服务的需求。更重要的是,相对于一般的货物而言,展品对物流服务有着更高的要求,这就要求物流活动组织者不断采用先进技术、设备、管理方法,提高物流服务水平。物流与会展这两大朝阳产业的珠联璧合不但大有作为,而且已成为名副其实的利润源泉。

(六)会展使保险业获利丰厚

在会展活动中,为了确保参展商和参展观众的人身安全,保护参展商的专利、商标等知识产权,保证各类展品特别是像珠宝、航空飞机等贵重展品的安全,不可避免地要涉及保险业,这给金融保险业带来一定的积极影响。会展产业的发展需要保险业的支持,也给保险业带来商机。例如,珠海第四届航展由太平洋保险公司独家承揽665亿元的高额保险，保险项目包括：飞机机身险，飞行表演、静态展示第三方责任险，飞行员及工作人员人身险，航空器财产险，火箭等航空航天系列保险，展馆公众责任险等。

（七）会展促进了广告与印刷业的发展

为了招揽客商与观众、提高声势，会展活动期间，会展组织者、参展商都会进行大量的广告宣传，从而促进了广告业的发展。同时，参加展会的参展商为取得更好的效果必然想方设法地吸引参展观众，制作各种宣传资料、手册，进而促进了印刷业的发展。

会展活动的影响远不止于此，会展产业的发展还将对租赁、环保、装潢设计、电子音像等第三产业内部相关产业的发展产生拉动作用，从而使产业结构日渐合理、优化。会展活动有利于促进产业结构的调整，不仅有坚实的理论基础，而且在现实的经济活动中也得到了充分的佐证。

二、展览业与其他非紧密关联产业关系

会展业的发展将通过前、后、旁产生关联效应，一方面为产业内相关的部门带来大量的客源、货源，创造出大量的市场需求；另一方面，需求的增加会对产业外的第一、二产业和相关部门提出新的需求，提供新的供给领域和市场，也提出更高的要求。产业部门与部门间的关联主要表现在需求与供给、投入与产出等关系上，即在社会分工的链条上，每个产业与部门都同时具有生产者和消费者的双重身份：各产业与部门都需要其他产业与部门为自己提供各种产出，作为自己的生产要素供给；同时又把自己的产出作为一种市场需求提供给其他产业与部门进行消费。这样，就使得某些企业与部门的发展依赖另一些产业与部门的发展或促进另一些产业与部门的发展。

（一）对其他产业不断提出新的需求

人类社会的经济需求总是从低层次向着高层次发展，在某些动因下，使得更加复杂的需求被不断激发出来，相应的需求被人们一环紧扣一环地放大。例如，服装行业不仅为棉花、羊毛、化纤等相关联产业与部门带来大量的需求，而且为与此相关的印染技术、缝纫机械、服装设计、时装表演等前后关联产业与部门带来大量新的需求。由于会展活动为刺激商品需求提供了机会，而这些需求又是激发新需要的动因，因此会展活动会对其他产业不断提出新的需求。又由于会展活动在一定程度上可改变市场的需求结构，特别是中间需求与最终需求的比例、个人消费结构与投资的比例，因此，市场需求的改变会直接影响到其他产业结构调整。

（二）对其他产业提出新的供给要求

会展产业的出现是社会分工细化的结果。社会分工的不断细化对整个社会经济具有重大意义。这是因为，产业的细化是分工和专业化的外在表现，不仅扩展了自身产业的发展空间，而且有利于技术创新、服务创新和技术、服务水平的提高。在一般的经济活动中，各产业与部门之间既存在直接或间接的关联关系，也存在相互制约、相互促进的发展关系。而各产业与部门之间制约、促进作用的大小取决于各产业与部门之间关联度的大小，关联度越大，产业与部门之间的制约、促进作用就越强；反之，关联度越小，产业与部门之间的制约、促进作用就越弱。所以，当会展产业发生变化时，就会对相关联的产业与部门提出新的供给要求。

（三）对其他产业提出新的投资要求

会展活动可以通过刺激需求或使有效需求尽可能地得到实现，而改变人们的消费需求决策、需求行为、需求预期、需求结构，进而改变人们的投资预期、投资决策、投资行为、社会投资格局，从而引起自身与其他产业结构的调整。首先，会展活动可通过刺激需求而创造供给，进而改变资源利用的方式和投资对象。其次，会展活动所在地的信息、交通、交易便利，其本身就是值得投资商注意的好环境，拥有可以开发与利用的各种资源，就更加有利于吸引投资。再次，会展可以吸引不同地区、国家的客商投资与合作，这样不仅可以提高不同地区、国家的对外开放水平和对外开放能力，而且可增加商品流动的规模和速度，引起产业结构调整。最后，会展活动能为产业结构优化提供良好条件，会展活动的各种贸易与非贸易渠道会影响到开放经济体系内部的市场供给与需求关系，使开放经济体系内部的市场供求关系发生良性变动，经济体系需求与供给结构的良性循环会引起产业结构优化，从而吸引外资。

（四）为产出品提供了实现价值的可能性

无论需求与供给还是投资与产出，厂商们最终的目标是市场。在市场经济条件下，“产品”一词之所以逐渐被人们少用的原因在于产品只是被生产出来的物品，可能是被创造出来的物质财富，也可能不是被创造出来的物质财富，因为当一种产品未在市场上实现其真正价值时，还不能够断言其是否是创造出了物质财富。取而代之的“商品”一词则具有两种意思：一是为交换而生产的具有使用价值和价值的劳动产品；二是泛指市场上买卖的物品。两种意思的直接指向都是市场，并通过市场来实现其价值，言简意赅，故此大行其道。实际上，经济会展活动大多是一种市场活动。在某种意义上，更加形象化的比喻应是一种具有现代化形式、现代化氛围、现代化管理、现代化技术手段的集市活动。正是这种市场活动的现代化为需求与供给、投资与产出提供了信息、技术、资金，还为产品提供了实现价值的较大可能。无论是需求与供给还是投资与产出，一旦在市场上转化为财富，朝着更加有利于市场目标发展的产业结构调整就会随之而来。

思考与练习

1. 展览的概念是什么?

2. 展览的作用是什么?

3. 中国展览业的发展趋势是什么?

4. 展览业与其他产业的关系是怎样的?

实训项目

撰写某展会及其竞争展会的考察报告 。

附：考察报告具体要求

某展会考察报告具体要求

任务:撰写某展会及其竞争展会的考察报告。

要求:

1. 建议将此考察报告分两部分,第一部分为案例,第二部分为对案例的评价。

2. 第一部分应分清层次,并写好标题。内容应该包括本届项目基本情况、项目历史情况、项目亮点、项目发展趋势、组展方调查、参展商调查、观众调查等,大家也可根据本小组确定的主线来写小标题并组织内容。

3. 第二部分也应分清层次,并写好标题。内容应该包括宏观环境分析、产业环境分析、竞争分析、项目 SWOT 分析、项目未来发展建议等。

4. 案例以小组为单位完成,每小组 4～6 人,大家自愿组合、自主分工,并由小组长负责。

5. 小组应提供包括所有同学的现场照片 1 张,跟组展方、参展商、观众交流的照片各 1 张,共计至少 4 张照片,电子版即可。

6. 案例的制作应尽力体现对展览理解的深度(专业深度)。

7. 要体现团队合作精神,比如:说明小组成员对案例的贡献。

作业评分标准：

评分项目	分值范围	实际得分
案例结构、逻辑性及语句	30～0	
运用所学基础知识及会展知识能力	30～0	
案例完整性、深刻性	20～0	
团队合作精神	20～0	

第二章

会展调研

学习要点

- 会展调研的方法
- 会展调查问卷的设计与发放
- 如何作会展访谈调查
- 如何撰写会展调查报告

引导案例

会展业难过调研关

会展业各项规则的缺失直接影响到我国展会的统一组织与管理，这已经成为大家公认的问题所在。而值得注意的是，由于国内没有统一的规则，导致会展业的各项调研活动的科学性大打折扣。没有科学合理的调研报告，严重影响到会展业的总体发展。

国务院发展研究中心的王薇研究员表示，2001 年，国务院发展研究中心曾以北京、上海、大连等城市为中心，对全国的会展业进行了调查。但是，由于会展业没有统一的组织部门，不能制定业内统一的统计标准和行业规范，不能保证结果的科学性和准确性，因此调查结果没有公布，只是作为工作的参考。而商务部外经贸研究院副院长沈丹阳也认为，由于缺少统一的标准，全国会展行业的调查工作经历了一个非常艰难的过程。

中国国际展览中心集团公司副总经理陈若薇认为，我们的统计首先应该有一个统一的标准，否则所作的统计就没有意义。行规的建立也不能一刀切，我国会展业有特殊国情，北京、上海等发达城市与其他地区的情况截然不同，不同地区也有不同的办展特点。这就使行业协会的统一协调作用更加重要。

“行业规则制定不能缺少行业组织，这些行业组织包括各种会展业的中介机构，包括会展业的会计师事务所、审计师事务所和律师事务所，包括为会展提供各种服务的中介公司和营销机构，这样才能使一个立体的行业规则建立并且得以实施。"北京第二外国语大学会展系主任刘大可认为，首先要明确我国会展业的产业规划，准确定位我国会展业的发展目标和作用。在这个前提下，有必要制定统一的"游戏规则"，用于解决各种会展业的纠纷。

资料来源：2004年11月4日《中国经营报》。

案例分析

从小处来说，市场调研能力的缺失制约着会展专业学生的就业；从大处来看，市场调研能力的缺失影响着整个会展行业的发展进程。市场调研能力就是一张职业入场券，了解会展调查的方法，学会撰写会展调研报告，是将来从事会展策划、会展营销工作必备的基本功。

第一节 会展调研的方法

根据会展调查的主要对象和主要内容，会展调查的常用方法有间接资料调查法、询问调查法、观察调查法、实验调查法、问卷调查法和访谈调查法。在本节中，我们主要介绍间接资料调查法、询问调查法、观察调查法和实验调查法。

一、间接资料调查法

(一)间接资料的分类

间接资料按不同的标准可有不同的分类：

1.文献性信息、物质性信息和思维性信息

(1)文献性信息是指统计报表、调研报告、录音与录像资料等。

(2)物质性信息是指各种物质形式所负载的信息，如模型、样品等。

(3)思维性信息是指人脑所负载的预测信息、对调查对象的决策判断等。

2.原始信息和加工信息

3.宏观信息和微观信息

4.动态信息和静态信息

(二)间接资料的收集

根据资料来源的不同，间接资料调查法的资料收集主要分为内部资料的收集、外部资料的收集和互联网资料的收集。

1.内部资料的收集

内部资料主要是指有关调查对象活动的各种记录，主要包括以下四种：

(1)业务资料。

业务资料包括与调查对象活动有关的各种资料，如订货单、进货单、发货单、合同文本、发票、销售记录、业务员访问报告等。

(2)统计资料。

统计资料主要包括各类统计报表，企业生产、销售、库存等各种数据资料，各类统计分析资料等。企业统计资料是研究企业经营活动特征及规律的重要定量依据，也是企业进行预测和决策的基础。

(3)财务资料。

财务资料是指由企业财务部门提供的各种财务、会计核算和分析资料，包括生产成本、销售成本、各种商品价格及经营利润等。通过对这些资料的研究，可以确定企业的发展背景，考核企业经济效益。

(4)企业积累的其他资料。

企业积累的其他资料，如平时剪报、各种调研报告、经验总结、顾客意见和建议、同业卷宗及有关照片和录像等，都对市场研究有着一定的参考作用。

2.外部资料的收集

外部资料可从以下几个主要渠道加以收集：

(1)统计部门以及各级、各类政府主管部门公布的有关资料。

国家统计局和地方统计局都定期发布统计公报等信息，并定期出版各类统计年鉴，这些均是很有权威和价值的信息。此外，发改委、财政、工商、税务等政府主管部门，也都设有各种调查机构，定期或不定期地公布有关政策、法规、价格和市场供求等信息。

(2)各种经济信息中心、专业信息咨询机构以及各行业协会和联合会提供的信息和有关行业情报。

这些机构的信息系统资料齐全，信息灵敏度高，为了满足各类用户的需要，它们通常还提供资料的代购、咨询、检索和定向服务，是获取资料的重要途径。

(3)国内外有关的书籍、报纸、杂志所提供的文献资料。

这类资料包括各种统计资料、广告资料、市场行情资料和各种预测资料等。

(4)有关生产和经营机构提供的商品目录、广告说明书、专利资料及商品价目表等。

(5)各地电台、电视台提供的有关信息。

(6)各种国际组织、学会团体、外国使馆、商会所提供的国际信息。

(7)国内外各种博览会、展销会、交易会、订货会等促销会议以及专业性、学术性经验交流会议上所发放的文件和资料。

3. 互联网资料的收集

(1)一般网页查询。

由于互联网发布信息相对容易,因此许多机构在互联网上公布大量的信息,调查工作可通过监测调查对象的网页开始。监测最好是通过一个互联网账号进行,这样可避免惊动被监测对象。如某公司定期查询其竞争对手的网页,结果获知对方几周后要在贸易展销会上举行促销活动,该公司立即重新调整自己的展销内容和价格,以便在展销会上胜出。

由于互联网上许多信息不准确、不完全,因此互联网的主要作用是复查、证实一些事实,为获得更好的信息源提供启示。网页查询最根本的目标不是发现重要情报,而是发现有关信息的线索。这些线索包括电子邮件网址、研究文章、人员信息等。

(2)数据库查询。

数据库是信息搜集最好的工具之一,它是由计算机储存、记录、编制、索引的信息资源,其功能相当于电子参考书。电脑程序会根据标题、作者、摘要和索引等搜索条件在整个数据库档案里查找调查人员所需的资料。数据库不需要固定的索引,事实上文献数据库允许按任何条件查找,只要输入指令,计算机程序会主动做其余的工作。如果该条件在数据库内存在,程序会找出所有包含该条件的记录。

数据库可分为两类,一类是文字性的,一类是数据性的。文字性的数据库包括来自报纸、杂志、电视或广播电台节目的新闻稿、信息发布、政府报告等,这些通常是二级信息源。数据性的数据库包括专利、财经信息、广告、股票交易信息、统计数据、销售数据等,这些信息都是未经过滤的、原始的。

(三)间接资料的调查方法

在间接资料调查中,对内部资料的收集相对比较容易,调查费用低,调查的各种障碍少,能够正确把握资料的来源和收集过程。因此,应尽量利用内部资料。对外部资料的收集,可以根据不同情况采取不同的方式。

具有宣传广告性质的许多资料,如产品目录、使用说明书、图册、会议资料等,可以无偿获取。而有些资料则只有通过有偿方式获得,由此所付出的经济支出构成了调查成本,因此,要对其可能产生的各种效益加以考虑。

公开出版发行的资料一般可通过订购、邮购、交换等方式直接获得;对使用对象有一定限制或具有保密性质的资料则需要通过间接的方式获取。

参考文献查找是指将有关著作、论文的末尾所开列的参考文献目录,或者文中所提到的某些文献资料作为线索追踪、查找源头文献资料的方法。采用这种方法可以提高查找效率。

检索工具查找法是指利用已有的检索工具查找文献资料的方法。

(四)如何收集会展信息

(1)通过行业企业名录收集。

(2)通过商会和行业协会收集。

(3)通过政府主管部门收集。

(4)通过专业报刊收集。

(5)通过同类展会收集。

(6)通过外国驻华机构收集。

(7)通过专业网站收集。

(8)通过电话黄页收集。

(五)间接资料调查法的优缺点

间接资料调查法的优缺点如表 2-1 所示:

表 2-1 间接资料调查法的优缺点

优 点	缺 点
花费的时间较少 收集资料范围广泛 不受调查人员和被调查者的干扰	时效性不高 资料需要进一步加工 需要数量分析技术,难度大

二、询问调查法

询问调查法是一种相对高效的市场调查方法,即由市场调研人员事先拟定调查提纲,然后请被调查者回答相关问题,以此来搜集资料、获取信息。询问调查法主要有问卷调查法、面谈法、电话调查法和邮寄访问法,这里主要介绍电话调查法和邮寄访问法。

(一)电话调查法

电话调查法是指调查者按照统一问卷通过电话向被访者提问,并笔录对方的回答。这种调查方法在电话普及率很高的国家很常用,在我国也越来越常见。会展公司可以运用电话调查法来获取有关各类市场问题的信息,如参展商的心理承受价格、参展商对两个相同主题展览会的评价、专业观众对展会现场服务的要求等。

电话调查法的基本步骤为:

(1)拟定一份抽样计划。

(2)选择在抽样中使用的方法,便于从抽样结构中产生电话号码的群集。

(3)针对每份抽样样本电话号码制作一份访谈表格。

(4)草拟一份问卷调查表,将其表格化。

(5)草拟一份针对性的模拟对话,以供电话访谈人员使用。

(6)雇用电话访谈人员与监督人员,制定与访谈有关的日程表。

(7)先进行指引性测试,借此修正调查程序及方法。

(8)印制最后定稿的问卷调查表及其他各种表格。

(9)对访谈人员及监督人员进行训练。

(10)进行完全受到监督的访谈。

(11)对已完成的问卷调查表进行校订和编码,并将所有资料转换成计算机可判读的格式。

(12)对资料进行分析,编制各种调查报告等。

电话调查法的优缺点如表 2-2 所示:

表 2-2 电话调查法的优缺点

优 点	缺 点
调查时间和费用较经济 答案回收迅速 可访问广泛的样本 访问受影响较小 资料收集成本低 数据处理方便 便于控制答题与答项顺序	抽样容易失去代表性 无法展示实体产品 访问时间短,意见有限 受访者易有抗拒心理 不便于跟踪研究 不易于现场收集资料

一般来说,电话调查法有如下技巧:

(1)熟悉调研问题,了解受访者职务和性格。

(2)精心设计开场白,降低拒绝率。

(3)把握好通话时间,一般 9:30～11:30、14:30～16:30 适于进行电话采访,晚上尽量不要打扰受访者。

(4)控制访问内容,做好电话访问记录。

(二)邮寄访问法

在市场调查中,邮寄调查半通常有两种方式:留置问卷调查法和固定样本邮寄调查法。留置问卷调查法是指由调查员按面访方式找到被访者,说明调查目的和填写要求后,将问卷留置于被访者处,约定日期登门取回填好的问卷,或附上回邮信封和邮资要求由被访者直接寄回。固定样本邮寄调查法是指事先抽取一个地区性或全国性的样本,征得样本中家庭或个人同意后,由调查机构向该固定样本中的成员定期邮寄调查问卷,样本中成员将问卷按要求填好后及时寄回调查机构。为防止样本老化,应定期调整和更新样本。

邮寄调查法主要应用于对时效性要求不高、样本较齐全、调查内容较多、调查问题较敏感的会展项目。

邮寄调查法的优缺点如表 2-3 所示:

表 2-3　邮寄调查法的优缺点

优　点	缺　点
有利于扩大调查范围,增加样本量 减少了访问人员的劳务费,免除了对访问人员的管理 被访者能避免因与陌生人接触而引起的情绪波动 被访者有充足的时间填答问卷 可以对较敏感或隐私问题进行调查	问卷回收率较低 信息反馈周期长,影响收集资料的时效性 要求被访者有较好的文字表达能力 问卷的内容和题型不能太复杂 难以甄别被访者是否符合条件 调查内容要求易引起被访者兴趣

(三)观察调查法

观察调查法是调查者在现场对被调查者的情况进行直接观察、记录,以取得会展信息资料的一种调查方法。这种方法不是直接向被调查者提出问题并要求回答,而是凭调查人员的直观感觉或是利用录音机、照相机、录像机和其他器材,记录和考察被调查者的活动和现场事实,以获得必要的信息。

观察调查法按照观察者参与观察活动的程度不同可划分为完全参与观察、不完全参与观察和非参与观察。完全参与观察是指观察者较长时期地生活在被观察者之中,甚至改变自己原有的身份,如学生赴会展公司进行见习活动,竞争对手装扮成参展观众赴同类展会收集相关资料,就是采用完全参与观察法。不完全参与观察是指观察者不改变身份,只在调查时置身于调查活动中取得资料,如新闻记者进行的会展采访、参展方对展会现场的评估就属于不完全参与观察。非参与观察是指观察者不参与到调查活动之中,而是以局外人的身份去观察事项发生的情况,这种观察比较客观、公正,但观察往往只停留在表面上,无法了解事物变化的根本原因。如一位调查人员观察展馆装卸工作,记录装卸的速度、破损量、在货盘上的箱子数量等,然后根据这些数据来推算布展的工作效率,即是非参与观察。

在采用观察调查法时,应注意选择适用的记录技术,记录技术的好坏直接影响调查结果。良好的记录技术可以减轻观察者的负担,不致因忙于记录而顾此失彼。准确、及时、无漏地记下转瞬即逝的宝贵信息及事项的变化情况,能加快调查工作的进程,便于资料的整理及分析。

观察调查法的优缺点如表 2-4 所示：

表 2-4　观察调查法的优缺点

优　　点	缺　　点
比较客观地搜集第一手资料 有利于排除语言交流或人际交往中可能发生的种种误会和干扰 简便易行，灵活性强，可随时随地进行调查	只能反映客观事实的发生经过，不能说明发生的原因和动机 调查时间较长，调查费用较大 对调查人员的业务技术水平要求较高

用观察调查法调查时，对观察者的要求如下：

(1)观察时要情绪稳定，力戒偏见。

(2)既要观察点，又要观察面。

(3)博学强记，广泛吸纳知识。

(4)增强对事物的理解力和分析力。

(四)实验调查法

实验调查法是一种特殊的市场调查方法。它是根据市场调查的目的，把调查对象置于一定的条件下从而进行实验对比来收集市场信息资料的调查方法。例如某展会的展位销售量上不去，初步分析可能是展会的宣传推广手段太陈旧，缺乏吸引力。该办展机构决定对展会宣传推广进行更新的实验，即先小部分改进展会在当地报刊媒体上的宣传方式和包装手段，看看实行新的宣传推广后展位销售量能否增加，而后再推广到更大范围。如果销售量大增，那么主办方今后就可以对展会的宣传推广手段进行更新。这种调查方法就是实验调查法。

实验调查法的重点是要设计好对照组，就是选择一批实验对象作为实验组，同时选择一批与实验对象相同或相似的对象作为对照组，并且努力使实验组和对照组同时处于类似的实验环境之中；然后，只对实验组给予实验激发，而对对照组不给予实验激发；最后，对实验组和对照组前后检测的变化进行对比研究，再得出实验结论(见表 2-5)。

表 2-5　实验调查法的实施步骤

实验组	对照组
(1)选择实验对象 (2)选择实验环境 (3)前检测 (4)实验激发 (5)后检测	(1)选择实验对象 (2)选择实验环境 (3)前检测 (4)不予实验激发 (5)后检测 (6)得出实验结论，其公式是： 实验效应＝实验组检测值(后检测－前检测)－对照组检测值(后检测－前检测)

实验调查法的优缺点如表 2-6 所示：

表 2-6　实验调查法的优缺点

优　　点	缺　　点
是一种直接的动态调查，能够直接掌握大量的第一手资料 有利于揭示实验激发与实验对象变化之间的因果联系 是可重复的调查	实验对象和实验环境的选择难以具有充分的代表性 很难对实验过程进行充分有效的控制 对实验者的要求较高，花费的时间较长

第二节　调查问卷的设计与发放

问卷调查法是会展调研中最常见也是最重要的调查方法，问卷调查从开始设计到最后统计完成，涉及间接资料收集法、询问法、观察法、实验法和访谈法等调查方法，最后构成调研报告的一部分。问卷调查法是指调查者运用统一设计的问卷，由被调查者填写答案，以此向被调查者了解市场有关情况的资料收集方法。

调查问卷的制作步骤如下：(1) 确定调查目的。(2) 分析原有资料、信息，设定假说汇总，确定分析方法。(3) 设计调查问卷，包括问题的设计、提问顺序的安排等工作。(4) 调查问卷的完成，包括问卷的修正、校对、印刷等工作。

一、问卷设计

(一)调查问卷的基本结构

问卷一般由封面信、指导语、问题与答案、结束语四部分组成。

(1)封面信。

封面信是一封致被调查者的短信,用来向被调查者说明调查主办单位、组织或个人的身份、调查目的和意义、调查内容、对被调查者的希望和要求等。封面信的篇幅不宜过长,文字要简洁、准确,语气要谦虚、诚恳。

(2)指导语。

指导语是调查者指导被调查者正确填写问卷的说明。指导语一般放在封面信的后面,集中对问卷的填答方法、要求、注意事项等加以说明;也可以放在某项要说明的问题之前,用括号括起来,对该项问题进行必要说明。

(3)问题与答案。

问题与答案是问卷的主体,是问卷的核心组成部分。问卷调研中有三种基本的问答形式:开放式、封闭式和量表式。开放式问题是调查者在提出问题时并不给出任何具体的答案,而由被调查者根据客观实际情况自由填写。非细节性问题不要求被调查者回答进一步的细节性信息,细节性问题则要求被调查者提供进一步的细节性信息。封闭式问题是将问题的一切可能答案或几种主要答案全部列出,由被调查者从中选出一个或多个答案。二选一和多选题是其中最常见的形式。量表式问题运用等级来表示研究对象的属性,对答案的选项在问卷中作了说明。无标签量表式问题形式指各个等级是完全用数字来表达的,或只有等级的最后几点作了说明。有标签量表式问题形式是指所有划分的等级都附有一定的说明。

上述几类问题问答的形式如表 2-7 所示:

表 2-7 问答的形式

问答形式	名称	说　明
封闭式问题	二选一	一个问题提供两个答案供选择
	多选题	一个问题提供三个或更多的答案供选择
开放式问题	自由格式	调查者可用几乎没有任何限制的方法回答问题
	词汇联想法	列出一些词汇,每次一个,被调查者提出他头脑中涌现的每一个词
	语句完成法	提出一些不完整的语句,每次一个,由被调查者补充完成整个句子

续表

问答形式	名称	说明
	故事完成法	提出一个未完成的故事，由被调查者完成
	图画完成法	要求被调查者根据图画发表意见
量表式问题	利克特量表	被调查者可以在同意和不同意的若干量度之间选择
	语意差别	在两个意义相反的词之间列一些标度，由被调查者选择代表他意愿方向和程度的某一点
	重要性量表	对某些属性从根本不重要向极其重要进行重要性分等
	排序量表	对某些属性从贬义的极端向褒义的极端进行分等

(4)结束语。

结束语放在问卷的最后。一方面向被调查者表示诚恳的感谢；另一方面还应该向被调查者询问问卷设计建议，以及对问卷调查的意见和想法。

(二)设计调查问卷的注意事项

调查问卷设计得好坏对调查工作的成败至关重要。因为设计欠妥的问卷不但会使调查结论出现很大的误差，而且被调查者回答的可信度也低。

明确的主题、具体的事实、简明的形式、通俗的文字、让答题者有充分表达自我意见的机会是设计问卷的五个要点，切忌枯燥乏味、高深莫测和空洞无边的问题。

设计问卷应注意的事项有：

(1)亲切。

问卷设计应该亲切、客观，用词应该恰当，不应该过于抽象，也不应该包含很多的专业词汇和计算题。

(2)有编号。

一定要为调查问卷设计编码，以为调研结束后的数据和信息分析提供方便。

(3)简单。

一个问题不宜过长，问题也不能过多。例如，“您在过去的一年里有没有为您的孩子购买过价值100元的演出活动的门票”一题目就过长，应该分割成数个小问题：“您在过去的一年里有没有购买过演出门票?”如果回答“是”，那么接着再问：“您是为他人买的还是为自己买的?”如果回答“为他人买的”，那么接着问：

"是为孩子买的吗?" 如果回答"是",那么接着再问:"是您自己的孩子吗?"如果回答"是",那么接着再问:"演出活动的门票价值在1000元以上还是以下?"

(4)要特别注意提问的切入点和顺序。

对于同一调查对象,因为问题的切入点和顺序不一样,调查结果可能完全不同。如调查人们对于当地政府准备在该地区建造一个新展馆的意见,问题的切入点和顺序不同,调查结果可能就不同(见表2-8、表2-9)。

表 2-8 提问顺序版本 1

问题1:下面的答案中哪一种最能代表您的观点?					
	非常同意	同意	中立	不同意	非常不同意
无法接受展馆安排不断延期的事实					
本地区的交通运输能力非常有限					
本地区的展馆已经无法满足展会需要					
展馆人员明显不够					

表 2-9 提问顺序版本 2

问题1:下面的答案中哪一种最能代表您的观点?					
	非常同意	同意	中立	不同意	非常不同意
本地区的农田以惊人的速度在消失					
农田被太多的高楼所取代					
修建展馆劳民伤财					
本地区展馆空置率太高					

很明显,对同样的调查对象,使用表2-8进行调查比使用表2-9调查更可能得到大家支持修建展馆的结论。

二、问卷发放和回收

我们经常可以从电视上看到调查者在街头巷尾、车站码头等地拦住两三个过往行人或到某个家庭中进行调查访问,了解公众对某种产品或者服务的看法,然后他们得出结论:广大用户一致称赞该项产品或服务。殊不知,现代统计学已经证明:唯一能够从样本值(即抽样调查的意见)推导总体值(即调查对象的总体意见)的调查是概率抽样调查,又称随机抽样调查。

采用街头拦人方式的调查不属于概率抽样调查,而是"偶遇抽样",即抽取的样本代表性差,具有很大的偶然性,是不能从样本意见中推导出总体意见的。若是以这种方法来收集市场资料很可能既误导了自己也损害了企业的利益。

问卷设计好了之后,首先考虑的问题就是抽取样本,然后再发放。怎样抽取样本呢？这里介绍一种最常用的抽样方法：分层比例抽样方法。

分层比例抽样又称分类抽样或类型抽样，是指先对总体每个单位按有关标志加以分组（分组不一定是等距），然后再从各组中按随机原则抽取一定的单位构成样本。

如某家电展销会组委会在办展之前要调查一个城市的居民家用电器潜在需求数量。通过摸底发现，家电商品的消费量与居民收入关系密切，且不同家庭之间收入差异较大，因此适用于分层比例抽样。以家庭收入作为分层标准，假定该城市居民用户即总体中含有家庭总数 100 万户，已确定计划抽出样本即发放调查问卷 1 万份。家庭按高、中、低收入分层为：高收入 15 万户、中等收入 65 万户、低收入 20 万户。采用分层比例抽样法，应该抽出各层样本数的计算公式为：

$$Si=(Vi/V)S$$

式中：Si——第 i 层应抽取的样本数

V——总体中基本单位总数

Vi——第 i 层基本单位总数

S——预定抽取样本数

则：

S 高＝(15/100)×1000＝150(户)

S 中＝(65/100)×1000＝650(户)

S 低＝(20/100)×1000＝200(户)

根据计算结果可知，高收入家庭应发放问卷 150 份，中等收入家庭发放问卷 650 份，低收入家庭发放问卷 200 份。

当然，有时按比例分层抽样无法准确地抽取到能概括某些层次全貌的样本。比如，全市中等收入家庭有收入水平参差不齐和收入水平基本接近两种情况，对 65 万户以同样 650 户样本数来概括全貌，显然代表性程度是不一样的。因此，遇到分层后层内个体单位间差异较大的情况就应该采取层内标准差因素的抽样方式，即分层最佳抽样法。

运用分层比例抽样方法发放问卷的程序为：

(1)界定总体。界定总体就是在具体抽样前，首先对从中抽取样本的总体范围与界限作出明确的界定。

(2)制定抽样框。界定总体后，调查者下一步的工作就是依据已经明确界定的总体范围，收集总体中全部抽样单位的名单，并通过对名单进行统一编号来建立供抽样使用的抽样框。

(3)设计样本方案。不管样本本身的大小怎样，调查者都必须详细地制定抽样方法。如果决定使用系统抽样，抽样方法应该详述样本构架、样本大小、抽样间距以及如何决定随机抽样起点、合格条件限制、再限制以及替换过程。同时，样本方案随着调查对象及其限制因素而变化。

(4)抽取样本。抽取样本分为两个阶段:第一阶段,必须选择样本单位;第二阶段,必须从样本单中获取信息。需要注意的是,每当具有样本资格的一个个体在抽样时证明其无法利用或不愿意回答或不合适时,就需要替换。

(5)样本评估。样本评估就是对样本的质量、代表性、偏差等进行初步的检查和衡量,目的就是防止由于样本偏差过大而导致的调查失误。

(6)根据需要决定是否重新抽样。当一种样本缺乏真实性时,意味着它不能充分代表总体。特别是当样本替换被合并时,这个问题就可能出现。发现这一情况时,调查者可以在表中使用加权组合;也可以通过选取更多的回答者来重新抽样,并把它们加入到样本中,直至达到一个令人满意的证实水平。

一般来说,发放调查问卷的主要方法有邮寄、当面询问、随机访谈和小组访谈。需要指出的是,根据调查统计,由于调查问卷发放的形式不同,回收问卷的实际情况相差也很大,所以在发放问卷时应当适当增加发放量,以便回收到合格的问卷。

另外,回收时要仔细检查调查问卷:一是看问卷是不是严重破损,卷面是不是整洁,是否严重影响问卷的统计分析工作;二是注意检查问卷的答题情况,明显漏答、答错或草率答题的应该想办法补救,不能补救的则问卷作无效处理。

第三节　访谈调查

访谈调查法是指通过与被调查者交谈收集所需资料的调查方法,又称访谈法、谈话法或访问法。访谈是一种深度交谈,也就是两个人(或更多人)之间一种有目的的谈话,其中由访谈员一方通过询问来引导被调查者回答,以此了解被调查者的行为或态度,最终达到调查目的。

根据访谈员对访谈的控制程度不同,访谈调查可划分为结构性访谈和非结构性访谈。结构性访谈也称标准式访谈,它要求按一定的步骤,由访谈员按事先设计好的访谈调查提纲依次向被访者提问,并要求被访者按规定标准进行回答。非结构性访谈也称自由式访谈,访谈员事先不制定完整的调查问卷和详细的访谈提纲,也不规定标准的访谈程序,而是按一个粗线条的访谈提纲或某一个主题与被访者交谈。

一、访谈调查的准备

实施访谈调查,首先要做好访谈的准备工作。访谈的准备工作包括制订访谈计划，把握调查内容，选择适当的访谈形式，设计好访谈调查表或访谈提纲以及记录表格，选择访谈对象，初步了解被访者的情况，选好访谈的时间、地点、场合等。

（一）制订访谈计划

制订访谈计划是保证访谈能够顺利进行的前提。访谈计划应对访谈中涉及的主要问题作出明确的规定，如要把访谈调查的目的、访谈调查的类型、访谈调查的内容、访谈调查的对象、访谈调查的时间等编写进计划，还要编写好访谈调查的提纲，进行组织分工等。

访谈调查计划首先要确定采用什么类型的访谈方式。一般来说，如果是探索性调查，通常选择非结构性访谈，并制定好调查大纲；如果要验证某个假设或者需要较快获得较多人的态度，通常选择结构性访谈，并制定好调查问卷。另外，访谈调查类型还与人员、时间以及经费直接相关。

在制订访谈调查计划时，还应该考虑访谈的内容，也就是访谈调查的问题。访谈的内容大致分为三类：一是事实调查。由被访者提供自己确实知道的一般情况，如展会的参展面积、参展商数量和专业观众数量等。二是意见征询。征询被访者对某些问题的意见、观点，如对展馆布局、展会质量的看法和态度。三是个人的基本情况。包括个人经历、兴趣爱好、思想特点、个性特征、心理品质以及家庭情况、社会关系等。

为了提高访谈调查的质量和效率，还需要具体考虑访谈的时间、地点、场合等因素。一般来说，如果被访者是个人或人数较少，访谈时间、地点和场合最好由被访者选择，这样比较有利于访谈的顺利进行。如果是集体访谈，也可以征求被访者的意见，由访谈员和被访者共同确定比较合适的时间、地点和场合。访谈的地点和场合的选择有时与访谈的内容有关，如有关个人或家庭的问题以在被访者家里访谈为宜，有关工作方面的问题以在工作地点访谈为宜。但是，如果被访者不愿在家或在工作单位会见访谈人员，那么也可以选择其他合适的场所进行访谈。

访谈调查计划中还要准备访谈所需的工具，如访谈问卷、访谈大纲、访谈记录表、各种证明材料、证件、采访机、录音机等。

（二）编制访谈问卷或提纲

在结构性访谈中，必须事先编制访谈问卷。访谈问卷的形式大体上与问卷调查中一般的书面问卷相似，可以有开放式问题，也可以有封闭式问题。但由于访谈是以口头提问的方式进行，所以问题的设计要注重表述的口语化。问卷除了按顺序排列的访谈题目、答案选项外，也包括访谈的相关资料如被访者的个人基本资料、访淡日期、地点等。

在非结构性访谈中，尽管被访者有较大的表述自由，但是在访谈调查前，访谈员应该制定一个粗线条的提纲，在提纲中确定访谈的程序、主要问题以及排列的顺序。

(三)选择被访者

在访谈调查中，选择被访者是重要的一环，因为访谈调查的信息资料是由被访者提供的，因此这一环节对访谈最终能否成功有直接的影响。

选择被访者应该首先考虑调查的目的，然后确定访谈调查的总体范围，再在总体范围中采用随机抽样的方法选取有代表性的样本。选择过程中还要了解被访者的有关情况，如被访者的性别、年龄、职业、文化水平、经历等。

(四)培训访谈员

访谈调查需要依靠访谈员与被访者的沟通和互动才能完成。尽管调查所需要的信息资料是由被访者提供的，但在访谈中，访谈员本人素质的高低与访谈工作能否成功关系更大。访谈调查需要听、说、读、写的技能，因此应培训访谈员具备这些技能。仅仅靠阅读一些介绍如何进行访谈的文章是不可能培养出一个熟练的访谈人员的。访谈的技能和技巧更多的是从访谈实践中获得的。

一般来说，培训访谈员应该从以下几个方面入手：

(1)使访谈员掌握访谈调查的性质、目的和方法之间的关系。

(2)使访谈员熟悉访谈调查的类型，具有选择访谈调查类型的能力。

(3)使访谈员掌握访谈调查的方法，并且熟悉访谈的技巧。

(4)使访谈员掌握收集、判断、分析访谈资料的能力。

为了使访谈过程标准化，可以将培训内容编成《访谈手册》。

(五)试谈与修改问卷或提纲

在拟定了访谈调查问卷或访谈提纲后，正式进行访谈之前一般要安排一次试谈。试谈的目的是检测设计的问题和提问的方式是否恰当，被访者的回答能否与希望获取的信息资料相吻合。试谈的对象与正式访谈的对象不应是同一个人，但二者的情况应该尽可能相似；试谈要作详尽的记录，以便发现不足；如果需要可以追问一些补充问题，以了解被访者较为真实的想法。

试谈结束后，如果发现设计存在着不足，应该及时进行调整和修改。如果没有条件试谈，也可以请有经验的调查者或同行一起商量，并请他们提出修改意见。

(六)访谈前的预约

在进行正式访谈调查前，一般要事先电话联系或书信联系被访者约定访谈的时间、地点和场合。电话联系比书信联系便捷，可及时了解对方的情况；书信联系比较正式，便于将各种信息较完整地告诉对方。所以，在访谈前可以事先与被访者用电话联系，征求对方的意见，双方确定访谈的时间、地点和场合，然后访谈员可以再发一份书面通知给被访者。

二、访谈调查关注点

访谈是一种人际沟通的形式，是一种社会交往的过程。通常，被访者不会随意向陌生人提供资料。访谈双方只有在互动中建立起相互信任、相互理解的合作关系，访谈调查才能获得客观、可靠的资料。访谈双方中，访谈人员是主动的，访谈的成功很大程度上依赖于访谈人员的谈话程序和技巧。提问、倾听、回应是访谈调查中三项主要工作，因此，访谈调查应该特别注意提问、倾听、回应技巧。

（一）如何提问

提问的方式多种多样，但不管采用什么提问方式都应该始终让访谈在自然、平等、友好的气氛中进行。在提问过程中，要注意以下几点：

1. 提问要明确清晰

提问题要尽可能清楚明确，用口语表达，语气委婉。如果采用结构性访谈，就要按事先准备好的访谈问卷依次提问，不可任意增删文字或更换题目顺序。如果采用非结构性访谈，则要求所提问题短小、具体，避免使用含混、抽象的专业术语。

2. 对回答不作任何评价

访谈员对所提的问题要保持客观、公正的立场，如果被访者对问题不理解或理解错了，访谈员可以重复问题，也可以作些解释，但不能给予暗示。尤其是涉及不同观点或是有争议的问题，访谈员更应保持中立态度，无论被访者回答正确与否，都不宜作肯定或否定的评价，只能作些中性的反应，如“我明白你的意思了”、“请继续说”等，以鼓励对方把话说下去。

3. 维持被访者的访谈动机

被访者的合作是访谈调查得以成功的必要条件。当访谈双方的关系趋向紧张，访谈员必须设法缓和紧张气氛，可以转换一个被访者感兴趣的话题。当被访者情绪低落、开始厌倦回答问题时也可暂停交谈，休息放松一下，借此维持其访谈动机。

4. 注意非语言交流

访谈调查是通过语言交流传递信息的，但是除了语言之外，服饰、语气、目光、动作、姿态等也能表达某种意义。有时非语言行为比语言行为更能表现交谈双方的态度、关系及互动的状态。因此，访谈员要善于察言观色，分析和利用有关的非语言信息。如，访谈过程中，被访者连连点头，表示其赞成、同意；被访者匆匆记录问题，表示该问题可能非常重要；被访者与访谈者保持距离较远，表明被访者可能对访谈不感兴趣或怀有敌意；被访者东张西望，表明其注意力已经转移；频频看表，意味着被访者希望尽快结束访谈。

（二）如何倾听

在访谈调查中，倾听也是值得重视的方面，因为访谈员只有通过倾听被访者的回答才能够确切地了解其真实想法。对访谈员来说，在访谈调查过程中，既要从被访者的回答中听出其对问题的看法、态度，也要听出被访者谈话中的“言外之意”。

1.不轻易打断被访者

在访谈调查中，访谈员不要轻易打断被访者的谈话。从尊重、了解、理解对方的角度出发，应该让被访者畅所欲言。有时即使被访者谈话的内容与访谈人员希望了解的问题有距离，也要尽可能以“积极地听”、“接受地听”、“共鸣地听”的态度给被访者以极大的关注，以便被访者充分自由地展示自己内心的过程。在访谈开始阶段，这一点应当特别注意。

2.善待沉默

被访者在谈话过程中有时会沉默，作为访谈员应该能够接受被访者的沉默，同时应该弄清楚对方沉默的原因。如果是被访者在思考、回忆，访谈员就应该给予对方一定的时间；如果是被访者要说的话说完了，访谈员就应该及时提出新问题；如果是被访者不想继续访谈，访谈员就应该根据访谈效果来决定是否结束访谈。总之，当被访者开始沉默时，访谈员应该等待一段时间，然后根据情况决定怎样对待。

（三）如何回应

回应指的是访谈员对被访者在访谈过程的言行所作出的反应，包括言语反应和非文反应，如认可、重复、总结、澄清和追问等。回应的目的是使自己与对方建立起一种对话关系，及时地将自己的态度、意向和感觉传递给对方。回应时应注意如下问题：

1.要以非指导性的态度回应

回应语气应该是中性的。运用中性的回答语，可以采用重述题目、停顿不语、解释说明、重述被访者的回答、直接请求被访者进一步回答等方式。

2.要避免评价型的回应

评价型回应是指访谈员对被访者的谈话内容进行价值判断。这容易使被访者心理上产生排斥感，同时也妨碍被访者自由地表达自己的观点。

3.追问要适时适度

追问是对提问的引申和补充，追问能使访谈员更具体、准确、完整地了解被访者的回答，可以促使访谈向纵深发展，可以充分体现访谈的灵活性。无论采用哪种追问方式，都必须尊重被访者，以不伤害被访者的感情为原则。追问中最忌讳的是不考虑被访者的情感，不管对方在说什么和正在想什么，一股脑儿地把事先设计好的问题一个一个地抛出去，强行把自己的访谈计划硬塞给被访者，强迫对方回答。

第四节　会展调研报告的撰写

广义的会展市场调研报告包括市场调研建议或申请报告和市场调研结果报告。市场调研建议是在开展市场调研活动之前由会展策划人员撰写的用以对调研活动的意义、框架、预算和大致思路等进行初步说明的报告。这里主要讲述如何撰写会展市场调研结果报告，即狭义的会展市场调研报告。

一、会展市场调研的类型

会展市场调研的种类不同，市场调研报告的内容也不一样。会展市场调研报告的内容要紧紧扣住会展调研的类型和特点。

(一)为会展组办方提供会展策划必要信息的调研

根据展览性质来分，展览可分为贸易展和消费展；根据展览内容来分，展览可分为综合展览和专业展览；根据展览规模来分，展览可分为国际展、国家展、地区展、地方展以及单个公司的独家展；根据展品来源来分，展览可分为单独展览、多边展览和世界博览会；根据展览时间来分，展览可分为定期展和不定期展。

不管是策划哪类展会，组办方在办展之前都必须自行完成或委托他人完成一些基本调查，这些调查的内容包括：

1. 项目调研

项目调研是为了确定选择什么样的项目作为城市会展产业发展基点而开展的调研。此类调研必须全面了解本地区、本区域的经济结构、产业结构、地理位置、交通状况、展馆条件等因素，优先考虑本区域的优势产业、主导产业、重点发展产业、政府扶持行业，具体分析行业市场状况，摸清行业归属，分析办展资源，如资金、人力、物力、信息(目标客户信息、合作单位信息、行业产业信息)和其他社会资源(政府主管部门、全国及海外合作伙伴、招展组团的代理机构、专业传媒和大众传媒等)。

2. 主题调研

展会项目确定后，展会策划人员还必须就展会的具体主题进行相关的研究分析。由于定期举行的常年固定展会在宣传推广以及品牌建设方面具有先天优势，因此多数展会在策划之初都是以其为目标，从而使得调研的前期准备尤其重要。展会的名称、基本理念以及具有延续性又相互独立的主题等都应在相关的调研基础上确定。主题调研不仅要广泛研究已有展会的主题性质与分类，同时也可以通过民意调研手段广泛了解和听取市民意见。

3. 场馆调研

场馆调研最好去实地考察，具体包括三个方面：一是对硬件条件如场馆地点、交通情况、周边住宿条件、停车位数量、场馆空间规模、场馆内部空间使用的便利程度、陈列道具的种类、多媒体设备条件、照明条件、消防条件的调研；二是对软件条件如网络通信便利程度、邮政电信便利程度、管理系统等的调研；三是对服务水平如场馆内部搭建改造水平、施工管理水平等的调研。

4. 参观人数调研

无论是以营销为主要目的的商业洽谈会，还是以宣传为主要目的的文化展会，参观人数都是衡量展会成功与否的重要指标。参观人数直接影响到场馆选择、门票定价、办展时间、预算等一系列重大决策。即使是举办多年的固定展会，对参观人数的预测也并非易事，诸多不确定因素都有可能导致预测的失误，如天气条件、突发事件、同类展会的竞争等。因此，参观人数不能仅仅根据往届展会的情况来预测，还应该在筹办展会之前通过科学的定量调研来预测。

5. 同类展会竞争者调研

会展市场的迅速繁荣壮大、各个展会趋利的商业本质、我国会展行业的不规范，导致重复办展的情况经常发生。行业相同、主题相同的情况下，要想成功举办展会就必须对竞争展会的规模、具体参展商、举办时间、展会效果、观众满意度等进行详尽的研究，不仅要知己知彼，更要取长补短，避免恶性竞争。

6. 环境影响调研

展会期间，交通工具和流动人员暴增，将在一定程度上影响城市环境。展会举办过程中大量宣传资料从展会现场被带出，在相当大的范围内造成环境污染，给卫生清洁工作带来了压力。展会期间声、光、电、热的污染也相当严重。撤展后，现场遗留的大量垃圾也增加了办展城市的环保投入。政府的有关部门要求展会组办方在展会申报时必须提交环境影响调研的预计结论以及解决方案。同时，还有一些民间组织将在展会过程中进行全程监督。

(二)为参展方提供会展选择决策依据的调研

对于参展方而言，展会是实施有效营销的媒介平台之一。参展方在选择展会时必须遵守“恰当原则”，即选择恰当的地点、恰当的时间、恰当的主题以及恰当的形式，因此参展方必然会选择在各个方面都能实现有效控制的展会。此类调研的开展为国内会展咨询业的发展创造了有利契机，会展咨询机构可采用媒介监测的手段，对各种展会进行分类监控，最终向使用者提供调研数据。

(三)展会评估调研

展会评估调研的内容包括以下几个方面：

1.展会基本情况

包括创办时间、办展周期、主办商、办展展馆、组织方联系电话、展览网址、电子邮箱、主要服务项目、主要参展展品、开幕时间、门票价格、场地面积、同期办展情况、参展面积、参展商、参展商来源分布统计、参展商产品行业分布、观众来源、观众来源分布统计、观众关注行业统计、签约项目数、成交金额等。

2.展会主题

包括主题是否明确、是否服务地方经济、主题的延续性、会展主题的推广效果等。

3.展示设计

包括展示手段、多媒体技术使用情况、展示种类分布、展台设计、展品科技含量、展示效果、展示成本分布等。

4.招商组展

包括招商方式、招商成本、招商时间、组展筹备时间等。

5.广告宣传

包括展会前期广告宣传手段与策略、广告投入、新闻宣传策略、新闻稿数量、促销活动等。

6.展会后勤服务

包括展场指南、食宿安排、交通服务、展会会刊等。

7.经济与社会效益

包括交易额、协议数量与金额、贸易商满意度、相关行业受益情况、社会反响、市民认识度等。

(四)以展会为平台所进行的调研

展会是进行营销研究的重要舞台，展会具有许多特有的优势。首先，在展会中生产商、批发商、零售商、消费者、政府主管官员、行业主管、专业人士、专家等大量聚集，诸多市场调研中不易接触到的对象都可能集中出现在展会中，这使得调研成本大大降低，调研效果大大提高。其次，在展会过程中，参展商往往能在宽松的环境下公开产品、生产、营销等商业信息以吸引新的客户，获得新的订单，这为商业情报的收集提供了很好的机会。最后，消费者直接接触产品和生产企业，对产品性能、定价等方面的问题可以进行很好的反馈。

以展会为平台所进行的调研包括产品调研、企业研究、消费研究、销售与市场研究、民意研究等。

二、会展市场调研报告的格式

会展市场调研报告一般是由封面、目录、摘要、正文、附录等几个部分组成(见表 2-10)。

表 2-10 会展市场调研报告的格式

结构要素	主要内容
封面	调查标题 报告日期 委托方 调查方
目录	章节标题和副标题及页码 表格目录:标题及页码 图形目录:标题及页码 附录:标题及页码
摘要	调查目的 调查对象和调查内容 调查研究方法
正文	市场背景的详细介绍 调研主题和纲要的详细说明 调研过程与方法的详细说明 调研分析 结论和建议
附录	调查问卷 技术细节说明 其他必要的附录

报告的结构不是固定不变的,不同的调研项目、不同的调研者或调研公司、不同的用户,都有可能使调研报告具有不同的结构和风格。

(一)封面

封面包括会展市场调研标题、报告日期、委托方、调查方等,一般应打印在扉页上。市场调研标题是画龙点睛之笔,必须准确反映报告的主题思想,做到题文相符。

标题一般分为直叙式标题、表明观点式标题和提出问题式标题三种。会展市场调研报告的标题一般为直叙式标题,如"北京市会展业调查报告"等。

标题按其形式又可以分为单行标题和双行标题。单行标题是用一句话概括调研报告的主题或要回答的问题。一般是由调查对象及内容加上"调查报告"或"调查"组成。双行标题由主题加副题组成,一般用主题概括调研报告的主题或要回答的问题,用副题标明调查对象及其内容,如"北京人的梦中家园——北京市住博会的调查报告"等。

(二)目录

提交调研报告时，如果涉及的内容、页数很多，为了便于读者阅读，应把各项内容用目录或索引形式标记出来。这可以使读者对报告的整体框架有一个大致的了解。

目录包括各章节的标题，具体内容如下：

(1)章节标题和副标题及页码。

(2)表格目录：标题及页码。

(3)图形目录：标题及页码。

(4)附录：标题及页码。

(三)摘要

摘要是会展市场调研报告中的内容提要。摘要的主要内容包括：为什么要调研；如何开展调研；有什么发现；其意义是什么；如果可能，应在管理上采取什么措施等。摘要不仅为报告的其余部分指明了方向，同时也使得管理者在评审调研的结果与建议时，有了一个大致的参考框架。

摘要是报告中十分重要的一部分，写作时需要注意以下几个问题：(1)摘要只写出最重要的内容，一般为2～3页；(2)每段要有一个小标题或关键词，每段内容应当简练，不要超过三四句话；(3)摘要应当能够引起读者的兴趣和好奇心，促使读者进一步阅读报告的其余部分。

摘要由以下几个部分组成：

(1)调查目的。

即为什么要开展调研，为什么公司要在这方面花费时间和金钱，想要通过调研得到什么。

(2)调查对象和调查内容。

如调查时间、地点、对象、范围、调查要点及要解答的问题等。

(3)调查研究的方法。

如问卷设计、数据处理的完成者，问卷结构，有效问卷数量，抽样的基本情况，研究方法的选择等。

摘要与调研报告方案设计应基本一致。

(四)正文

正文是会展市场调研报告的主要部分。一般来说，会展市场调研报告的正文应全面论述市场调研的全过程，即从提出问题到分析问题到得出结论，同时要清楚地说明市场调研过程中所采用的科学方法。总之，会展市场调研报告的正文主要包括以下内容：

(1)对会展市场背景的详细介绍。

(2)分析某个具体的会议或展览的市场情况。

(3)调研主题和纲要的详细说明。

(4)调研过程与方法的详细说明。

(5)提出调研结论和建设性意见或建议。

从形式上看,正文包括开头部分和论述部分。

开头部分的撰写一般有以下几种形式:

(1)开门见山,揭示主题。

文章开始就先交代调研的目的或动机,揭示主题。例如"我公司受北京家博会组委会的委托,对参观者进行一项有关家具市场需求状况的调查,预测未来消费者对家具的需求量和需求的种类,使北京家博会能根据市场需求及时调整其产量及种类,确定今后的发展方向"。

(2)结论先行,逐步论证。

先将调查的结论写出来,然后逐步论证。许多大型的调研报告均采用这种形式,其特点是观点明确,一目了然。例如"我们通过对此饮料在浙江省食品博览会的促销情况和购买意向的调查,认为它在杭州市不具有市场竞争力,原因主要从以下几方面阐述"。

(3)交代情况,逐步分析。

先交代背景情况、调查数据,然后逐步分析,得出结论。

(4)提出问题,引入正题。

用这种方式提出人们所关注的问题,引导读者进入正题。

论述部分必须准确阐明全部论据,根据预测所得的结论,建议有关部门采取相应措施,以便解决问题。论述部分主要包括基本情况和分析两部分。

(1)基本情况部分。

包括对调查数据资料及背景作客观的介绍说明,肯定调查对象的某一面,提出问题。

(2)分析部分。

包括原因分析、利弊分析和预测分析。

结论和建议应当采用简明扼要的语言。收束有力的结语可使读者明确题旨,加深认识,启发读者联想和思考。

(五)附录

附录是指调研报告中正文没有包含或没有提及,但与正文有关、必须附加说明的部分。

附录是对正文的补充或更详尽的说明，内容如下：

(1)调查问卷。

(2)技术细节说明，比如对一种统计工具的详细阐释。

(3)其他必要的附录，比如调查所在地的地图等。

思考练习

1. 会展调研的方法有哪些？
2. 间接资料收集的方法有哪些？
3. 如何收集会展信息？
4. 如何设计调查问卷？
5. 调查问卷发放时有哪些注意事项？
6. 如何作好访谈调查？
7. 会展调查报告有哪些组织部分？

实训项目

任务一：以小组为单位，采用头脑风暴法，确定小组拟做展览项目。

任务二：为拟做项目设计一份参展商参展意愿调查问卷。

附：课程实训要求

课程实训具体要求

1. 实训项目贯穿课程始终。

2. 实训需以小组为单位进行，每小组 3～5 人。

3. 小组确定后可确定小组名称、小组目标、小组口号等以调动小组成员积极性。

4. 小组需以头脑风暴法先确定拟做展览项目，以后所作训练需围绕此项目进行。

5.拟做项目在将来进行可行性分析时,可根据分析结果作出改变。

6.参展意愿调查问卷是为训练调查问卷设计能力,请就目前所确定的拟做项目进行设计。

第三章

展览项目策划

学习要点

●展览项目策划的流程

●展览项目策划的时间要素

●展览项目策划的空间要素

●展览项目策划的市场要素

●展览项目策划的竞争要素

引导案例

“中国(连云港)国际旅游及用品博览会”策划案

中国会展经济的迅速发展掀起了城市兴建会议和展览中心的热潮。大面积的会展中心的兴建,对尚无会展市场基础的城市管理者来说是亦喜亦忧。喜的是城市增加了会展功能的硬件,有了可以津津乐道的形象工程;忧的是面对越来越多会展场馆之间的竞争,如何开发足够的会展资源来满足场馆的效益需求呢?我认为根据会展场馆的硬件条件,开发培育契合本地或区域市场需求的特色品牌展会,是推动城市会展经济发展的基础。那么,如何策划、推广和培育具有地方特色的品牌展会呢?

会展策划是一种社会资源的整合过程,是一个系统工程。会展活动主要由名称、内容、地点、时间、组织机构等五大要素构成,各要素之间相互联系、相互作用。协调各要素之间的关系,对各要素的决策资源进行系统分析、整理,以完成会展系统资源的最优组合,实现会展功能最大化,是会展策划者追求的根本目标。本人从会展系统功能入手,采取五“W”系统分析法,运用找切入点、找结合点、找支撑点的“三点”策略,对构成会展项目五大要素所关联的资源配置,即项目战略定位、项目生态、项目融资、项目管理、项目营销等五个方面进行了信息收集、调查分析、整理判断，进而采用 CIS 整体形象战略对项目的推广进行了全面的策划，在政府主管部门、行业协会和相关企业、机构的支持配合下，我主持实施了本策划案。

连云港市位于江苏东北部沿海，是中国沿海 14 个对外开放城市之一，是西至荷兰鹿特丹横跨亚欧大陆的新亚欧大陆桥东方桥头堡。中国加入 WTO 以后，特别是"西部大开发战略"的实施，使得连云港市在加快中国东部沿海与中西部区域经济协调发展进程中，成为苏北、鲁南、淮海经济区与陇海兰新经济带对外开放的重要窗口，其国际港口城市地位日趋显要。

随着连云港国际展览中心的建成运营，交通运输、宾馆旅游服务设施等城市整体功能的不断完善，特别是近几年旅游资源大开发和陆桥区域性国际商务中心的兴建，给连云港市会展经济的发展创造了前所未有的机遇和条件。把握机遇，发挥区位优势，加快连云港会展经济的发展，促进地方经济快速增长已成为省、市各级政府的迫切愿望。

目前，国内许多城市不是因为有了会展市场才去兴建会展场馆，而是为了增加城市功能或塑造形象工程而大兴土木。在这些花费巨额投资兴建的形象工程拔地而起之后，面对国内越来越多的场馆竞争，如何开发足够的会展资源来满足会展场馆的需求，如何利用场馆硬件资源发展地方特色会展经济成了城市经营者的一大难题。据调查，大部分城市在发展会展经济之初的普遍做法是：(1)申办国际性或全国性知名品牌展会项目来刺激地方会展经济的发展。(2)引进和移植国内外成熟的专业展会项目来拉动地方会展经济的发展。(3)开发和培育地方特色品牌展会来实现地方会展经济的可持续发展。而事实上，对会展市场尚未形成或尚未成熟的城市来说，要直接引进外部会展资源将会遇到很大困难。根据其他一些城市的成功经验，我认为结合地方特色资源、充分利用会展场馆硬件条件和城市综合服务功能，策划、推广和培育契合本地和区域市场条件的特色品牌展会，是推动城市会展经济发展的重要战略手段。

连云港国际展览中心是江苏省三大会展中心之一，其功能定位是：立足苏北、鲁南，辐射陇海兰新经济带和淮海经济区，连接欧亚的区域性、国际性商务中心。因此充分利用新亚欧大陆桥东方桥头堡区位优势，以区域资源为背景条件，结合连云港市地理、经济、文化、旅游等特色，策划、培育和推广具有特色的区域性、国际性品牌展会是连云港市会展经济健康、稳定和可持续发展的重要支撑条件。

2003 年 8 月，连云港、西安、郑州、宝鸡、伊犁等新亚欧大陆桥沿线 18 个城市的旅游局长在新亚欧大陆桥旅游局长联席会上签订了建立新亚欧大陆桥旅游经济共同体合作协议，这一消息成了本策划案的起因。为何不借助旅游共同体这一组织,创建一个以大陆桥沿线及其辐射区域为目标市场的旅游会展平台呢?当本人把想法与市政府旅游主管部门领导沟通后,即得到了支持回应。受其委托,我结合国内外旅游会展经济发展现状,对连云港市及其辐射区域宏观和微观资源环境进行了系统的地调查和分析,在到山东济南、云南昆明以及香港相关展会上学习、观摩、体验、交流的基础上,主持策划并实施了"2004 中国(连云港)新亚欧大陆桥国际旅游及用品博览会"。整个策划案经过了项目立项、搭建运行框架、组织实施三个阶段。具体是:

一、项目立项:对本案进行可行性研究

根据以往会展实务的操作经验和掌握的会展知识,我结合会展系统功能特性,采用了五"W"系统分析法,经过找"三点"步骤,对项目主要构成要素进行了认真分析、整理和判断。其程序是:

(一)找切入点

从连云港市宏观和微观环境资源方面对本项目进行了分析,具体是:

宏观环境分析:(1)有利的宏观经济区位发展定势。世界已由江河经济时代、海洋经济时代进入陆桥经济时代。新亚欧大陆桥经济带的总体发展思路是:经过 10～20 年或者更长一些时间的开发建设,把新亚欧大陆桥经济带建设成与沿海经济带、长三角经济带、珠三角经济带相辅相成的、具有强大经济实力的国家一级经济轴线,进而建设成为连接亚欧大陆的经济地带。(2)有利的宏观发展战略定位。《中国 21 世纪议程》提出要把连云港规划建设成为连接太平洋沿岸国家与中亚地区的国际性海港城市。尤其是中国加入 WTO、加快实施"西部大开发战略"、着力推进新亚欧大陆桥经济带的开发建设,给连云港市的扩大开放、加快发展带来了新的机遇。(3)有利的合作空间和机遇。新亚欧大陆桥旅游经济共同体的建立,为陆桥沿线国家、省(自治区)、市之间相互沟通、相互交流提供了旅游合作平台,对促进陆桥区域旅游经济的协调发展有着积极的推进作用,为建立区域性、国际性旅游会展平台创造了良好的生态环境。(4)有利的潜在市场空间。新亚欧大陆桥于 1992 年开通,全长 10870 公里;在中国境内 4131 公里,贯穿和辐射我国东、中、西部的江苏、山东、山西、安徽、河南、陕西、甘肃、青海、宁夏、新疆等省区;向东辐射日本、朝鲜、韩国等国家;向西途经中亚、西亚、中东、俄罗斯、东欧、中欧、西欧等 40 多个国家和地区。所经过的国家数占世界国家数的 22% ,面积 3970 万平方公里,占世界陆地面积的 26.6% ,居住人口 22 亿,占世界人口的 36% 。特别值得指出的是,新亚欧大陆桥经中国境内 4131 公里,约占总长的 1/3 ,对我国的经济发展意义重大。新亚欧大陆桥不仅是一条运输通道,而且是促进亚欧之间商品流通、技术交流、东西方文化交融和增进人民友谊的重要纽带和新"丝绸之路"。(5)有利的区域主动发展观。2003 年

“两会”期间，陆桥沿线8个主要城市的市长联名提出建设新亚欧大陆桥自由经济贸易区议案，引起社会关注。

微观环境分析：(1)地理区位优势。中国首批14个沿海开放城市之一；新亚欧大陆桥东方桥头堡，中国十大港口之一；城市人口470万，面积74444平方公里，是高速发展的工业、农业、旅游、外贸和港口城市。(2)旅游资源优势。中国古典神话小说《西游记》诞生地、花果山所在地，具有“海、古、神、幽、奇、泉”六大特色的神奇浪漫之都、全国优秀旅游城市，有“中国水晶之都”、“中国水晶工艺礼品城”之称的东海是国际水晶产品加工集散地。(3)硬件资源优势。江苏省三大国际会展中心之一的连云港国际展览中心，拥有一流的场馆设施以及周边良好的宾馆接待能力；陇海铁路、宁连高速、徐连高速、连霍高速的汇集点，便利的海、陆、空立体交通。(4)产业政策优势。“旅游兴市”已成为政府经营城市的一大战略。近几年，连云港市政府高度重视旅游资源的开发，并提出“旅游兴市”、大力发展旅游业的战略要求，使连云港市旅游环境得到大大改善；“连云港之夏”、“《西游记》文化节”等大型节庆活动的连续举办，使连云港市名气大振、人气兴旺；“全国优秀旅游城市”称号的获得，更提升了连云港市旅游资源的含金量，国内外游客慕名而至，2003年来连旅游人次超过530万；“2002江苏海洋渔业与水产加工国际博览会”、“2002‘连云港之夏’旅游纪念品、消费品博览交易会”、“2003江苏国际农业投资与合作洽谈会”等活动的成功举办，为连云港会展业的发展奠定了一定的基础；充分利用国际展览中心，通过“引进、联合、自办”的形式，实现旅游与会展对接，建立旅游会展平台，开发培育具有区域性、国际性品牌展会成为市委、市政府的主要工作内容。

不利条件与风险：(1)由于新亚欧大陆桥经济带国内部分区域总体经济发展水平较低，市场观念相对落后，要开发潜在的旅游及旅游用品市场受到一定的限制。(2)相对于已趋于成熟的珠三角、长三角会展经济，连云港市尚处于竞争无序、市场疲软的不发达会展经济区域。(3)由于连云港市旅游业和会展业在国内外的知名度不高，开发和培育会展市场的前期成本较高，且市场培育需要一定的时间，有一定的经营风险。

(二)找结合点

结合国内外会展业和旅游业发展的趋势，根据“搭建区域性、国际性旅游会展专业平台”这一切入点，对项目与地方政府、行业协会、展览机构、潜在客户、联合营销对象的利益层面进行了调查分析，内容是：(1)随着国内外会展业竞争日益激烈，许多具有举办国际会展资质的企业迫切寻找新的市场，并借助地方政府开发培育特色会展项目，为地方引进外部资源举办展会提供了机会。(2)地方政府急切需要引进外部资源，采取联合的方法来开发契合当地市场的会展项目，以拉动地方产业的发展，这一愿望预示着政府将给予会展业更多的政策性和行政性支持。(3)旅游大开发成为行业主管部门的政绩工程。以“旅游带动会展，以会展促进旅游”，实现旅游与会展对接，建立旅游会展专业平台与政府工作目标一致。(4)旅游与旅游商品生产及相关企业需要寻求新的市场、新的商机。(5)知名媒体、知名品牌企业需要知名品牌展会借势宣传。(6)旅游、广告、宾馆等服务业以及社会大众期盼“顶级”展会，来拉动城市“人气”，以增加商业空间。

(三)找支撑点

根据连云港所处的地理区位优势，结合连云港会展业发展战略的定位，我重点地对区域市场环境和现实条件进行了分析：(1)新亚欧大陆桥旅游经济共同体有18个成员市，城市之间的旅游互动宣传将会创造颇具潜力的旅游和旅游商品交易市场空间，因此争取18个成员市的加盟是实现区域性合作交流的项目内容主体。(2)行业协会的加盟是吸引优质潜在客户的基础条件，因此争取国家、省、市旅游行业协会的支持是项目推广的重要市场条件之一。(3)政府行业主管部门的积极推广造势将会形成相关产业互动的市场空间，是确定项目营销主体不可忽略的重要因素，因此项目的推广离不开地方政府的支持。(4)邀请陆桥沿线国家以及亚太国家和地区的相关企业、机构参加，将会增加国际性合作空间，是实现项目国际化的前提。(5)丰富的地方旅游特色资源、新亚欧大陆桥区域性、国际性品牌战略，将会增加融资的机会。

经过上述“三点”的整理、分析和判断，我决定以“搭建区域性、国际性、旅游会展专业平台”为切入点，结合新亚欧大陆桥经济区域的宏观政策环境和连云港的地理区位优势及产业状况，确定展会的区域性、国际性、专业性功能和特征；根据这一功能和特征，结合地方、行业、区域的不同价值层面和利益取向，确定组织机构层圈和服务市场定位；根据服务市场定位，分析地方、区域、国际三个市场层圈的需求状况，确定展会的推广步骤、手段和发展目标，进而拟定项目可行性策划方案。方案通过市旅游局上报市政府、江苏省旅游局和中国轻工业联合会轻工业展览中心，同时由市旅游局就方案向大陆桥旅游经济共同体成员市征求意见，方案得到了相关部门的一致赞同。按国家举办国际性展会的有关申报程序，由市政府邀请轻工业展览中心将方案通过中国轻工业联合会报送商务部审批。在轻工业展览中心的努力下，商务部对方案进行了认真的审核，肯定了方案的战略定位。一个月后，商务部同意立项并及时下发了批件。

二、搭建运行框架

本策划方案立项后，市委、市政府及相关部门高度重视项目的实施，先后召开多次会议研究方案的具体实施问题。根据我以往参加会展活动的组织和策划经验，要想贯彻落实方案的总体思路必须建立实施本案的主体，而这个主体必须是以政府指导、行业推进、市场多元化运作为条件,集策划、决策、组织、实施为一体的执行系统。为此我征求了政府主管部门的意见,并建议成立展览公司按市场化要求来运营展会。建议得到了轻工业展览中心和市旅游局的支持。在我的主持下,办理了展览公司注册手续,为项目的市场化运作创造了前提条件。根据市委、市政府的要求,我与旅游主管部门领导一起到陆桥沿线旅游经济共同体主要成员单位征求了意见,同时将方案初步实施意见向国家旅游协会相关部门和轻工业展览中心作了汇报,最终确定了项目构成五大要素(即名称、内容、组织机构、时间、地点),确定了“政府指导、行业促进、企业承办”的原则,拟定了活动具体实施方案。方案经市委、市政府相关领导和部门讨论修改后通过,并由政府办公室以政府办40号文下发各有关单位。

三、组织实施

根据实施方案,导入了CIS战略,对项目整体形象推广进行了全面策划。

(一)项目概况

1.名称:2004中国(连云港)新亚欧大陆桥国际旅游及用品博览会。名称包含了展会的区域性、国际性、专业性特征,与其他同类展会相比具有一定的明确性、差异性和专业性。

2.主题:结交五洲旅游精英,展示四海旅游产品,汇聚八方旅游资源,促进陆桥旅游合作。这一主题体现了项目的目标市场、目标客户和宗旨,具有品牌气势。

3.内容与形式:秉承“让世界了解连云港,让连云港迈向世界”的理念,采取展示与展销、项目推介与投资开发、旅游考察与商务洽谈、高层论坛与区域合作相结合的方式,全面展示国内外旅游观光事业和旅游纪念品、工艺品和旅游用品的发展成果,努力创建陆桥旅游经济合作平台。

内容反映了通过项目的举办来达到提高城市知名度的要求,以及促进区域间旅游经济合作的动机,体现了项目生态的成长性。在实施方案中,确定了项目活动三大内容:国际旅游及用品展览会、新亚欧大陆桥国际旅游合作论坛、旅游项目推介会。体现本案活动的亮点之一是邀请了德国、俄罗斯、荷兰、希腊、韩国等8个陆桥沿线经济带国家的驻华使节和旅游参赞出席了由陆桥沿线20多个城市的政府代表和地方政府代表以及国内知名企业代表参加的国际旅游合作论坛。合作论坛的举办体现了展会区域性、国际性、专业性的特征,提高了展会的知名度和影响力。

4.市场定位:项目目标市场拓展分三个层圈:一是立足苏北、鲁南,培育地方特色市场;二是辐射陇海兰新经济带和淮海经济区,扩大全国市场份额;三是连接欧亚,开发国际市场。这一市场定位既符合展览中心的市场服务定位,也顺应了连云港市会展经济的发展方向。它突出了以开发地方特色资源为原动力，融入区域资源为推动力，引进国际资源为拉动力的旅游会展市场的发展战略。

（二）视觉形象识别系统

1. 标志图案：（略）。

2. 标志含义：(1)风帆图形表示举办地的国际海滨旅游城市的地理特征；(2)蓝、黄、桔黄三种颜色叠加组成五个色块表示五大洲；(3)蓝色虹桥寓意大陆桥连接五洲四海；(4)英文字母是“中国新亚欧大陆桥国际旅游及用品博览会”缩写。

3. (1)标准色调系统、主色系统为桔黄色和蓝色，分别代表陆地与海洋；(2)辅助颜色为黄色。

4. 项目象征图形（吉祥物）以卡通猴为吉祥物，欢迎五湖四海宾客齐聚东方桥头堡。

5. 视觉形象应用系统：招商手册、参展指南、广告牌、车体广告、会刊、资料袋、邮寄信封、网站、宣传礼品、开幕式背景、展厅布置、促销广告等。

（三）经营理念识别系统

1. 经营理念：合作空间创造者、市场竞争挑战者。

会展是一种资源整合，其产生的经营效益与社会效益之比往往是 1∶9 的概念，纵使会展经营者展策划一座“金矿”也只取一个角，其余为“淘金者”共享，这样才能有合作“开矿”的利益空间；在行业竞争中，会展策划要有“无中生有，有中求无”的不断创新的思维，以奇制胜，在激烈的市场竞争中，会展组织者既是合作空间创造者，也是市场竞争挑战者。经营宗旨：以旅游带动会展，以会展促进旅游。

会展在西方国家已成为重要的旅游资源，每年大量的商务参展者促进了当地宾馆业、餐饮业和观光业的迅速发展，而旅游业的迅速发展又带动了城市基础条件的不断改善，为会展业的进一步发展创造了更好的条件，并形成了独特的旅游会展经济。本策划案目的在于创建旅游会展专业平台，实现旅游与会展对接，促进旅游与会展互动发展。

2. 宣传标语：(1)结交五洲旅游精英，展示四海旅游产品，会聚八方旅游资源，促进陆桥旅游合作；(2)让世界了解连云港，让连云港走向世界；(3)神奇浪漫之都、中国优秀旅游城市、新亚欧大陆桥东桥头堡——连云港欢迎您；(4)创新的理念、标准化的服务，助您一展宏图；(5)欧亚联手，群英荟萃，共建旅游交流大平台；区域合作，优势互补，同铸陆桥旅游共同体。

（四）行为识别系统

全面开展公共关系活动，致力于建立各方互动关系，为树立展会整体形象宣传造势；加强与社会各界的联系，争取业内与社会公众的理解与支持。

1.加强与国内外会展促销代理机构的联系,建立项目推广合作机制,扩大目标市场的宣传层面。

2.积极依靠政府,将项目纳入其重点工作之列,以获取政府各行业主管部门及县、区和相关企业对项目实施的重视。

3.全面开展对项目有关的行业协会、陆桥沿线国家驻华使馆、商务机构及代表处的公共关系,以取得支持、获取信息、建立合作关系。

4.关注国家、省、市级媒体在不同时期的宣传取向,争取成为各媒体公共宣传的重点;。

5.建立、保持与客户的良好关系,为客户提供超值服务,以良好的信誉提高展会的美誉度。

6.注重组织系统内部公共关系,了解内部各部门及工作人员的愿望和需求所在,从大处着眼,从小处着手,发挥内部激励机制,做到人尽其才,人尽其用。

(五) 融入与参与社会公益活动,提高展会的知名度与美誉度

1.积极参加国内同类主题的展会,进行互动宣传以达到资源共享的目的。

2.与品牌企业或相关企业促销活动建立互动平台,相互借势宣传。如房地产公司巧借展会品牌,以赞助形式搞展会形象大使评选活动,既提高了房地产项目的知名度,也推广了展会。

3.与知名媒体建立战略联盟,通过联合营销展会提高展会知名度,以共同获取广告和赞助资源。

4.积极参加城市在国内外的旅游推介和各种旅游节庆活动,使旅游与展会对接,提高相关产业对展会的认知度。

(六)精心选用和实施广告策略,宣传展会的服务宗旨

1.广告词:热烈欢迎海内外宾朋光临大陆桥旅博会(WELCOME TO EAITC EXPO 2004 LIANYUNGANG)。

2.广告标的:以提示性广告为主体。项目的服务对象是旅游及旅游用品市场的客户群体,根据这一诉求对象的特点,选择提示性软体广告为主体。即制造新闻点,经媒体进行新闻和专题报道,以扩大项目的宣传。其好处是:有利于提高项目的知名度、信誉度和美誉度;费用低廉,节约开支,宣传效果好,能起到潜移默化的作用。

3.广告内容:广告制作始终抓住项目主题,突出展示会标内容和组织机构名称。

4.广告媒体的选择:以"经济、实效"为原则,选择路边灯箱、交通车体、大型广告牌、行业内知名专业报纸、网站为载体进行宣传推广。

(七)规范组织系统和营销系统管理,塑造国际标准化服务的精神风貌

项目营销和推广过程，无论是在宣传手册还是网站、请柬、手提袋等宣传载体上，始终突出承办单位经营理念，即创新的理念、标准化的服务，助您一展宏图。

注：本策划案作者为蒋一秋。

案例分析

本策划案的主要思路和操作过程是：根据连云港国际展览中心区域性、国际性商务中心的功能定位，结合连云港市的地理区位优势和特色资源，以搭建旅游会展平台、开发培育专业品牌展会的策划思路，采取了系统的思想和系统的方法，即五"W"系统分析法和"三点"策略对项目构成要素进行了分析判断。

所谓五"W"是指：WHAT（做什么），即做什么样的会展项目，它包括项目名称、主题、内容、形式等；WHY（为何做），即选择项目的背景理由是什么，其答案是基于对项目关联的宏观和微观资源环境的分析、整理和判断；WHO（谁来做），即项目实施的组织机构如何，它包括支持、主办、承办、执行承办、协办、赞助等单位的选择；WHERE（何地做），即项目在什么地方举办，它包括举办地所处的政治、经济、地理、文化、行政、人力等资源状况的分析和判断；WHEN（何时做），即项目实施的具体时间如何，通常包括项目的规划、筹备、执行以及周期的时间安排。五"W"系统分析法，就是采用五"W"问答的形式对会展活动五大元素涉及的系统资源进行分析、整理、判断的系统方法。本案是在项目实施地点确定的情况下，即以连云港市自然地理、经济、文化、人力资源、行政六大资源条件为决策基础，以策划人多年参加国际会展活动所产生的认识及近几年会展实务的操作经验为决策基因，对五"W"问题的答案进行系统的信息搜索、分析和判断。在分析过程中应用"三点"策略，对项目五大要素的资源配置进行了整合。

"三点"策略就是采取找切入点、找结合点、找支撑点，即"由点到面、由面到点"的系统步骤，对展会项目相关的政治、经济、文化、法律、地理、人力等系统资源进行信息收集、调查分析、整理和判断的思维过程。运用"三点"策略，对展会的战略机会、战略生态、战略融资、战略管理和战略营销的系统资源进行整合，是策划品牌展会的一种创新的、有效的系统分析方法。找切入点，就是采用"重点法"，对品牌展会的宏观和微观环境进行分析，为品牌展会的战略机会、战略生态、战略融资、战略管理、战略营销的策划寻找决策点；找结合点，就是根据切入点应用"组合法"或"背景转换法"，寻找对应的决策基础和决策基因，分析它们之间的内在的关系，排除劣势，找出最佳优势结合点，以确定展会品牌的价值取向、利益层圈、核心竞争力；找支撑点，就是根据品牌展会切入点和结合点，应用"分解法"对展会品牌推广的支撑系统进行分析、判断的过程，它包括展会推广创新、激励、保障、宣传、组织和融资机制系统的分析，是展会实施品牌战略的基础。在分析整合“三点”的基础上，确定了本案的项目名称、内容、时间、地点、组织机构五大系统要素，并拟定了项目可行性策划方案。方案得到了国家、省、市行业协会的大力支持，并最终获得商务部批准立项。在方案实施过程中，导入 CIS 战略对项目的推广进行了全面策划。整个策划案经过了“项目立项”、“搭建运行框架”、“组织实施”三个阶段。本策划案的实施促进了大陆桥沿线国家、省（自治区）、市及周边亚太国家和地区之间的旅游交流、交易与合作，提升了连云港市的知名度，为开发和培育区域性、国际性专业会展市场，打造城市品牌展会提供了示范作用。

第一节 展览策划概述

一、“策划”的概念

从中文词源来看，“策”同“册”，最早是指古代书写的一种文字载体，古代用竹片或木片记事著书，成编的叫作“策”。之后又发展为应考者参加科举考试的一种文体，今天已演变为“计谋、策划”之意，譬如人们常说的“上策”、“下策”、“献计献策”、“束手无策”等都是采用这个词义。“策划”的“划”亦作“画”，也是“计划、打算”之意。由此可见，“策划”是指与计谋有关的一种行为过程和方法系统。

从英文词源来看，“策划”一词发源于战略中的计划“strategy”，以后又演变为“strategy”和“plan”的结合，也有人将其翻译为“企划”，与“策划”概念相同。

据查，“策划”一词最早出现在 20 世纪 50 年代中期，1955 年爱德华·伯纳斯在《策划同意》一书中提出了“策划”的概念。此后“策划”这一概念被广泛应用于公共关系、广告等各种领域以及社会生活的各个层面。

在现代社会中，策划已成为一种具有方法论意义的思维方式和运作方式。有人将策划分为广泛性策划、机能性策划、物质策划、政府策划、社会经济策划等诸多类型。本书将从社会经济的角度探讨策划在展览经济中的具体运用。

二、展览策划的概念

展览策划是指在展览活动开始的最初阶段就要进行的，有时甚至要贯穿于展览活动始终的一种优先的、提前的、指导的活动。

在展览的决策过程中，由于展出者的机构不同、所针对的问题不同、展览项目的新旧不同等，决策的程序也不尽相同。

大型展出如国家政府部门、贸促机构、工商会、集团公司等为主办者的展览，大多有相应的部门或人员专门从事展览工作并有固定的决策程序，展览的环节相对也比较规范合理。对于小的公司而言，策划的环节可能会比较简单；连续参加或者连续举办的展览会决策过程可以比较简单些，这一方面体现展出者政策和战略的连续性，另一方面也反映出这些展出项目的效果较好。对于这些项目，展出者无需再作决策，只要在局部或细节上加以调整即可。但对于初次展出的项目，展出者应该充分调研，全面考虑，慎重选择。只有加强决策的科学性才能避免盲目性。

一般来说，一份完整的展览策划基本上包括策划者、策划对象、策划依据、策划方案和策划效果评估等要素。

策划者在展览过程中起着“智囊”的作用，策划者的素质直接影响着展览成果的质量水平；策划对象既可以是某项整体展览活动，也可以是展览诸要素中某一要素（如展览设计）；策划依据包括策划者的知识结构、信息储存以及有关策划对象的专业信息；策划方案是策划者为实现策划目标，针对策划对象而设计创意的一套策略、方法和步骤；策划效果评估是对实施策划方案可能产生的效果进行预先的判断和评估。

展览策划诸多要素之间互相影响、互相制约，构成一个完整的体系。

三、展览策划的特点

（一）针对性

展览策划是具有针对性的活动，它是展览理论在展览活动中的具体运用。在进行展览策划时，应首先明确展览活动应达到什么目的，是针对什么问题而举办的展览。譬如，有的展览以特定消费群体的生活方式为依据，具有鲜明的主题，这就要求在进行策划时必须围绕主题组织展品、开展活动。

（二）系统性

展览策划是对整个展览活动的运筹规划，因此具有系统性的特点。

系统性表现在策划时要针对展览的各个方面、各个环节进行权衡，通过权衡使企业目标特别是通过参展而实现的企业市场营销目标具有一致性，使其在产品、包装、品牌、价格、服务、渠道、推销、广告、促销、宣传等方面保持统一性。系统性可以减少展览策划的随意性和无序性，提高效率。

随着展览理论研究的不断深入，近年来有学者提出“立体策划”的概念，可以说是展览策划的另一种表现。

（三）变异性

《孙子兵法》中说：“兵无常势，水无常形，能因敌变化而取胜者，谓之神。”这里的“神”是指战术上的灵活性、变通性。市场永远是千变万化的，展览策划也必须充分考虑到市场的变化。例如，2003 年春，突如其来的非典型性肺炎疫情打乱了几乎所有的展览计划，作为展览的策划者必须有充分的应对措施才能适应这个变化。据悉，中国展览业当年的损失高达 40 亿元人民币。然而，当年的广交会开拓网络展览，其网上展览成交额达 2.18 亿美元，中国展览人首次学会了对危机说“不”。

变异性强调对市场环境的适应性，目的在于更有效地实现既定的战略目标。

（四）可行性

可行性是指展览策划方案在现实中要切实可行。没有可行性的策划方案只能是纸上谈兵。一般来说，展览策划方案必须经过分析论证才能实施。分析论证策划方案的可行性主要围绕策划的目标定位、实施方案以及经济效益等主要方面进行。

四、展览策划的作用

对于展览的组织者来说，展览策划是展览运作的核心环节，对于参展厂商来说，展览策划提供的是总体策略和具体计划。

展览策划的重要作用主要有：

1.战略指导作用

战略指导作用是指展览策划能力为展览活动提供总体的指导思想。譬如在展览场地、展会规模、展会的主题及时间的安排、展会品牌、主要合作伙伴（行业）等方面，策划部门都要事先提供指导。

2.实施规划作用

实施规划作用是指展览策划能为展览活动提供具体的行动计划。

3.进程制约作用

进程制约作用是指展览策划能安排并制约展览活动的进程。

4.效果控制作用

效果控制作用是指展览策划能预测、监督展览活动的效果。

5.规范运作作用

规范运作作用是指展览策划能使展览运作趋于科学、合理、规范。

第二节 展览策划的基本流程

大型展览会如世博会的策划，不仅要考虑经济因素，还要考虑政治因素、社会文化因素等，因而，策划时国家的有关部门领导乃至元首都会参与。在我国，虽然市场化的进程在加快，但不少的大型展览会还带有政府行为的色彩，因而其决策规划情况更加复杂。这里，参照国际展会的一般惯例，就一般贸易展示会的策划流程进行概述。

一、成立策划小组

展览策划工作需要集合各方面的人才进行集体决策，因此，首先要成立一个展览策划小组，具体负责展览策划工作。一般而言，展览策划小组应由以下人员组成：

1. 业务主管

又叫 AE 人才，一般由总经理、副总经理、创作总监、策划部经理等人担任。在展览公司里，业务主管（贸易展示会经理）具有特殊的地位，他是沟通展览公司与展会服务承包商、参展商的中介：一方面，他代表展览公司与展会服务承包商、参展商等洽谈业务；另一方面，他又代表展会服务承包商、参展商等监督展览公司一切活动的开展。

2. 策划人员

一般由策划部的正副主管和业务骨干来承担，主要负责编拟展览计划。

3. 方案撰写人员

专门负责撰写各种展览文案，包括展览常用文书、展览业务社交文书、展览业务专用文书、展览业务推介文书、展览业务事务文书、展览业务合同协议文书、展览业务法律文书等。文案撰写人员应该能够精确地领悟策划小组的集体意图，具有很强的文化表述能力。

4. 美术设计人员

专门负责进行各种类型视觉形象的设计。美术设计人员是策划小组很重要的组成部分。因为在整个展览策划过程中，诸如各种类型的广告设计、展示设计、展示空间设计等都需要美术设计人员的参与。美术设计人员必须具有很强的领悟能力和将策划意图转化为文字、图画的能力。

5. 市场调查人员

要求熟悉各种复杂的市场行情调查，并能写出精辟的市场调查报告。

6. 媒体联络人员

要求熟悉各种媒体的优势、劣势、刊播价格，并且与媒体有良好的关系，能按照展览策划的部署进行媒体规划，争取最佳的广告宣传效果。

7. 公关人员

公关人员能够为展览公司创造融洽、和谐的公众关系氛围，获得各方面的支持与帮助，同时能够从公关的角度提供建议。

在展览策划过程中，由业务主管负责，各方面人员需通力配合、协调一致，共同做好展览策划工作。

二、进行市场调查

市场调查是以科学的方法，有系统、有计划、有组织地收集、调查、记录、整理、分析有关产品或劳务市场等信息，客观地测定与评价，用以协助解决有关营销的问题，并作为各种营销决策的依据。

展览市场调查是展览策划的基础。从传播学的角度来看，市场调查是展览策划者为了了解市场信息、把握市场动态，进而确定展览目标和主题、编写展览策划方案、选择展览策略、检查展览效果等所必需的调研工作。只有在系统地收集有关市场与相关背景的资料、并加以科学概括和分析的基础上确立的展览策划，才能卓有成效地实现总体目标。

在执行市场调查时，不仅要考虑本区域的优势产业和主导产业，还要考虑重点发展中的行业、政府扶植的行业等。具体分析行业市场状况，要摸清市场的归属，即是买方市场还是卖方市场等。

以一次展览会为例，主办者需要将市场调研的重点放在以下四个方面：市场前景分析（如政策可行性、市场规模及类型等），同类展览会的竞争能力分析，本次展览会的优势条件分析，潜在客户需求调查。

总之，在瞬息万变的市场中，如果没有科学的市场调研和预测作先导，展览的策划、运作就很难达到预期的目的。

三、决定展览策略

作出展览决定是一个决策过程，应该有相应的程序。在一般情况下，展览决策应考虑营销需求、市场条件、营销方式、内部条件等因素。

在充分地进行市场调研与预测之后，接下来需要进行展览目标市场的定位，制定展览营销计划。

对展览会来说，组织者在进行目标市场定位时需考虑以下因素：

1. 展览会的类型

组织者首先要明确自己所主办的是什么类型的展览会，因为政府主办的展览会、公益性质的展览会和商贸展览会在具体操作模式和策略的制定上存在很大区别。

2. 产业标准

导致展览目标市场定位复杂的原因之一是一次展览会往往要涉及多个产业。如举办一次汽车展览会，组织者除考虑汽车生产企业外，还要努力吸引销售、运输等对汽车需求较大的企业，甚至一些研究机构等。

3. 地理细分

由于不同地区的参展商和专业观众有不同的需求特点及营销反应，所以地理变量经常被作为划分展览市场的依据。在进行地理细分时，展会组织者不仅要分析不同国家的参展商以及展览会的个性化要求，而且要弄清参展商在本国的具体分布，这样才能行之有效地进行决策。

4.行为细分

行为细分是指根据参展商的参展动机、购买动机、购买状态或对展览会的态度等进行划分，其中参展动机被认为是进行展览市场细分的最佳起点。

决定展览策略应该在充分掌握现有相关资料的基础上进行，如宏观政策环境、企业经营实力、展览市场竞争状况、顾客满意程度等。如从展览营销的角度来说，一份展览营销计划应包括展览营销现状分析、企业（或具体会议、展览会）SWOT分析、营销目标的确立、市场营销组合策略、具体的行动方案、营销预算费用以及营销计划的执行与控制等。

四、制定媒体策略

现代社会是一个信息社会，人与人之间、企业与企业之间都需要交流，而信息交流的主要载体便是各种各样的媒体。实施有效的媒体策略对展览活动组织者至关重要，展览组织者要根据有限的广告预算以及举办会议或展览会的需要和条件，来选择合适的媒体。在选择媒体的类型时需要综合考虑目标受众的媒体习惯、产品性质、信息类型以及广告成本等因素。

在市场经济的冲击下，中国传媒的市场化步伐越来越快。市场化程度的提高导致了媒体的迅速成长或衰落，展览专业媒体也不例外。因而，在制定具体的媒体策略时，必须要分析媒体在展览活动中的成长策略。以展览活动为例，在制定策略时要综合考虑媒体在宣传活动中、在联系活动中以及在提升展览企业形象活动中的成长策略等。

例如，若从提升城市形象的角度分析，在一次大型的展览会中，城市政府面向媒体的主要工作包括以下三点：

(1)在展览活动开始之前，需要媒体对展览会前期的准备工作、展览会的特点及创新性进行大量的宣传报道，具体方式有举行记者招待会、组织专家学者讨论并在专门的媒体上发表声明，以吸引市民中的潜在专业观众。

(2)在展会举办期间，继续组织有关媒体尤其是本地的主流报纸或电台对展览活动进一步作宣传，以满足不同公众对此次活动的关注需要。

(3)活动结束后，政府应该鼓励媒体对此次活动的效应和成果等作总结性的报道，以加深公众的印象，并达到提升城市形象的目的。

若从参展商与媒体的角度来说，在展览会开幕之前，参展商除了可以通过直接邮寄等方式与客户联系并邀请对方光临自己的展台外，还要积极利用各种形式的媒体对本企业的参展活动作大量的宣传，可以在报纸、杂志或参展手册上刊登广告，也可以利用展览会主办者发行的展览快讯宣传和介绍企业参展产品，以吸引专业买家来洽谈。在展览会期间还可以通过别出心裁的现场表演、公关事件、新产品推介会等来吸引媒体和专业观众的关注。

另一方面，为推广企业的品牌形象或提高产品的知名度，参展商必须与媒体保持良好的关系，并积极提供有价值的新闻，争取让媒体在展会期间对本企业进行更多的报道。

综观现有的展览杂志、报纸及网站的竞争格局和特点可以发现：专业刊物正走向多元化，刊物定位也更加鲜明，媒体的形式丰富多样，互联网正在被深入地应用。因而，在展览的媒体选择方面必须与时俱进，选择更加有效的媒体策略。

五、制定设计策略

商业展览展示设计是指以传达展览信息、吸引参观者为主要目的的、有计划的环境、展台、展品设计。好的设计能提高展会的品位，吸引参展者、参观者，对产品营销也起着潜移默化的作用。

一般而言，较大的展览会，展览的有关设计问题在开展前 9 个月就开始了。

从参展商的角度来说，设计不仅仅是一个展台设计的问题，在策划阶段就要考虑设计展览结构、取得展览公司的设计批准、制作展览宣传册等。

展台设计根据具体要求有不同的设计原则、功能区分，所以其设计的策略也是千变万化的。

我们以宣传材料的设计与制作为例。对于参展商来说，狭义的宣传材料主要是指各种文字资料，如宣传册页、新闻稿件等。而事实上，宣传材料不仅限于现场分发给观众或记者的文字资料，它还包括很多形式，如直接邮寄的资料、产品介绍 VCD、纪念包（手提袋）、酒店的户外广告、展览会的每日快讯等。

在宣传材料外观的设计上必须要注重整体风格，要能形成强大的视觉冲击力。外观设计主要是解决材料的形状和大小两个问题，并要求设计人性化，便于人们携带。

六、制定预算方案

良好的财务管理和预算控制是筹办展览最重要的因素之一，如果安排得当不仅可以起到增加收益、提高效益的作用，而且能使管理者了解收入的来源及比例、分析主要的投入项目、确定主要的收入来源。预算是协助实现财务目标的一个工具。可以把预算看作一张特有地图，它能引导公司达到预计目标。为了达到这个目标，在制定展览预算时必须做到有计划、有步骤、不断更新信息。

一般来说，制定一份展览预算至少包括以下几方面的内容：

(1)行政管理费。包括项目共享的费用，如工资、复印、电话、信函来往、计算机等要支付的费用。

(2)固定费用。如印刷和邮寄宣传材料所需的费用。

(3)可变费用。如餐饮费等。

(4)收益。即预算带来的收入,包括公司拨款、注册费、出售展品和纪念品的收入、赞助等。

在展览中,为了衡量一个项目的财务成果,必须设置一个用于实现既定财务目标的预算开支。预算采用的方式可视具体情况而定。

七、撰写策划方案

展览策划就是展览的策略规划,为了得以成功举办,必须对展览的整体性、未来性的策略进行规划,包括构想、分析、归纳、判断、拟定策略、实施方案、展后追踪与评估等过程。

展览策划中包含为达到目的的各种构想,这些构想和创意是新颖的,与目标方向保持一致,有实现的可能。把策划过程用文字完整地记录下来就是展览策划案。

广义的展览策划案可以涵盖经市场调查而产生的可行性研究报告、项目意向书、项目建议书以及广告策划方案、宣传手册等,包括围绕某次展览的展前、展期、展后所有的策划方案。

八、实施效果评估

展览的效果是长期的。办展者在重视并大力进行展台设计、产品展示、展览宣传、展台接待和推销等工作的同时,也应当投入相当的力量做展览后续工作。如果说展览相当于播种——建立新的客户关系,那么,展览的后续工作就相当于耕耘与收获——将新的关系发展为实际的客户关系。展览的后续工作很多,实施效果评估是其中的重要一环。

展览效果评估的内容包括展览工作评估和展出效果评估。

展览效果评估需要由展出者自己安排或委托专业评估公司来做。展览效果的评估内容有定性的内容也有定量的内容,在条件允许的情况下尽量采用定量评估,这样可以使评估的结果更客观、更有价值。

总之,展览作为一种营销方式,在开拓市场、巩固市场等方面发挥着重要作用。但是展览是一项复杂的工程,它的工作环节很多,为了保证其可行并顺利、有效地开展,必须要重视展览的策划工作。有学者指出,只有当展览被认为是最有效的营销方式时才决定展览,而在决定展览后,能激发创意、有效地运用手中的资源、选定可行性的方案、达到预期目标或解决一个难题,这就是策划。展览策划在整个展览过程中扮演着一个重要角色。

第三节　展览策划的时间要素

会展作为一种涉及多个行业的综合性大型活动，不管是策划、筹备、营销还是开幕，无不要求在时间安排上有高度的协调性和适应性。会展活动的任何一个组织环节在时间安排上出现混乱，都必然会使这个会展的整体组织筹备进度受到很大的影响。要想使会展成功举办，办展机构一定要对会展的招展招商、宣传推广、筹展撤展等各个环节进行严格的时间管理，并在会展整体进度上进行统筹，否则，会展的筹备工作就会在时间进度上出现不协调，会展的如期举行就会受到影响。

随着 IT 技术的飞速发展和信息社会的来临，信息技术在会展业的广泛使用使世界会展业的运作方式发生了重大变革，时间已经和成本、规模、品质一样，成为影响展会成功运营的基本要素。越来越多的办展者已经意识到，对市场变化和竞争形势作出快速反应、对客户需求作出迅速反馈已经成为展会获取竞争优势的重要手段，现代会展业的竞争已经越来越成为基于时间要素的市场竞争。因此对会展进行有效的时间管理已经被越来越多的办展机构所重视。

所谓时间管理，是指企业将时间看成与市场、客户、质量、成本等一样重要的企业成功运营的基本要素，在安排各项工作时充分考虑时间方面的需要以及彼此在时间上的协调性，以时间为基础形成快速反应和协调能力，促进企业经营管理工作的全面展开。时间管理是现代企业管理的一项重要内容，随着市场变化的日益复杂和竞争的日益激烈，现代企业越来越重视对企业的经营活动进行有效的时间管理。

预留充分的准备时间是制定切实可行的活动日程表的基本保障。组织一个成功的大型活动往往需要几个月甚至几年的时间。大型活动所需时间因活动类型不同而有较大差异。在活动日程安排上应注意以下问题：

(1)首先分析工作时间，然后确定活动举办日期。

很多大型活动组织者都是先确定大型活动的举办日期，然后才意识到有太多筹备工作需要做。这时，他们不得不把每项工作所需时间缩到最短，制定出一个十分紧张的日程表。这样的日程表一般很难执行。有时候，由于外界因素的影响，组织者被迫接受一个十分仓促的日程表。在此情况下，只能根据现有时间简化大型活动的各项内容。

(2)个人的能力是有限的，因此必须依靠团队的集体能力来完成大型活动的组织工作。

第一，应组织若干个由2～5人参加的小组，在各个小组中开展头脑风暴式讨论会，讨论组织某项大型活动的各项工作。第二，把各个小组的讨论结果进行对比汇总。第三，将各项工作进一步分解，并确保不遗漏任何环节，据此确定行动步骤。第四，将每项工作及其分解内容、行动步骤写在一个单独的工作任务卡上。第五，把所有工作任务卡按照行动顺序张贴到大型公告栏上。

(3)在进行工作时间分析时，要充分估计各项工作所需时间，并写在工作任务卡上。

须注明各项工作由一人单独完成还是多人合作承担，比如起草一份邀请函一个人在估计时间内可以单独完成，但要布置一个会场就需要若干人合作才能在估计时间内完成。

(4)在时间安排上应适当留有余地。

一般认为应该按估计时间的120%安排工作时间，即预留20%的工作时间。在规定时间内提前完成某项工作，不会给大型活动组织带来太大的影响，但是如果不能在规定时间内完成某项任务，则必然会影响活动的顺利进行。

(5)有些工作相对独立，有些工作则彼此关联。

对于相互关联的工作必须明确其先后顺序，并使先期工作的组织者了解其工作对后续工作的影响。

(6)将日程表张贴在公告栏，为每一位相关人员提供便于携带的日程表复印件。

为了使参与者随时了解活动组织取得的进展与发现的问题，可以利用活动挂图、工作简报或黑板报等形式制作动态日程表。按星期分为若干栏，在各栏内由上到下列出重要工作，应特别注明在各周内必须开始和必须完成的工作。

(7)鼓励参与者根据个人的工作计划事先约好工作时间，并为每位工作参与者提供一份日程表的缩小复印件，用特殊颜色标识该工作人员所应参与的工作，用另一种颜色标识该工作人员如不能按时完成其工作会影响到的后续工作。一旦修改日程表，应为每位工作参与者提供新的复印件，并注明新日程表的印制时间，从而保证所有参与者按照同一日程表工作。

(8)确定关键工作的最后期限。

对于关系到大型活动组织成败的关键工作，应确定其最后完成期限。如果这些关键工作未能按期完成，必须果断取消大型活动。但取消一项大型活动必然会给活动委托方和承办方带来巨大的经济损失和负面社会影响，比如毁约赔偿、信誉降低等。为了避免因关键工作的失败而导致的经济和社会影响方面的重大损失，应事先对关键工作做出备份方案，一旦该项工作受阻或未完成应立即启动备选方案。

(9)检查工作进度,防止因工作缺乏经验而使大型活动的组织陷入被动。

首先确定工作的起讫日期,并设定工作期间的阶段性指标。根据既定指标检查各阶段工作进度,发现问题及时解决,以保证该项工作在最后期限以前得以完成。

(10)每一项关键工作都必须指定专人负责,尽量避免把工作的责任给予多人组成的委员会,后一种情况可能会导致众人旁观而无人负责。关键工作的责任人不仅要有履行责任的能力,还应拥有相应的权力。

(11)活动结束后,往往还有大量的后续工作要做。

由于劳累一天的工作人员需要适当休息,所以一般要提前安排一些后备人员完成后续工作。这些工作包括:清洁场地、整理账目、归还租用物品和设备、给捐助人寄发收据和感谢信、答谢志愿者和支持者、对活动进行评估并写出评估报告等。

(12)在活动的组织过程中会不可避免地出现一些疏漏或紧急情况。

设立应急小组,并赋予其处理各种紧急事务的权力,使活动参与者和参加者无论何时遇到何事都能通过应急小组得到及时解决。

(13)对提前完成工作和节约开支的人员予以奖励。

对先进的奖励有助于调动团队的积极性。

第四节　展览策划的空间要素

一、地域空间

地域空间主要是指在选择展览的举办地点时要考虑举办地的地域优势和市场辐射范围如何。展会的举办地对展会本身的发展有较大的影响。一般展会应选择在那些展会展览题材所在产业较发达的地方,或者选择在该产业产品的主要销售地举办。交通比较便利、基础设施较完善、信息较灵通、服务业较发达的城市往往也是举办展会的首选之地。

二、展览项目空间策划的原则

(一)市场推广可行性

主要考察展览场地所在地的目标市场的大小及其对周围的辐射程度。适宜的展览场地及其周边区域一般是一定区域的经济中心和商业贸易中心之一,理想的展览场地还应是将要展出产业比较发达的区域之一。从展览对周围的辐射程度看,展览场地所在城市区域经济的发展最好具备较强的集聚效应,其城市的服务业对周边地区的服务程度比较高,产业间的配套联系比较紧密。

(二)观众可达性

主要考察展览场地的交通便捷性以及开馆、闭馆时间与周围交通线路的合理配置。一般大型展馆的选址已经考虑了交通便利的因素,如接近地铁站和主要交通线路的出入口等。在举办大型展会期间,还应在开馆、闭馆期间设置临时增加的交通专线,做好出租汽车的车辆调配等工作。

(三)场地适宜性

场地适宜性包括展出面积和展场设备两方面。选择展会场地,首先要考虑展会总面积的大小:大的展出面积要选择大型场馆,以保证有足够的展出场地;而小型展示则可选择规模适中的展馆;与会议相配套的展示,甚至可以选在举办会议的宾馆展示区域或在会议场所附近的展示厅,以突出展示本身的功能。

三、空间策划要点

(一)面积

要根据展出目标和展出预算情况确定场地面积。如果展出声势大,并且有足够的预算就要租用大面积的场地;如果是试探性的市场开拓展示,预算也不富裕,就要从紧控制展出面积。

另外,以展出面积性质分:以宣传为主的展会要准备大一些的面积,便于创造比较特殊的展示效果;而以贸易为主的展会一般面积够用就好。从方便参观者、“以人为本”的角度考虑:若是综合性的展览会或消费品展销会,展出面积要适当宽裕一些;若是贸易展览会,因为只对专业观众开放,故只要留出洽谈的场地,其他的辅助面积可尽量缩减。

(二)形式

场地也是影响会展设计的重要因素,展览场地的形式有多种分类方法。

1.室内和室外场地

一般将展览馆内的场地称为室内场地,将露天的场地称为室外场地。露天使用的产品,如海滩休闲用品、庭院休闲用品以及一些超大、超高、超重的产品,都常常放置在室外场地展示。

2.净场地和标准展台

净场地就是没有任何展架、展具,需要自建展台的一块展览场地,它可以使展台更有个性,但对参展者而言不免费时费力,比较适合大公司或有特殊参展要求的公司使用。

标准展台是一种经济方便、成本效益较好的展出形式,其面积一般为9平方米。有些贸易性展览会,因摊位紧张,所以允许参展商租用半个展台。最基本的标准展台包括三面墙板、楣板和常规照明。标准展台的优势是简便、经济,其成本可能是定制展台的一半左右,但也存在缺乏特色的弊端。

(三)区域

展览活动一般需要以下几个功能区域,即展示区域、公共区域、洽谈区域、办公区域和储存区域等。展示区域的重点是各个展台,它也是整个展览会的重点;公共区域是展览会的参观商共同使用的区域,不能忽视,要尽量备齐各类设施;洽谈区域可以设在展位之间,也可以设置一个专门的区域;办公区域一般设在展厅的入口处,可以用于展示各类展览介绍资料,这个区域可以是一个架子,也可以安排一间专门的办公室。

第五节 展览策划的市场要素

一、展览项目策划应遵循的市场原则

(一)功利性

策划主体之所以要进行策划,就是因为需要从会展活动中得到实际利益,而一旦实现策划预期目标,就会产生动力而促进会展策划及至会展产业的发展。因为会展策划的主体有别、策划主题不一,所以功利性目标也分为长远之利、眼前之利、发展之利、享乐之利等,并且都力求争取更多、更好的利益。因而在进行会展活动策划创意、选择策划方法、制定策划方案时要权衡考虑,还要注意投资与策划之利的比例是否协调。

(二)社会性

会展策划根据国家、地区的具体实情进行的同时,既要注重本身的经济效益,更应关注它的社会效益。经济效益与社会效益两者的有机结合才是策划的功利性的真正意义所在。而在当今世界,能体现一定的社会性的策划不仅能在全社会中营造一种爱的情感,而且能树立一种良好的社会风尚,况且这样的会展策划也更能为大众所接受。

(三)创造性

真正的策划应具有创造性。照搬、模仿、抄袭别人的东西都不是真正的策划。要善于根据客观变化进行创造性思维、不断地创造新的方法,只有这样才能别具一格、与众不同、吸引人、打动人,从而取得成效。富于创造性的策划源于渊博的策划、广告和文化方面的理论与知识,只有具备了这些理论和知识,我们才能展开理想的翅膀、放飞智慧的火花去畅想、去创造。创造性的思维既是会展策划的基础和生命力的体现,也是一种高级的人脑活动过程,需要有敏锐和深刻的觉察力、丰富和奇妙的想象力、活跃和丰富的灵感、渊博的知识底蕴,只有这样,才能把理论和知识转化为智慧,并使之成为会展策划的智慧能源。

（四）时效性

会展活动既是一种短期行为又是一种长期行为。从时间表来看，会展活动的期限都很短，但投资却相对较大，以至于每一分钟都可量化成为货币价值，使策划者更能理解时间和金钱的含义。因此，在短的期限内，要达到预期目标和取得投资的实效，必须注重时效性。会展活动又是一种长期行为，从影响力来看，成功的会展策划不仅对主办者与参展商的自身发展有着巨大作用，参展商通过会展活动一鸣惊人、一飞冲天的事例屡见不鲜，而且对产业结构调整乃至社会与经济发展都会产生深刻的影响。

（五）超前性

要对未来各种发展、变化的趋势进行预测，就必须对策划的结果进行事后评估。会展策划要想达到预期的目标也必须满足策划的超前性要求。超前性是会展策划的重要特性，在实践中运用得当，可以有力地引导将来的工作进程，达到策划的初衷。但追求超前性是以一定的条件为前提的：要立足现实，面向未来，诉诸于对象，而不能脱离现有的基础，提出毫无根据的凭空想象。既具有超前性又具有创意的会展策划不仅会把目的表达得淋漓尽致，而且有利于实现效益的最大化。

总之，通过遵循功利性、社会性、创造性、时效性和超前性几个原则，在一系列的会展可能目标中选择和确定所策划的既能吸引人又具有独特性的目标，是会展策划的重要步骤之一，也是确保会展策划取得成效的一项重大工作。

二、展览项目的行业成长空间

展览项目的行业成长空间首先与展览所属行业的发展周期有关。一般处于成长期的行业发展趋势好，市场扩张快，较适合举办展览；处于成熟期的行业，企业数量较多，开拓市场的意愿比较强烈，也是适合举办展览会的；处于初始期和衰退期的行业，则不适宜举办展览会。

展览项目的行业成长空间与该行业在展出地及周边的地区分布情况有关。如果某行业在展出地周边集聚，并形成一定的产业分工和上下游关联关系，这个行业就比较适于在该展出地举办展览。

展览项目的行业成长空间也与展览会举办地区的产业政策有关。属于支柱产业和主导产业范畴的行业，不仅在发展环境上得到支持多，也同时会拥有很多踊跃报名参展的企业。

第六节 展览策划的竞争要素

展会项目竞争力分析是指从展会本身出发，分析本展会与同题材的其他展览会相比是否具有竞争优势。展会的竞争优势来源于很多方面,但对于一个展览题材已定的展会来说,展会定位的号召力、办展机构的品牌影响力、参展商和观众的构成、展会价格和展会服务等因素,对展会的竞争优势具有决定性的影响。

一、展会定位

一个展会不能没有定位。如果展会没有定位或者定位模糊,那么就好比是一个人没有名字。展会定位即向目标客户表明展会"身份"。展会定位要通过细分会展市场,找准目标参展商和观众,并清晰地让参展商和观众知道并认同该展会"是什么"和"有什么"。展会定位应尽量反映展览题材所在产业的发展趋势,抓住该产业的热门话题,体现该产业的亮点和市场的特点,即所谓的"抓住产业跳动的脉搏";或者,展会定位要能切实满足该产业某一细分市场的需求。如果展会定位做不到以上几点,那么,该展会定位的行业号召力就不大,展会对参展商和观众的吸引力就不强。可见,在分析计划举办的展会是否可行时,对该展会的定位分析是必不可少的一环。

二、办展机构的品牌影响力

从某种意义上说,展会就好比是一件商品,办展机构就是这件商品的生产商,办展机构的品牌既是这件商品的说明书,也是这件商品的质量保证书。办展机构的品牌对参展商和观众具有很大的影响,他们会基于对办展机构品牌的认同而认同其所举办的展会。办展机构品牌的影响力会延伸到其举办的展会上,提高展会的档次、规格和权威性,扩大展会的影响,于是,在分析计划举办的展会是否可行时,认真地分析其办展机构的组成是否合理、是否具有品牌影响力,是分析展会竞争力的重要组成部分。

三、参展商和观众的组成

由于展会还没有举行,所以这里要分析的参展商和观众只是展会的目标参展商和目标观众。一个展会要使自己具备强大的竞争力,就离不开该展会展览题材所在产业里有代表性的企业对展会的大力支持,离不开该产业产品的大用户到会参观。所以,一方面,一个展会的参展商和观众的数量十分重要,因为没有一定的参展商和观众,就没有上规模的展会;另一方面,一个展会的参展商和观众的质量更加重要,因为一个展会的档次的提高需要他们的参与,可见,参展商和观众的构成是一个展会的竞争力的重要组成部分。在分析展会的参展商和观众时,不能只讲数量不讲质量。

四、展会价格

展会价格的高低直接影响着企业的参展成本,企业总是希望以实惠的价格获取最大的收益,因此在其他条件一定的情况下,企业会选择那些价格较低的展会参展。展会价格是展会竞争力的重要组成部分，展会定价合理能在很大程度上提高展会的竞争力。

五、展会服务

展会服务包括展会筹备和展会举办过程中办展机构为该展会的参展商和观众提供的各种服务，也包括展会的服务商和营销中介单位为参展商和观众提供的服务。展会服务分为展前服务、展中服务和展后服务三个部分。展会服务是展会竞争力的重要组成部分之一，展会要尽量为参展商和观众提供专业、及时、优质和周到的服务。

在其他条件一定的情况下，展会的竞争力越大，展会的生命力就越强。因此，提高展会的竞争力是提高展会生命力的一条有效途径。

思考与练习

1.什么是展览项目策划？
2.展览项目策划的流程是什么？
3.展览项目的选择有哪几个要素？请概括说明。
4.展览项目空间策划的要点有哪些？
5.选择展览项目目标市场时应具有什么特点？
6.哪些是展览项目竞争的核心要素？

实训项目

以小组为单位撰写项目策划方案

附：策划方案框架

××展览策划方案框架

一、目的和意义
二、可行性分析（主要为市场分析）
三、展会主题

要求:简洁、易被理解及传达、有时代感

四、展会的时间、地点、组织机构、展会规模、展会组织形式

1. 时间

2. 地点

3. 组织机构

4. 展会规模

5. 展会的组织形式

五、展示内容

六、定价及其他广告形式及定价

七、宣传计划(可粗略)

八、招展计划(可粗略)

九、招商计划(可粗略)

十、展场布局设计

要求:设计思想及设计意图

十一、项目人才资源计划

1. 项目经理及工作职责

2. 项目运营管理团队及各自职责

3. 项目营销团队及各自职责

4. 项目招展团队及各自职责

5. 项目招商团队及各自职责

6. 其他成员及各自职责

十二、进度计划

要求:用甘特图进行进度安排

十三、预期效益

1. 社会效益

2. 经济效益

十四、项目预算及资金筹措

1. 项目预算

2. 资金筹措

第四章

展览项目的可行性分析

学习要点

●展览项目的环境分析

●展览项目的财务分析

引导案例

“中国国际节能技术、设备及产品博览会”项目可行性报告

一、概述

中国能源资源总量居世界第三位，但人口众多，人均能源资源却相对匮乏，但目前已成为世界上第二大能源消费国。为此，中国于1998年1月1日开始施行了《中华人民共和国节约能源法》(下文简称《节能法》)，把节约能源纳入法制轨道，决心狠抓资源节约和综合利用，大幅度提高资源利用效率和经济效益，保护环境，保障国民经济和社会的健康发展。

资源节约及资源综合利用和环境保护，是转变经济增长方式、走新型工业化道路、实施可持续发展战略、促进人与自然和谐发展的重大战略措施。近年来，各地区、各行业认真落实国家鼓励开展资源节约综合利用和环境保护的方针、政策，积极推进资源节约综合利用和环境保护技术进步，加大技术开发和推广应用的力度，研究开发了一批先进实用的资源节约综合利用和环境保护技术，取得了明显的经济和社会效益。

在这种背景下，为进一步推动《节能法》的贯彻落实，为进一步推进资源节约综合利用和环境保护技术进步，加快新技术的推广应用，引导投资方向，促进经济社会可持续发展，举办“2005年中国国际节能技术、设备及产品博览会暨节能和环保研讨会”就变得非常有意义，其市场前景也是毋庸置疑的。

二、项目的目的和意义

全面整合政府、媒体、设备生产相关企业、贸易商、协会、商会、研发机构、学术机构等各方面优势资源，宣传贯彻国家有关节能、环保政策法规，引进国内外先进的技术、管理，传播节能及资源综合利用新思路、新理念、新观点，促进节能新技术、新产品的市场化开发与发展，构筑节能与环保产业"产业合作、信息流通、新产品新技术推广"的强大平台，促进节能产业环保产业在中国健康持续发展。

三、项目市场分析

1. 宏观环境

(1)宏观环境素描。

国家、地方政府、企事业单位对节能生产的意识逐渐增强，投入加大，市场在以较快速度增长。

北京为全国节能项目推广指挥中心，是各项政策和行业标准的发源地。

为倡导生产节能，提高全社会节能意识，国家将在每年6月举办"中国节能宣传周"活动，积极推动产业的发展。

在中国加入WTO、第五次全国环境保护会议胜利召开的大好形势下，中国政府将继续加大对环境保护的投入，继续加强对节能及资源综合利用的推广应用。

(2)相关分析。

能源问题对已高速行进多年的中国经济列车的瓶颈作用日益凸显，资源特别是能源的约束成为经济社会发展中存在的问题和困难之一。2004年，中国经济增长速度达9.5%，但是，在过去的一年中，全国缺电省份已由上年的19个增加到24个。2005年年初，局部地区又出现冬季供电紧张局面。专家预测说，中国大面积整体性的短期缺电状况有可能转变为季节性、时段性的长期缺电。温家宝总理在政府工作报告中说，2004年一年，中国新增煤炭生产能力1.2亿吨，新增发电装机容量5055万千瓦。尽管能源生产已是高速增长，但仍无法满足经济社会发展的需求。在经济发达地区浙江，2004年夏天甚至每周只能保证4天的电力供应。缺电只是中国能源短缺的集中表现之一，现在，煤炭、石油短缺等问题已相继浮出水面。

东方巨龙的经济奇迹是花费巨大代价创造的。在过去的二十多年中，中国国内生产总值翻了两番，但能源的消费也翻了一番。2004年，中国煤炭产量超过19亿吨，已成为世界第二大石油消费国、第三大石油进口国。值得深思的是，中国2004年电力新投产的装机容量破世界纪录，但仍然不能满足全国各地的用电需要。

同时,能源浪费、利用效率低的状况是不争的事实。

《京都议定书》已经生效,作为以煤炭为主体能源的国家,为减少温室气体排放量,中国必须对能源结构进行调整。温家宝总理说,缓解中国能源资源与经济社会发展的矛盾,必须立足国内,显著提高能源资源利用效率。

目前,中国政府正在积极倡导建立节约型社会。节能对缓解中国能源紧张状况的作用将是举足轻重的。

解决中国能源短缺问题的另一条道路,是加快风能、太阳能、水能、生物质能、地热能和海洋能等可再生能源的开发利用。

今后20年至30年内,中国具备开发利用条件的可再生能源预计每年可相当于8亿吨标准煤。到2003年,中国太阳能热水器的使用量已占世界的40%,使用量和生产量已均居世界前列。

中国已经具备可再生能源初步的技术与产业基础,为大规模商业化利用创造了发展条件。2005年2月28日,《中华人民共和国可再生能源法》已经全国人大常委会审议通过,从2006年起施行,可再生能源开发利用所面临的法律和政策障碍将被克服。

2. 节能行业状况

总体印象:市场潜力巨大。

在我国巨大的人口数字下,我国人均物质资源占有量,淡水为世界平均水平的1/4,耕地为1/4,石油为1/6,煤炭为1/2……在单位GDP中的能耗,中国是发达国家的3～4倍,其中建筑能耗为发达国家的2～3倍,用水量更是高达4倍!我国的电力消耗中工业占去一大半,而在日本的总耗电中民用则占大头。假如按照现在的汽车排量计算,1/3中国家庭使用汽车,每年的石油消耗量将是国产原油总量的好几倍!有关专家指出,我们现在是在靠过量消耗能源来发展经济的,而资源的日渐匮乏又是制约经济发展的一大瓶颈。这个瓶颈在近几年已经凸显,尤其是电力。目前我国电力供应缺口达到1000万千瓦,现在全国2/3的省市用电紧张,大约有7000万人用不上电。

中国进入市场经济改革以来,在吸取以牺牲环境和浪费能源换取利益的教训后,为持续发展,环境保护、节约能源已被官方形成共识,节能环保及太阳能技术设备产品可以大大降低环境与能源成本,成为中国继人力成本之后的又一明显竞争优势。

中国作为世界第一产煤大国、第二大发电国家(年发电量约15000亿千瓦时),中国节能与环保产品的市场潜力不可限量。成功加入WTO、实现全球经济一体化,给中国节能企业迎来了更多的机遇和挑战,同时也为中国节能观念和技术与世界业界同行间的横向交流提供了更加广阔的空间。2015年以前,中国可再生能源的消费量要达到总能源消费量的2%；到2020年，中国在能源领域的投资额预计将达到750亿美元；同时，我国对水资源的综合开发和利用，对环境的保护、建设和投入也将达到更高的标准。

中国太阳能产业在中国发展迅速，其中尤以节能、环保、清洁的太阳能光热转换产品为主。在稳步发展太阳能光热产业的基础上，积极开拓太阳能利用的另外一个重要领域即太阳能光伏产业也是迅速拓展太阳能市场份额的一个重要途径。

3.节能展览行业状况

行业生命周期：成长期，以至少每年20%的速度递增。

展览数量：15个左右。

展览规模：按每个展览平均3000平方米计，共计约45000平方米。

展览分布：在北京、上海、广州、深圳密度为每年一次，在杭州、南京、大连、厦门等二线城市也为每年一次，其他如郑州、福州、济南等城市不定期会举办一些展览，但都不固定。

展览专业性分析：多由以前的环保展览分化而来，专业性在逐渐增强。在以前，极少见到专业的节能展览，节能产品的展览都是放在环保展中，作为其中的一个组成部分，但近两年来随着市场细分的深入出现了专业的节能展览。

4.竞争对手分析

(1)节能行业竞争者：指在北京、上海、广州和其他省会城市及个别沿海城市所举办的专业节能展览。

在一线城市的节能展相对规模较大，展出面积一般在4000平方米上下；在二线城市，展出面积一般在3000平方米上下；在三线城市，展出面积大多在2000平方米。

这些展览对本展览的影响：其中在北京的展览(时间在6月份)影响较大，上海和广州的展览如果不是和本展览在同一时期，所产生的影响极小。

其他各个城市的展会，即使在同期，由于北京较大的辐射能力和巨大的市场，也使得这些展会不可能产生特别的影响。

(2)间接竞争对手：含有节能项目的环保展览。由于以前的节能产品多是参加环保类展览，故还有一部分节能产品生产企业还保留这一思维习惯，会选择一些有影响的环保类展览来宣传自己的企业形象，推出自己的产品。但这种方式渐渐变得不合时宜，其一是因为环保和节能其实是两个概念，参加环保展对企业来说收益并不大；其二是因为节能展办得越来越具有吸引力，越来越成为企业节约交易成本的好工具。

(3)直接竞争对手：北京6月份节能展。

展会名称为“中国节能、节水、环保科技新产品博览会”，由绿色照明电器展、北京高效节能电器展、绿色认证产品展、中国水产品与设备展几个专题展共同构成。

时间：2005年6月23～25日。

地点：中国国际贸易中心。

主办单位：中标节能认证中心、中国绿色照明工程项目促进办公室。

承办单位：绿典（北京）国际文化发展中心。

去年展会规模：6000平方米。

优势：主办单位是中标节能认证中心，其主题是节能认证产品，在节能认证企业中有一定的影响；已举办了一次，积累了一些办此类展览的经验；能组织一些认证和评讲活动。

劣势：展览形式只对节能认证企业较有吸引力；主要把展览集中于民用节能上，且主要集中于家电产品，过于单一；承办单位非专业展览公司，办展经验有所欠缺；并未形成品牌展会。

四、自有资源和资源获取能力分析

北京首拓展览服务有限公司是一家专业的展览公司，主要策划、组织、运作各类大型展览会，并为公司提供全程参展专业服务（展前咨询、展览活动方案策划及执行、展览效果评估等）。

公司立足于北京展览市场，并积极拓展辐射全国的展览网络体系。

首拓展览公司是由几个在展览界摸爬滚打近十年的展览人发起成立的。他们分别都拥有数个大型展览的组织经验，所组织的展览涉及汽车、食品、工程机械、安全消防、酒店用品、文化用品、办公设施、体育用品、电力设备、广告、印刷、造纸、农业、工业装备、广播电视、灯光、音响、家俱、木工机械等多个行业。他们对展览有着深刻的理解和独特的体会，对展览业都怀着满腔热情，拥有无限的创造能力。他们在分别总结自己数年办展和经营展览公司的经验的基础上，在严肃的思考力的指导下，成立了这一高起点的专业展览公司。

公司依托高校的会展研究所，在会展实践中可以不断得到精深理论的指导。这也将使公司把握会展经济的精髓，提供更专业的服务。

五、展会目标

展览近期目标：2005年完成国际标准展位200～300个，完成展会各方面合作机制的建立。

2006年完成国际标准展位300～400个，专业观众增加30％。

2007年完成国际标准展位500～600个，成为中国节能展的品牌展会。

展览远期目标：国际标准展位800～1000个，展览面积20000平方米，成为具有国际影响力的品牌博览会。

六、展会财务预算

1. 主要收入

展位费用：按240个标准展位计，按每展位均价6000元计，共计144万元。

2. 主要支出

场租费、宣传费、人员工资、开幕式费用、工商消防等审批费用、会刊费用、现场维护费用、税费、办公费用等。

场租费用：240个展位，每个展位均价为6000元，计为6000元×12元/天×5天＝36万元；

展位搭建：240展位×650/每展位＝15.6万元；

宣传费用：按5％计为144万元×5％＝7.2万元；

人员工资：按20％计为144万元×20％＝28.8万元；

开幕式费用：4万元；

工商\公安\消防等费用：3万元；

现场保安\清洁费用：5万元；

主办单位管理费用：5万元；

会刊费用：4万元；

税费：144万元×5.5％＝7.92万元；

办公费用：10万元；

共计：126.52万元。

3. 预计收益：144万元－126.52万元＝17.48万元

案例分析

进行展览项目的可行性分析，第一必须进行会展项目的市场可行性分析，市场可行性分析包括宏观环境分析、产业环境分析、展览项目间的竞争分析等；第二需进行财务分析，从财务的角度来证明此展览项目的可行性；第三需进行项目举办地条件分析；第四需进行自身资源及缺失资源的可获得性分析，以证明此展览项目能被本单位所驾驭；最后还需进行风险分析，以综合确定此展览项目的可行性。

第一节　展览项目的环境分析

任何经营活动都生存在具体的市场环境之中，并遵循着“适者生存”的法则。市场环境分析是展会立项可行性分析的第一步，根据展会立项策划提出的展会举办方案，在已经掌握的各种信息的基础上，进一步分析论证举办展会的各种市场条件是否具备，是否有举办该展会所需的各种政策基础和社会基础。市场环境分析不仅要研究各种现有的市场条件，还要对其未来的变化和发展趋势作出选择，使立项可行性分析得出的结论更加科学合理。

一、宏观市场环境

宏观市场环境是指能对展会举办产生影响的各种社会因素，这些因素可能会给办展机构举办展会带来市场机会，也可能会给其造成市场威胁。办展机构在策划举办一个展会时，必须对宏观市场环境加以密切关注，并及时作出适当的反应，以便有效地识别和抓住市场机会，避开和减少市场威胁。

宏观市场环境所包括的因素都是办展机构本身以外的市场因素，并且基本上都是企业自身所不能控制的因素，包括：人口环境、经济环境、技术环境、政治法律环境、文化环境等。

人口环境：从量的角度看，人口数量是市场规模的重要标志，从人口的分布、结构及变动的趋势可以分析判断出市场需求的特点和发展趋势，这一点对展销会等注重零售的展会有重要的意义。对于专业贸易类的展会来说，更要注重展会展览题材所在的产业及其相关产业的从业人员数量和结构构成，因为由此能预测展会的专业观众的数量，而拥有一定数量和质量的专业观众正是专业贸易类展会的生存之本。

经济环境：是指那些能对企业参展和观众到会参观产生影响的各种经济因素，如社会经济发展水平，产业利润率的高低，市场规模的大小，产品进出口状况，产业结构状况，展会所在地的住宿、餐饮、旅游、交通等配套设施的完备程度等。这些因素从侧面影响着企业参展和观众到会参观的意愿。

技术环境：科学技术的发展会对企业的经营活动和经营方式产生重大影响：一方面，它可以给一些企业提供新的有利的发展机会；另一方面，它也可以给一些企业的生存与发展带来威胁。另外，在塑造展会服务的外部环境方面，科学技术的发展也能发挥巨大作用。如互联网的出现就极大地改变了会展业的办展思路和竞争模式，计算机的广泛使用使展会的观众登记模式发生了翻天覆地的变化。

政治法律环境：由那些具有强制性的和对举办展会产生影响的法律、政府部门和其他压力集团所构成。由于举办一个展会涉及的行业和社会面非常广，因此，会展业会受到比其他行业更加严格的法律管制，如政府对举办展会在消防、安保、工商管理和产品进出口方面的严格要求，举办展会对《广告法》和《专利法》等法律的严格遵守等。此外，与展会展览题材所在产业有关的法律对举办展会也会产生较大的影响。

社会文化环境：社会文化环境有三大类，一是物质文化，一是关系文化，一是观念文化，它们分别代表人们对物质生活、社会关系和意识形态等方面的要求、认识和看法。社会文化环境对企业参展和观众到会参观会产生较大影响。

我们在认真的市场调查和充分掌握以上各种信息的基础上，要切实结合会展产业的实际特征，对举办展会所面临的宏观市场环境的各个方面作出准确的分析，寻找市场机会，发现威胁，为展会立项可行性研究的最终决策服务。

二、微观市场分析

微观市场分析是指对办展机构举办展会构成直接影响的各种因素。这些因素包括办展机构内部环境、目标客户、竞争者、营销中介、服务商和社会公众等。和宏观市场环境一样，微观市场环境所包括的各因素也可能会给办展机构举办展会带来市场机会，或者给其造成市场威胁。

办展机构内部环境：就是办展机构内部所具备的各种条件，包括资金、人力、物力（办公设备和通信工具）以及所掌握的信息资源和能联系的社会资源等。通过对办展机构内部环境的客观分析，准确地找出它们在本展会所在产业以及它们本身所具有的办展优势和劣势，并对这些优势和劣势进行客观评估，分析办展机构是否具有举办该项展会的能力。

目标客户：就是展会的潜在参展商与观众。从类别上看，展会的目标客户包括消费者市场客户、生产者市场客户、中间商市场客户、政府部门和国际市场客户五大类。这些客户可能是参展商，也可能是观众。办展机构的最终目的是要满足目标客户的需求，因此，在分析展会的目标客户时，不仅要分析其数量和分布，还要注意分析和把握其需求及变化趋势，并以此作为展会努力的起点和服务的核心。

竞争者：就是与本展会有竞争关系的其他同类展会。在现实中，一个题材的展会往往不止一个，展会要想在市场上取得成功，就必须比其他同类展会更有效地满足参展商和观众的需求。一般来说，每个展会面临三种类型的竞争：一是欲望竞争，即参展商和观众想要满足的各种需求之间具有可替代性，他们可以选择参展，也可以选择不参展；二是类别竞争，即能满足参展商和观众的各种需求的不仅仅是展览会，其他的营销形式也可以具有此项功能；三是展会间的竞争，即参展商和观众凭展会本身的品牌或办展机构的品牌对参加哪个展会作出选择。所以在对竞争者进行分析时，不仅要分析具有竞争关系的展会，还要分析这些展会的办展机构，不仅要分析具有竞争关系的展会和其办展机构的现状，还要分析它们的变化，并及时提出应对的对策。

营销中心：是指受办展机构委托或者协助展会进行宣传推广和招展招商的中介组织和单位，包括展会的招展代理、招商代理、广告代理和其他营销服务机构等。营销中介是成功举办展会所必需的。分析营销中介，目的是要甄别那些候选的中介组织的资质、信誉和实际营销能力，以保证它们能为展会提供最好的营销服务。

服务商：是指受办展机构的委托为展会提供各种服务的机构，包括展会指定的展品运输代理、负责展位搭装的展位承建商、提供旅游服务的旅行社、提供食宿服务的宾馆酒店以及提供展会资料印刷和观众登记的专门服务商等。这些服务商是办好一个展会必不可少的组成部分。

社会公众：是指对展会实现其目标具有实际或潜在影响的群体。一个展会所要面临的公众有六种：一是媒体公众，即专业和大众报刊、杂志、广播和电视等，它们具有广泛的影响力，对展会的声誉具有举足轻重的影响；二是政府公众，即负责管理展会和商业活动的有关政府部门；三是当地民众，即展会举办地的居民、官员和其他社团组织等；四是市民行动公众，即各种知识产权保护组织、保护消费者组织、环保组织等；五是办展机构内部公众，即办展机构的全体员工；六是金融公众，即那些关心并可能影响办展机构获取资金的能力的机构和组织，如银行和投资公司等。这六类公众都具有增强一个展会实现其目标的能力，也有阻碍其实现其目标的能力，有时候其态度还能直接影响到一个展会的市场前途。因此，成功地处理好展会与这些公众的关系格外重要。

微观市场环境的构成要素与展会本身密切相关。我们在分析这些要素时要善用资源、整合资源，使各种资源间优势互补，最大限度地挖掘资质优良的资源，壮大办展队伍，并最大限度地降低办展成本。

第二节　展览项目的财务可行性分析

展会项目财务分析是指从办展机构财务的角度出发，按照国家现行的财政、税收、金融等规定，在筹备、举办展会时确定的价格的基础上，分析测算举办该展会的费用支出和收益，并以适当形式组织、规划好举办展会所需要的资金。展会财务分析的主要目的是分析计划举办的展会是否经济可行，并为即将举办的展会制定资金使用规划。

一、展会项目财务分析的方法

为评估一个展会是否可以举办而进行的财务分析与企业财务管理中的财务分析有着明显的不同，两者不能混为一谈。比如，项目财务分析所依据的数据来源和性质与企业日常财务分析不一样。又如，项目财务分析的时间跨度很大，是对展会的长期性观察，并且要考虑到资金的时间价值；而企业日常财务分析就不必考虑这些问题。

一般展会项目财务分析可以按以下步骤进行：

1.财务分析预测

在对计划举办的展会进行总体了解的基础上，对相关市场和执行方案进行充分调查，收集并预测项目财务分析所需要的各种基础数据。财务分析预测所依据的基础数据要尽量准确，因为，财务分析预测是整个项目分析的基础，是决定整个项目财务分析的质量和成败的关键。

2.财务效果的计算和分析

根据财务分析基础数据及其预测，计算展会项目的财务盈利性如何。展会项目的盈利性是判断该展会能否举办的一个重要的依据。

3.制定资金规划

根据财务分析和预测，筹措和安排办展所需要的资金投入量，为展会的前期资金投入提供保障。

二、价格定位

给展会定一个适当的价格，不仅可以提高展会的竞争力，也是进行展会项目财务分析的一个重要基础，因为之后对展会进行成本收益预测和盈亏分析等都要依赖于展会价格的确定。

给展会定怎样一个价格，是与办展机构的定价目标密切相关的，有什么样的定位目标就会有什么样的价格定位。分析展会是否可行，首先就要分析其定价目标是否符合实际。

利润目标，也就是办展机构以盈利为主要目标来给展会定价。以盈利为目标来给展会定价有两种办法：一是以当前利润最大化为目标来给展会定价，二是以办展机构满意的利润为目标来定价。两种定价的目标都在于马上获取利润，只不过希望获取的利润的高低有所不同而已。

市场份额目标，有些办展机构的定价目标是最大限度地增加展位销售量、扩大展会规模、提高展会的市场占有率，为此会制定比较低的价格，而不惜放弃目前的利润，甚至不计目前的支出。这种现象在展会的举办初期和培育期十分常见。

市场撇取目标。办展机构为展会定出尽可能高的价格，争取在展会举办的前几届就获取尽可能多的利润；一旦竞争变得激烈了，办展机构就有充分的主动权逐步降低价格。

展会质量领先目标，就是以向客户塑造一个高质量的展会为主要目标的价格定位。这种价格定位是利用大众的一种“价格高质量就优良”的常识做文章。

生存目标，当市场竞争已经非常激烈时，办展机构为了在市场先站稳脚跟，就会采取以先求得企业的生存空间为目标的价格定位，以求得企业生存为目标的定价往往较低。

办展机构最终会选择哪种定价目标，主要受三个因素的影响：顾客、成本和竞争。比如，以占领市场份额为主要目标的定价，受上述三个因素的影响，要获得成功就必须要满足以下条件：第一，价格弹性，降低价格能有效地扩大展位销售；第二，展会的规模效应，展会规模扩大所生产的利润能弥补价格降低所造成的损失，展会将会随规模扩大而增加利润；第三，企业有足够的经济实力能承受一定时期内的低价所造成的利润损失和成本增加；第四，低价能有效地阻挡潜在竞争者加入举办同题材展会的竞争。如果上述条件不能满足，该定价目标就可能有些脱离实际，是不可行的。所以，在分析办展机构的定价目标时，必须考虑以上因素的影响。

三、展览会的收入与支出项目

展览会常见的收入项目包括：

展位费（光地、标准展位）、赞助费、广告收入（会刊、现场广告收入、门票）、其他收入。

展览会常见的支出项目包括：

场租、标摊搭建及配套费用，招展招商费用，宣传与推广费用，人员及办公费用，现场搭建、地毯等费用，开幕式费用、现场开支，主办费用，税费，其他费用。

四、展览会的盈亏平衡计算

人们在编制展会预算时，往往想知道的一个重要问题是：展会的展览规模要有多大才能保证不出现亏损？或者，如果展会的展览规模已经确定，那么，展会价格应该处于怎样的水平才不会出现亏损？要解决这个问题，就必须对展会进行盈亏平衡分析。

所谓盈亏平衡是指展会的所有收入恰好能弥补展会的所有支出，也就是总收入正好等于总支出。能够使展会达到盈亏平衡的展会规模就是展会盈亏平衡规模，能够使展会达到盈亏平衡的展会价格就是展会盈亏平衡价格。除一些特殊情况外，举办展会最起码的要求是能够达到盈亏平衡的状态。

进行盈亏平衡分析，最重要的是要找到能够使展会达到盈亏平衡的盈亏平衡点所谓找到盈亏平衡点就是能够找到使展会达到盈亏平衡的展会规模或展会价格。找到了盈亏平衡点，就可以为展会制定更加合理的价格，或为展会规划更为合理的展览规模。

（一）展会盈亏平衡价格

如果展会是以标准展位来定价的，那么，展会的盈亏平衡价格可以按以下公式求得：

$$盈亏平衡价格(单位展位)=\frac{展会总成本}{展会总展位数}$$

如果展会是以单位展览面积来定价的，那么，展会的盈亏平衡价格就应该是单位展览面积的价格。这时，展会的盈亏平衡价格可以按以下公式求得：

$$盈亏平衡价格(单位展览面积)=\frac{展会总成本}{展会展览总面积}$$

按上述两个公式求得的盈亏平衡价格，就是能够确保展会不出现亏损的单位展位或单位展览面积的价格。如果售出的价格低于这个价格，展会就会出现亏损。

例如，经过市场调查和研究，A 展览公司计划为 B 产业策划举办一个面积为 22000 平方米的展会。A 展览公司计划在 D 展馆举办该展会。目前已知道 D 展馆的场地使用率为 60%，展馆的场地租金和场地水、电、空调、地毯等固定成本总计约 300 万元。A 展览公司不包括宣传推广费在内的其他变动成本总计约为 200 万元。现在，为扩大展会影响，A 展览公司分别投入 250 万元和 350 万元作两份展会的宣传推广方案。那么，在这两种方案下，展会的价格分别为多少展览公司才不会亏本？

计算过程如下：

250 万元作宣传推广的方案——

展会每平方米最低价格应为：

$$[(300+200+250)\times 10000]\div(22000\times 60/100)=568.18(元)$$

低于这个价格展会就会亏损。

350 万元作宣传推广的方案——

展会每平方米最低价格应为：

$$[(300+200+350)\times 10000]\div(22000\times 60/100)=643.94(元)$$

低于这个价格展会就会亏损。

(二)展会盈亏平衡规模

展会的规模通常是通过该展会拥有的标准展位数量或者是该展会的展览面积(平方米)来衡量的。相应的展会的盈亏平衡规模就有两种表示办法：一是通过计算，用能够使展会达到盈亏平衡的标准展位数量来表示；二是通过计算，用能够使展会达到盈亏平衡的展览面积来表示。

能够使展会达到盈亏平衡的标准展位数量可以用以下公式求得：

$$盈亏平衡规模(标准展位数量)=\frac{展会总成本}{单位标准展位价格}$$

能够使展会达到盈亏平衡的展览面积可以用以下公式求得：

$$\text{盈亏平衡规模(展览面积)} = \frac{\text{展会总成本}}{\text{单位展览面积价格}}$$

展会盈亏平衡点对展会预算管理有重大意义，它不仅对评估展会项目是否可行具有极大的参考价值，还对改进展会的各种执行方案具有积极的意义；反过来，展会的各种执行方案的费用直接构成展会的总成本，也可以影响到展会各执行方案的费用分配情况。明确展会盈亏平衡点就可以对展会的资金安排和盈亏状况做到心里有数。

例如，经过市场研究和调查，A展览公司计划为B产业策划举办一个面积为22000平方米的展会。A展览公司计划在D展馆举办该展会。目前已知道D展馆的场地使用率为60%，展馆的场地租金和场地水、电、空调、地毯等固定成本总计约300万元。A展览公司不包括宣传推广费在内的其他变动成本总计约为450万元。经过市场调查，了解到目标参展商对展会展览面积价格期望的中位数为每平方米600元。这样，展会要办到多大规模A展览公司才不会亏本？

计算：

$$[(300+450)\times 10000]\div(600\times 60/100)=20833\text{(平方米)}$$

展会规模最小应该有毛面积20833平方米才不会亏损，低于这个规模就会亏损。

思考与练习

1. 展览项目的环境分析包括哪些具体内容？
2. 展览项目的常见收入与支出有哪些？
3. 请列示展览项目盈亏平衡分析的计算公式。

实训项目

撰写小组拟做项目的可行性分析报告

附：可行性分析报告框架

可行性分析框架

一、公司参数设定

(一)公司名称

(二)地址

(三)规模

(四)人力资源状况

(五)会展项目情况：知名展会单个介绍(规模、组织机构、展会知名度、展会市场地位)；若有多个展会，则分行业介绍；重点介绍和你将要举办的展会相同或相关的项目。

(六)公共关系状况

(七)其他需说明的问题

二、拟做项目

(一)拟做项目名称

(二)拟做项目所属行业

(三)拟做项目时间、地点、规模、组织机构

三、市场环境分析

(一)宏观环境分析(PEST，展示产品所属行业本身及行业展览市场)

(二)行业展览市场分析

1. 市场容量分析

2. 参展商行为分析

3. 参展商参展行为趋势分析

(三)行业展览竞争分析

1. 行业展览总体描述(展览数量、大中小规模展览分布、竞争程度、其他)

2. 直接竞争展览项目分析(名称、时间、地点、规模、组织机构、知名度、行业地位、对新进入者可能的态度及其他内容)

四、企业资源匹配分析

(一)管理可行性分析

1. 人力资源

2. 相关项目经验

3. 实施的组织保证

4. 相关公共关系

(二)本公司举办此展览的 SWOT 分析

1. S

2. W

3. O

4. T

五、财务可行性分析

1. 定价及定价理由

2. 收入

3. 支出

4. 盈亏平衡分析

六、风险预测

1. 市场风险

2. 管理风险

3. 财务风险

第五章

展览会相关活动管理

学习要点

●展览会新闻发布会的流程

●展览会开幕式的注意事项

引导案例

2008年北京奥运会开幕式

2008年8月8日晚，举世瞩目的北京第二十九届奥林匹克运动会开幕式在国家体育场隆重举行。国家主席胡锦涛出席开幕式并宣布本届奥运会开幕。具有两千多年历史的奥林匹克运动与五千多年传承的灿烂中华文化交相辉映，共同谱写人类文明气势恢弘的新篇章。夜幕下，鸟巢造型的国家体育场华灯灿烂，流光溢彩。可容纳9万多人的体育场内座无虚席，群情激动。

一、北京奥运会开幕式设计师篇

总导演：张艺谋

服装总设计师：贺阳

音乐总设计师：陈其钢

视觉特效总设计(焰火总设计师)：蔡国强

化妆造型总设计师：徐家华

舞美总设计师：韩立勋

灯光总设计师：沙晓岚

二、北京奥运会开幕式欢迎仪式篇

1.倒计时

19时50分，在欢快的乐曲声中，胡锦涛、江泽民和雅克·罗格、萨马兰奇等各个国家的领导人以及奥委会相关组织人员走上主席台，向观众挥手致意。全场响起持续不断雷鸣般的热烈掌声。

一道耀眼的光环，照亮古老的日晷。体育场中央，随着一声声强劲有力的击打，2008尊中国古代打击乐器击打出动人心魄的声音，缶上白色灯光依次闪亮，组合出倒计时数字。在雷鸣般的击缶声中，全场观众随着数字的变换一起大声呼喊：10、9、8、7、6、5、4、3、2、1。在一片欢呼声中，迎来了开幕式正式开始的时刻：20时整。2008名演员击缶而歌，吟诵着“有朋自远方来，不亦乐乎”，表达对世界各地奥运健儿和嘉宾的欢迎。

2. 欢迎焰火

奥林匹克神奇的火光，穿越历史时空，在古老的东方大地上迸发出巨大的能量，古老和现代、西方和东方紧紧联系在一起。时间的光波推开层层波浪。光明荏苒，在时光的流转中，一个全世界瞩目的伟大时刻正在到来。

国家体育场焰火燃放阵地：顶部燃放点287个，顶部红闪燃放点1462个，中心区阵地27个。顶部11456发，中心区8428发。焰火在高空绽放，整个体育场如盛开的花朵。五彩的焰火沿北京南北中轴线次第绽放，呈现出象征第二十九届奥运会的29个巨大脚印。

3. 梦幻五环

“东风夜放花千树，更吹落，星如雨。”由焰火组成的脚印穿过天安门广场，一路向北，朝主会场走来。巨大的脚印化作漫天繁星飘落，聚拢成闪闪发光的梦幻五环。

4. 国旗入场

8名持旗手水平持旗，隆重展示国旗。9岁女孩林妙可唱响《歌唱祖国》。在熟悉、悠扬的歌声中，56个身着民族服装的儿童簇拥着国旗走来，代表了中国56个民族和为一家。

5. 升中华人民共和国国旗，唱中华人民共和国国歌

升旗手升中华人民共和国国旗。民族合唱队唱中华人民共和国国歌。民族国歌合唱队是由来自56个民族的224名演员组成。

三、北京奥运会开幕式文艺演出篇

1. 序

笔、墨、纸、砚，文房四宝，集天地之精华，将中华民族五千年的文明，展现于笔端画卷，凝结成人间瑰宝。

2. 上篇：灿烂文明

天地之间，丹青流淌，水墨晕化；天地氤氲，万物化醇。一轴长卷中国画表达出东方美学独特的时空观念与哲学精神。当场地上巨大的卷轴慢慢拉开时，全场观众为之震撼。这幅147米长、27米宽的巨大卷轴是展现中国五千年历史的

长卷，开幕式的演出从此开始。

①画卷。表现了中国历史文化的起源和发展。

◇画卷中央铺放着一张白纸。造纸术是中国古代的四大发明之一。

◇画纸四周的绫子上展示着中国文化起源和发展的图案，有岩画、陶器和青铜器。

◇一张1000多年前的古琴，名为“太古遗音”。

◇演员们独特的身体语言蕴含了中国水墨画的意趣和韵味。

◇演员在纸上画了朵朵祥云，画了山川、河流、太阳。祥云神奇地消散，只留下山水和太阳。

◇地面上是中国古代名画《千里江山图》。

②文字。中国汉字是世界上最古老的文字之一。古老的汉字承载着中华文明源远流长的历史。

◇孔子的“三千弟子”。演员们吟诵着《论语》中的名句——“四海之内，皆兄弟也”。

◇演员们手持竹简。

◇活字印刷的表演。活字印刷是中国古代的四大发明之一。

◇897块活字印刷字盘变换出不同字体的“和”字。表现了中国汉字的演化过程，也表达了孔子的人文理念：“和为贵”。

◇以线条的形式表现长城，简洁而鲜活。

③戏曲。中国戏曲历史悠久，品种繁多。

◇中国传统的京剧打击乐表演。京剧被称为“东方歌剧”。中国地域广阔，方言众多，戏曲也衍生出数百种。

◇舞旗的演员身着兵俑服饰。移动的戏台上，在京胡、锣鼓伴奏下，4个京剧木偶和8000名演员表演喜悦的凯旋场面。

④丝路。

◇演员们举起纸张前行。地面上是“丝绸之路”的地图以及沿途的文化标志。

◇闻名遐迩的“丝绸之路”。2000多年前，中国的商队就经常带着贵重的丝绸由长安（今陕西西安）出发，经过河西走廊，进入欧洲大陆。“丝绸之路”成为中西方经济文化交流的重要通道。

◇表演“海上丝绸之路”、“郑和下西洋”的情境。

600多年前，明朝的郑和7次率领27000人组成的船队远航，从中国的泉州出发，到达西亚、东非地区，开创了有名的“海上丝绸之路”。辽远无边的沙漠、波涛汹涌的海洋，陆上、海上“丝绸之路”的开拓者艰苦跋涉、破浪前行。

◇演员手举古老的指南针。指南针是中国古代的四大发明之一。

⑤礼乐。五幅卷画,配以演员们的古典舞,再现了古代中国礼乐之邦的盛世气象。

◇演员演唱昆曲。昆曲是中国古老的传统艺术形式,已入选世界非物质文化遗产名录。

◇地面上,是中国最有名的五幅长卷画,分别选自唐、宋、元、明、清五大朝代。

3. 下篇:辉煌时代

新时代,新色彩,新画卷。人民幸福、安居乐业,为古老的画卷增添了青春的色彩。

①星光。无垠的星光、浪漫的旋律、古老的画卷在新时代延展,寓意今天的生活更加幸福和谐。

◇钢琴家和孩子弹奏出浪漫的旋律,迎来了崭新的时代。

◇古老的画卷在无垠的星光中延展,寓意今天的道路更加美丽宽广。

◇现代部分的表演从黑白跳跃到彩色,风格绚丽。

◇10000 名演员搭建了一个“鸟巢”,空中飞来一只可爱的风筝。

②自然。太极的表演体现了传统与未来的交融,表现了人与自然和谐相处、天人合一的境界。

◇太极拳是中国武术中最有代表性的一种拳路。它的特点是“动静结合、刚柔相济”。

◇多媒体形式的表演生动地表现了中国功夫中蕴含的哲学观念:人与自然的和谐。

◇“飞流直下三千尺,疑是银河落九天”,这是唐代诗人李白名句的诗意表达。

◇太极八卦图象征着天、地、雷、风、水、火、山、泽八种自然现象。

◇2008 名太极演员排成圆阵。在中国传统的观念中,圆为大,象征圆满。这个阵式叫“天圆地方”。

◇古代人画的日月山川图被孩子们染成了绿色,表达了环保的理念。这也体现出中国太极的核心观念:“天人合一”。

③蓝色星球。天空中的星球变幻着色彩和图案,众多演员在“地球”上行走,似乎脱离了地心引力,充满梦幻色彩;体育竞赛在“地球”上诠释着“更快、更高、更强”的奥林匹克精神。

◇梦想

同一个世界,同一个梦想。

你和我，我们是一家人；

我和你，一起创造明天。

◇主题曲

“我和你，心连心，同住地球村。为梦想，千里行，相会在北京。”英国女歌手莎拉·布莱曼和中国歌手刘欢深情地唱起北京第二十九届奥林匹克运动会主题歌《我和你》。这不仅体现了国际化，也使北京奥运会和伦敦奥运会联系在一起。体育场上展现出2008张世界各地儿童的笑脸，体育场上方的投影屏上也呈现出孩子们笑盈盈的脸庞。情真意切的主题歌和不同肤色儿童的笑脸形象生动地诠释了北京奥运会“同一个世界、同一个梦想”的主题。

四、北京奥运会开幕式点燃圣火篇

8位执旗手手持奥林匹克会旗入场。80名身着民族服装的儿童唱起奥林匹克会歌。奥林匹克会旗缓缓升起，和五星红旗一道，在体育场上空高高飘扬。

在五环旗前，中国乒乓球运动员张怡宁、中国裁判员黄力平分别代表全体参赛运动员、裁判员庄严宣誓。

“我们在这里相逢，语言不同一样的笑容……”优美的歌声中，100名身着白衣的少女带领着全场运动员、演员和观众，一起用双手舞动出和平鸽的形象，“鸟巢”的膜结构碗边则变成了大屏幕，播放着全世界各种肤色的人们手舞和平鸽的画面。

23时54分，取自奥林匹亚的奥运圣火抵达国家体育场，激动人心的奥运圣火点燃仪式即将开始。全场观众挥动的彩色手电，宛如万点繁星，熠熠闪烁。

8名火炬手高擎火炬，在体育场内进行最后的传递。曾经创造一个个辉煌的运动员，手举圣火在体育场内慢跑，受到全场观众热烈欢迎。

9日0时整，第7名火炬手举着火炬，来到体育场上的一个高台，等候在这里的著名体操运动员李宁将手中的火炬点燃。高举火炬的李宁腾空飞翔，在体育场上空一幅徐徐展开的中国式画卷上矫健奔跑，画卷上同时呈现出北京奥运圣火全球传递的动态影像。

0时04分，在空中奔跑的李宁来到火炬塔旁，点燃引线，巨大的火炬顿时燃起喷薄的火焰，熊熊燃烧的奥林匹克圣火把体育场上空映照得一片辉煌。

圣火点燃，全场沸腾。绚丽的焰火腾空而起，奔放的音乐、热烈的欢呼震耳欲聋，现场气氛达到了高潮。同一时间，北京各地4万余发焰火齐放。从灯火辉煌的奥运村到古色古香的永定门，从巍然雄踞的居庸关长城到花团锦簇的天安门广场，万紫千红的焰火如星空下的一条彩带，与国家体育场上空的焰火遥相呼应。

欢歌劲舞庆盛事，火树银花不夜天。这是13亿中国人民永难忘怀的时刻，这是现代奥林匹克运动又一辉煌的瞬间。历经 7 年的精心筹备，中国向世界奉献了一个共叙友情、同享和平的盛大庆典。

案例分析

好的开始是成功的一半。奥运会开幕式的成功是奥运会成功的一个重要组成部分，它制造了当时世界上最重要的新闻事件之一，极好地引导了世界媒体对奥运会的宣传与报导。

第一节　展览新闻发布会

新闻发布会是展会在社会上进行展会形象宣传推广的主要方式，是媒体获得新闻的重要途径。由于新闻采访和报道费用较低，可信度比较高，对塑造展会的社会形象和传播展会的品牌知名度有很好的效果。新闻发布会是以记者为主要受众的信息发布活动。大型会展活动在展(会)前召开新闻发布会为自己作宣传是一种很常见的形式。有的会展活动还通过在举办城市多次召开或在不同城市轮流召开新闻发布会来加大展会推介攻势，以期引起更多目标观众的注意。

借用新闻导语“5W”理论，召开新闻发布会前首先要确定“Who”(由谁来发布展会信息，哪些重要人物出席，邀请哪些媒体记者等)，“Where”(在哪个城市开，在哪个会议场所开)，“When”(什么时间开)，“What”(会上的新闻焦点是什么，要准备哪些新闻素材，通过新闻发布会希望得到什么结果)，“Why”(为什么要这样开，为什么要在此时此地开)等问题。以上几项因素中，“Who”和“What”是关键性的。是否能请到关键人物出场，是否对展会推介内容进行了最充分的准备，决定着新闻发布会能否取得成功。

新闻发布会形式正规，档次较高，沟通活跃，双向互动(先发布新闻，后答记者问)，信息发布集中(时间集中，人员集中，媒体集中)，可以迅速传播到公众中。

一、会展新闻发布会工作流程

新闻发布会工作流程主要包括以下几点：

活动策划与主题确定；节目策划与议程安排；资料准备；与会人员邀请、沟通与确定；时间、场地落实与场景布置；产品展示、演示与信息发布；现场气氛控制。

新闻发布会是一个系统工程。流程管理是指在活动中各项工作内容之间的相互衔接、协调和配合关系及其有机组合的过程管理。比如在活动中，主题内容、意义确定后才能确定议程、规格，规模、规格确定后才能确定人数，人数确定后才能落实场地，场地落实后才能进行现场布置等。流程管理使总协调人对于整个活动的各个部分有着清晰的认识，便于找出工作的关键点、重点、难点，一般以程序框图表现。

二、会展新闻发布会设计关注点

新闻发布会是展会常用的宣传推广方式之一，也是展会与新闻界加强联系的有效办法。由于新闻采访和报道一般是免费的，而新闻报道的可行性比较高，效果也不错，因此，如果组织得好，新闻发布会是一项成本低而效益高的展会宣传推广手段。

（一）确定新闻发布会的时间

一个展会从开始筹备到最后开幕，这期间可以视需要组织多次新闻发布会。比如，展会筹备之初、展会招展工作基本结束时、展会开幕前、展会闭幕时都是召开新闻发布会的绝好时机。在这些时候召开新闻发布会对展会具有较大的促进作用。

在展会筹备之初召开新闻发布会，一般是向新闻界介绍举办展会的时间、地点、办展目的、展会主题、展品范围和展会的发展前景等。新闻发布会的目的主要是要通过新闻媒介告知本行业人士：在某时某地将有一个十分有发展前景的展会要举办。这时召开新闻发布会主要是起消息发布和事件提示的作用。

在展会招展工作基本结束时，有些展会也会就展会的筹备进展情况、参展商的特点及构成等情况举行新闻发布会，通过新闻发布会对尚未决定参展的目标参展商进行进一步的参展激励。

在展会开幕前，绝大多数展会都会召开新闻发布会，向外通报展会的特点、参展商的特点及构成、展会的招商情况、展品范围、贵宾邀请等内容。在展会开幕前召开的新闻发布会是一次十分重要的发布会，很多展会都会精心组织，广泛邀请记者与会。

在展会闭幕时召开的新闻发布会一般是向外界通报展会的展出效果、展出者的收获、参展商和观众的构成及特点、贵宾参观情况、展会的未来发展展望等内容。这种发布会就像是展会的总结，如果组织得好，对下一届展会的筹备会有一定的帮助。

新闻发布会是有一定的程序的，不管是在什么时候召开新闻发布会，其组织一定要准备充分。

（二）召开新闻发布会需准备的内容

一般地，在确定了新闻发布会的举办时间以后，组织召开新闻发布会还要准备好以下内容：

1. 确定新闻发布会的类型

大体上，新闻发布会可以分为以下几个类型（如表 5-1 所示）：

表 5-1　新闻发布会的类型

类型	风格
政治性	严肃
娱乐类	活泼、前卫
文化类	文化感、历史感
农业类	亲切、环保
高科技产品类	显示震撼力的同时体现活泼
一般工业品类	科技感、品质感
时尚产品类	经典中带有时尚气息
工艺品类	经典古朴

2.成立筹备委员会,做好组织和人员保障工作

由于筹划新闻发布会牵扯的精力和时间比较多,若条件许可,会展企业也可以请专业公司代理。

3.时间、流程与目标管理工作

时间的控制一般以时间进度表(倒计时)的方式来表现,注意要留有余地,前紧后松。

一般以程序框图表现整个活动,便于总协调人对于整个活动的各个部分形成清晰的认识,从而找出工作的关键点和难点。

4.策划活动,确定活动主题

活动策划主要包括以下内容:

一是会议议程策划。尽管发布会是一个正式的会议,但可以做得更活跃一些。会议议程要紧凑、连贯,一般控制在 1～2 小时为宜,发言的时间为 15～20 分钟。

二是发布会的主题策划,常见的是在主题中直接出现"×××发布会"字样。

三是确定参会人员。这是总协调工作控制的关键点。在参会人员的选择上,官员要选择职务相对较高者,而专家则应是在该领域有建树或有较高名望者。还要特别重视媒体记者。一般应提前一周时间发出邀请函,然后电话落实。时间较紧时,可以采用电话或传真的方式邀请。

5.拟定活动策划方案和具体操作方案

活动策划方案是指导整个活动的战略、战术文本,供策划活动用。具体操作方案用于指导整个活动,一般比较详细、具体,宜做到工作人员人手一份。

6. 新闻通稿及相关资料准备

提供给媒体的资料，一般常用广告手提袋或文件袋包装，在新闻发布会前发放给新闻媒体。顺序依次为会议议程、新闻通稿、演讲发言稿、公司或组织新闻负责人名片等。新闻通稿可选择消息稿、通讯稿、背景资料、重要发言稿、公司或组织的宣传册和图片资料等，一般以书面形式提供，也可以另外附光盘等。

7. 时间选择与场地落实、现场布置

时间选择在新闻发布会策划中要准确把握。如企业新闻发布会有时要避开重大的事件、会议，一般选择人们容易记起的日子，如节日、月初、月末等。如果是星期六、星期天或其他节假日，可以考虑在下午进行。在场地的选择上，一般综合考虑以下几点：一是品味与风格。一般以选择五星级或四星级的酒店为多，要注意酒店的风格与发布会的内容相统一。二是实用性与经济性。在满足会议厅容纳人数、各种设备条件的基础上，综合考虑费用问题。三是方便性。考虑交通是否便利，停车是否方便等。现场布置重点包括背景布置、酒店外围布置和席位摆放等三方面。背景布置主要是主题背景板布置，内容包括会议主题、会议日期等，要注意颜色搭配和主色调选择。席位摆放的原则是：职位高者靠前靠中，内部人员靠边靠后，注意席位的预留。

8. 现场控制

现场控制是体现新闻发布会协调人应变能力的一环。要想进行有效的现场控制，首先要做事前排练，其次要有备选方案，再次要注意灵活应变的处理技巧。在气氛的控制上，新闻发布会协调人是十分关键的。主持人的选择和提前与之充分沟通，也十分重要。在答记者问时，一般有一位主答人负责回答，必要时由其他人辅助。发布会前一般要准备记者答问备忘提纲，并事先达成一致意见。在发布会的过程中，对于记者的提问应该认真回答，对于复杂问题可以邀请其在会后探讨。

9. 确定出席新闻发布会的媒体及相关人员

新闻发布会要选择合适的媒体参加才有效果。参加发布会的媒体一定要是对目标参展商和观众有较大影响的媒体，可以是专业的报纸、杂志、大众传媒、网站、电视台等。参加发布会的媒体的数量和地区来源要规划好，除了展会举办地以外，还可以邀请展会的目标参展商和观众比较集中的地区的媒体参加。除了新闻媒体，还可以邀请一些行业协会、工商部门、政府主管机构、外国驻华机构、参展商代表等单位的人员。需要注意的是，参加新闻发布会的媒体人员不应该仅仅是记者，还可以邀请一些专业评论员、摄影师、编辑和其他有舆论导向作用的人员。上述人员的全面参与有助于展会获得更高的报道率。

10. 确定新闻发布会的主持人

新闻发布会的主持人可以是有关行业协会或商会的领导、办展会机构的负责人、政府主管部门的官员等，也可以由上述机构人员共同主持。

另外，发布会结束以后，还要及时跟踪和收集各媒体的报道情况。如果有媒体需要更详细的资料，要及时提供；如果一时提供不了，可以安排有关媒体进行实地采访和拍摄。整个会议应有正式的结尾。如果发布会安排在晚餐或午餐前结束，则应该有酒会或自助宴会等。在发布会后、宴会前，一般在贵宾室安排更深入的采访。

三、会展新闻稿写作

(一)会展新闻稿特点和发布时间

新闻稿是会展公司提供给媒体的主要的、基本的新闻资料，如果质量高、内容新、符合新闻要求，被采用的可能性就大一些。如果会展公司的预算有限，新闻稿将是最有效的宣传方式。需要注意的是，新闻稿的内容必须是新闻媒体感兴趣的、有报道价值的。另外，新闻稿的最终读者是目标观众，因此，要了解目标观众的兴趣，根据目标观众的兴趣相应安排新闻稿内容。新闻稿的数量可以根据参展商和专业观众的规模以及需要来决定。大规模的展会可以编印多一些新闻稿。

在展会开幕前2～3个月甚至更早，会展企业就可以考虑编发第一份新闻稿，综合介绍展出情况(展览会日期、地点、主题、参展企业、展出分类、展出主要目的等)。在此之后，可拟定日期编发新闻稿，内容具体一些。

开幕式当天要编发一份新闻稿，介绍贵宾参加、讲话等情况，并可以附上贵宾和观众参观展览的照片。

展会期间可以编写一份或数份新闻稿，介绍一些重要贸易洽谈的情况以及其他有新闻价值的信息，也可以配上照片。

闭幕后要安排一份新闻稿，总结展出成果或效果，促进后续贸易工作，展望未来发展。

要了解新闻媒体的出版率以及截稿期，计算好时间，及时安排新闻稿邮寄工作。新闻稿不仅可以提供给新闻界，也可以提供给客户。会展新闻稿可分综合新闻稿、专题新闻稿、新产品新闻稿、新展出新闻稿、活动新闻稿等。要按一定的频率向媒体记者寄新闻稿。可以直接联系媒体并提供专稿，招待会上要提供新闻资料袋，装有全套新闻资料。

(二)撰写新闻通稿

新闻通稿一般包括消息稿、通讯稿和重要发言。

消息稿字数较少，一般在1000字以内，发布起来快，有的媒体在发布会结束后不到一小时就已经出版。

通讯稿篇幅较长，内容充实，多为深度分析，重点报道。消息稿中不能讲清楚的问题可以在通讯稿中进行详细阐述。消息稿一般一篇即可，通讯稿则可以从不同角度提供多篇，也可以以答记者问的形式表现。

重要发言是指对新闻记者有用的发言稿。比如，展会活动领导人、主办方负责人的发言，贵宾、外宾的发言等，有些有新闻价值的代表的发言也可以列入新闻记者的资料中，但是以对记者报道有益为标准。

（三）会展新闻稿写作基本要求

1. 要素齐全

一般而言，构成新闻事实有五个要素，即何人、何事、何时、何地、何因，称为新闻五要素（“5W”），或再加上“结果”要素构成“5W＋1H”。在一定的前提和条件下可以省略某些要素，但必须保证不使读者产生误解或造成理解困难。这样，新闻稿的行文风格就和媒体一致，方便记者使用。

2. 结构合理

与其他文体相比，新闻有其特殊的地方。一般来说，文学作品的高潮通常是放在整个作品的后面或是结尾部分。而新闻却与此相反，要把最重要的事实放在最前面，然后再介绍具体内容和材料，人们形象地把这种结构称为“倒金字塔结构”。新闻稿通常以第一个句子或者导语概括整个事实，随后按重要性由主到次排列更多相关内容。

“倒金字塔结构”作为新闻写作的一种形式，要求按材料的重要程度安排写作顺序，把最重要、最新鲜、读者最关注的材料安排在文章的最前面，次要的材料稍后。

3. 客观叙述

有很多成功的新闻稿都是以人们感兴趣的东西为主题，或写成趣味报道的形式，但不管采取什么形式都不要发表任何作者个人观点，写作时用第三人称（除非是在引论部分），用足够的事实和数据来充实信息。

会展新闻稿的基本表达方式是叙述。由于读者阅读消息只是要了解事实真相，并不需要艺术欣赏，因此，会展新闻稿应尽量简明扼要。有时，可以有一些议论的成分，借此点明会展的意义、拓展思想深度，但议论只能处于从属地位，绝不可喧宾夺主。

4. 短小精悍

短小精悍有利于抢时间争速度，向读者提供更多的新信息，扩大报道领域。

第二节 开幕式

一、会展开幕式工作流程

开幕式是宣布各种展览、会议活动正式开始的具有象征性和标志性的仪式。开幕式工作流程是指对开幕式的各项安排进行策划的文案。

开幕式工作流程的基本内容有：

1. 开幕式的名称、时间、地点

2. 主办单位

3. 参会人员

参会人员包括上级机关的领导，会议活动的承办单位、协办单位、赞助单位的领导或代表，东道主以及与会议活动有关的机关、企事业单位的领导或代表，有关国家、地区、组织的代表（如有关国家的使节、领事、参赞等），群众代表，有关新闻单位等。

4. 主持人、致词人、剪彩人的身份和姓名

开幕式通常由主办方主持。主持人应当有一定的身份。联合主办的会议可采取共同主持的形式，各方主持人身份应大体相当。致开幕词人的身份一般应当高于主持人。仪式较为简单的，可由主持人直接致开幕词；也可以先由主办单位的领导发表主旨讲话或致欢迎词，然后由来宾代表先后致词。来宾代表致词的顺序按身份高低安排。最后请在场身份最高的人士宣布："我宣布，××活动开幕"。联合主办的活动也可用共同剪彩的形式代替致开幕词。剪彩人应当是主办单位开幕式出席人员中身份最高的人士，也可安排上级领导、协办单位领导与主办单位领导共同剪彩。

5. 开幕式的形式

开幕式的形式主要有两类：一类是以致词为主的形式，另一类是以文艺演出为主的形式。

6. 邀请方式

凡外单位的领导和代表应当书面邀请。书面邀请分为请柬、邀请信。请柬用于邀请重要来宾，邀请信用于邀请一般的列席对象或较为特殊的对象。

7. 现场布置和物品准备

现场布置和物品准备包括布置主席台，准备会标、国旗、花卉、彩旗、标语、剪彩工具、扩音设备等并布置安排妥当，有的开幕式还需安排文艺表演。

8. 接待

开幕式接待工作包括请来宾签到，为来宾佩戴胸花、赠送礼品，请来宾留言题词等。

9. 开幕式程序

开幕式程序一般包括：介绍出席开幕式的领导人和主要来宾，致开幕词，升国旗和会旗，奏国歌或会歌，代表致词，剪彩，参观，文艺体育表演等活动。

10. 接待任务分工

必要时可设立专门的接待工作机构。

11. 经费安排

作出具体的经费预算。

二、会展开幕式设计关注点

（一）发挥名人效应

现代会展业发展至今，邀请名人出席开幕式仍是一种很好的方式。这种通过政府或行业重要人物的影响力来提高展会受关注程度的方法不失为一种高明的营销手段。

（二）制造新闻事件

由于出席嘉宾层次较高、潜在新闻集中且信息量大等原因，开幕式往往会受到众多媒体的关注，因此，主办单位应该充分利用这一机会，适当制造一些轰动性的事件，以期吸引媒体注意，大力宣传展览会的形象。

（三）策划表演活动

为丰富展会开幕式的内容，展现展会的实力和人气（当然，前者是主要目的），主办方还可以策划一些演出活动。但必须指出的是，演出活动应该与展览会的主题紧密相关，不能喧宾夺主。

开幕式是展会的重要仪式，举办开幕式的主要目的是制造气氛、扩大影响，提高展会的知名度，吸引更多的观众来参展，也是展会宣传推广的一个组成部分。参展商和观众都是通过会展的开幕式形成对展会的第一印象的。举行开幕式是办展机构的重要工作，策划一个盛大的开幕式是办展机构能力的体现，并起着促使会展成功举办的作用。

第三节　展览相关活动

一、展会论坛策划

如今，一个大型品牌展会已经离不开论坛的支撑。尽管展会论坛的名称各异（常见的有“产业高峰论坛”、“专业研讨会”、“技术交流会”等），但功能却大致相同，主要体现在丰富展会内容，协助招商、招展活动（有相当一部分参展商和专业观众不是被展览而是被论坛吸引来的），指导行业发展，促进交流合作等方面。

论坛类会议通常专业性较强，参与的人数不是很多。这类研讨会的关键点在于会场及地点的选择。

举办论坛的场所，除主会场外，通常需要一些小型会议场所，以便进行分组讨论。主会场的布置应注意：除主持人外，其他座位应当体现平等精神，发言用的麦克风应该每个座位都有，除非与会人数很少。

举办论坛通常选择相对幽静、贴近大自然的地点。论坛策划与组织的程序如下：

1.进行市场调查

为了保证各项工作的顺利开展，主办单位首先需要成立一个组委会或指定专门的工作小组来负责论坛的筹备工作。工作小组成立后，第一项工作便是进行详细的市场调查，调查的主要内容包括：产业发展的热点问题，近期举办的同类展会的论坛议题、收费标准和效果、潜在目标听众的评价和建议。

2.明确论坛主题

主题是论坛的灵魂，一个鲜明的主题可能对潜在听众尤其是目标专业听众具有强大的吸引力。对于展会而言，鲜明的论坛主题必须符合以下标准：与展会主题相呼应，并能面向目标听众（主要指参展商和专业观众），有针对性；超前于行业发展的现状，反映行业发展的趋势，有前瞻性；能抓住行业发展的热点和难点问题，有现实性；对与会者是难得的教育和培训机会，有实用性。

3.策划具体议题

主题确定后，接下来的工作便是设计具体的议题了。策划具体议题的基本依据是论坛的结构和目标听众的需求。每一个具体的议题都应该有明确的目标。具备多个务实而富有吸引力的子议题，才能共同支撑论坛的主题。另外，在策划具体的议题时还应适当考虑邀请演讲嘉宾的难易程度。

4.构建论坛框架

构建论坛框架即出台展览会论坛的策划方案。其主要内容包括：论坛的基本情况，如名称、时间、地点和规模等，论坛的议程和举办形式，论坛的目标听众，演讲嘉宾的遴选和邀请，论坛相关资料的准备，会议营销，论坛接待安排，论坛召开，现场调查、茶歇等活动安排，论坛总结，论坛赞助，论坛预算，等等。

5.邀请演讲嘉宾

邀请适合的演讲嘉宾对论坛的成功举办至关重要。一般而言，邀请国外的演讲嘉宾要提前半年预约，并协助其做好签证、机票（有时候可由主办单位购买后邮寄给演讲人）等相关准备；邀请国内演讲嘉宾，则至少应提前 2 个月发出邀请，并协助其做好相关准备工作。对于重要的演讲嘉宾还应制订“一对一”的接待计划，妥善安排演讲人及相关人员的交通、住宿、餐饮等事宜。

6.积极寻求赞助

除了从展会收入中划拨资金、收取门票(会务费)外，主办单位还应该积极为论坛争取赞助。由于参加展会论坛的人员都来自同一个行业或联系紧密的相关行业，因而只要会议策划合理、具有吸引力，许多企业尤其是参展商都愿意为论坛提供赞助。赞助的形式非常灵活。赞助商可直接提供资金，主办单位则可给予相应回报，如转让论坛的冠名权、在会刊中做免费广告、允许赞助商在会议期间发表演讲等。当然，赞助商也可提供会议现场的设备，或赞助与会代表的午餐或欢迎晚宴等。

7.开展宣传及与会者组织工作

一般而言，展会论坛的与会者组织工作可以和招展工作或专业观众的组织工作协同进行，因为展会论坛的听众中有相当一部分就是参展商和专业观众。在实际工作中，展会论坛工作人员主要利用四种方式组织与会者，即电话、传真、直接邮寄和网上预订。其中，采用直接邮寄时，论坛的宣传材料往往和招展材料放在一起，主要包括论坛介绍(基本情况、背景和亮点)、会议预订表、论坛议程安排等。

8.现场协调管理

现场协调管理主要工作内容包括：场地布置和设备安装，会议现场注册，现场调度，现场服务，问卷调查等。

9.完成会后工作

论坛结束后，工作小组还有很多善后工作要完成。首先是进行现场或会后跟踪调查，收集听众对议题安排及服务的意见和建议，为增强下一届论坛的吸引力和改进服务提供依据；其次是感谢演讲嘉宾和与会者，如给演讲人寄发感谢信、给与会者邮寄展会的相关总结材料等；最后，在会后，工作小组自身也要进行全面、认真的总结和评估，以期将下一届论坛办得更好。

二、评奖活动策划

评奖活动主要有三类：第一类与展会现场表现有关，如评选最具人气展台、最佳展台设计等；第二类是产品评奖，如“××展览会金奖”等，在实际操作中，这一种评奖类型最为常见；还有一类则是独立活动，如策划论坛暨××展览会颁奖晚会，作为展览会的重要补充。

评奖活动的一般程序为：

1.成立评审委员会

为保证展览会评奖活动的可信度，主办单位首先要组织专门的评审委员会。

2.制定和发布活动方案

一般来说,展览会评奖方案包括活动目的、评审委员会、评奖范围、设立奖项、评奖程序(具体操作办法)、授予奖项等内容。有一点需要指出,很多主办单位认为评奖活动是针对参展商的,所以不大注重对专业观众的宣传,结果导致很多专业观众根本就不了解评奖情况,从而使得评奖活动的效果大打折扣。

3.发动参展商参加

接着便是向参展商和专业观众开展宣传,并发动参展商积极参与评奖活动。

评奖方案可以穿插在招展函中,也可以单独作为附件放在最后,有些主办单位还将评奖活动作为展览会的亮点来宣传。

4.评委会评选

按照预先制定的评奖办法组织实施。值得一提的是,有些展览会主办单位除了依托专家评审委员会外,还组织专业观众对参展商和产品进行评选,毕竟来自专业观众的评选意见最为实在。

5.公布评奖结果

举办一个正式、公开的仪式来揭晓评奖结果。奖励的形式可以灵活处理,可以是奖杯、奖状或获奖证书,也可以是下一届展会中一定面积的展位。如果能够在颁奖仪式的形式、内容等方面加以创新,相信也会成为展会的一个亮点。

三、娱乐活动策划

举办大型活动注重娱乐性是当今世界会展业发展的潮流之一。为每位参展者都带来身心的愉悦和深刻的感受是办展的最终目标。因此,娱乐活动策划也应该予以高度重视。

展会配套娱乐活动常见的有表演活动、组织竞赛活动、文化创意活动、安排会议旅游等。

表演是展览会较常采用的娱乐活动形式。它既可以调动现场气氛、丰富展出内容,也有助于参展商优化展出效果。美国 Trade Show Week 杂志在 2004 年年底的一项调查结果显示,75%的参商首先选择用演出(包括演示)来宣传自身的产品和服务。

要成功地组织展会的表演活动,主办单位必须考虑以下几点:

1.提前策划

主办单位要清楚自己正在策划的是什么性质的表演。是与展会主题相关的还是纯粹的娱乐性表演,是开幕式表演还是欢迎晚宴表演(或答谢晚宴表演),是为整个展会服务的还是由某家参展商出资委托的表演。在明确这些问题后,项目人员才能对整个展会的所有表演活动进行策划。

2.选择场地

为表演活动预先选择合适的场地。如果是为整个展会服务的表演，譬如开幕式上的乐队或舞狮表演，则应该选择在展览会的公共场所举行；如果是由某家参展商出资委托的表演，则应安排在该参展商的展台上或附近举行。总之，除了开、闭幕式上的活动外，各类与展会主题相关的表演安排在展出现场比较合适。

3.现场协调

对展会现场的各种表演活动进行有效协调是很重要的。首先，主办单位应该对由组委会自身组织的表演进行统筹安排，并做好现场调度与服务，确保表演活动的顺利、安全举行；其次，参展商之间有时候也会因为表演或演示活动发生纠纷，这时就需要主办单位出面进行协调。

4.安全保卫

无论是为整个展会服务的表演还是参展商自己组织的表演或演示，现场表演活动往往会吸引大量专业观众驻足观看，因此，主办单位要事先和场馆协商，提前制定危机处理方案，并安排适当人力，努力做好安全保卫工作。

近年来，组织会后旅游作为展会助兴项目也屡见不鲜。一般而言，会展旅游基本安排短线旅行，旅程一般距会展举办地 500 公里以内，旅行时间不会超过 48 小时，大多为 24 小时以内。少数旅程可能超过 1000 公里，时间可以长达一周。组办方可将该业务外包给旅行社，由其提供专业的线路咨询、导游、景点票务、车辆、住宿餐饮安排、旅游保险购买、落实异地返程票等服务。

四、记者招待会策划

记者招待会是会展企业与新闻界人士建立并发展关系的机会，是将会展企业的情况广泛深入地介绍给新闻媒体的有效方式。记者招待会如果组织得好，效果会很突出，应充分利用。

记者招待会成功的关键是内容。会展企业必须有充分的、能吸引新闻媒体兴趣的内容，方可考虑举办记者招待会。记者招待会可以在展览开幕前也可以在闭幕后召开，开幕前的招待会多介绍展出目的和展出内容，闭幕后的招待会以多介绍展出效果、参展商的收获为重点。记者招待会主要邀请新闻界人士参加，也可以邀请重要客户参加。有条件的会展企业可以在开幕前一两个月举行记者招待会，这样，在展会开幕的专刊上就可能刊登有关展会的特写和专题。记者招待会可以在展会的新闻中心或展出地的饭店里举行。在何地举办招待会与企业规模和预算有关。如果展出规模很大并且展会十会重要，就可以选择在饭店里举办招待会；在展台上举办招待会的优势是环境熟悉，可以向记者展示产品；在展会新闻中心举办招待会的优势是设备齐全，能集中记者注意力。安排记者招待会的时间也要注意，一般认为上午 10:00～12:00 举办记者招待会最好，招待会一般限制在 1 个小时以内。

新闻发布会和记者招待会都属于发布会,内容都应当具有新闻性。在实践中,二者最容易混淆,现将二者区别简述如下:

(1)邀请的对象不同。记者招待会顾名思义就是邀请记者参加的会议;而新闻发布会除记者外,还可以有目的、有针对性地邀请一部分与新闻发布单位关系密切或关系特殊的公众参加,再通过这些公众向其他公众进行传播,其效果有时比新闻媒介更好。

(2)发布的形式不同。记者招待会一般都采取双向沟通的形式,即一方面由举办方发布信息,另一方面允许记者当场提问,由主持人或举办方负责人答问。而新闻发布会形式则较为灵活,既可以像记者招待会那样进行双向沟通,也可以由举办方单向发布信息、不安排提问。

如果要举办记者招待会,一定要提前作准备,准备工作要细致,主要包括以下内容:

(1)内部提前商定好时间、地点、程序、内容、人员、司仪、讲稿等。

(2)注意时间安排,与其他已安排的活动不要冲突。

(3)提前一周发出书面邀请,提前三天电话再次邀请,并确定其是否出席。

(4)准备新闻资料、讲话稿、产品照片、讲话人的照片等,并装入资料袋。充分准备答复记者可能提出的问题。

(5)布置现场,包括主席台、座席、花篮等,并安装、调试设备(包括扩音设备、投影设备、幻灯设备、照明设备、空调设备等)。此外,还要准备胸牌、签到簿、纸、笔、饮料、纪念品等。

准备工作要充分,要体现出专业水平。记者招待会最好由主办单位的高层领导主持或发言,展会工作人员应当在现场。发言必须简短,要准备好回答苛刻的问题,以免现场出现冷场或惊惶失措的情况。新闻资料袋可以在招待会开始时就发放,以便记者尽早删改、补充其报道。在招待会上准备些食品会给记者留下良好的印象。

记者招待会另有一种专业形式,称为"拍摄专场"或"记者专场",是专门为摄影和摄像记者安排的。新闻媒体不同,记者招待会的形式也不同。

五、产品发布会策划

由于产品发布会的真正主办者一般是企业或者行业协会,所以,在策划举办产品发布会时,办展机构首先要与一些研发能力较强的企业或者行业协会多方沟通,了解该行业新产品发展的动态及其对发布会的设想和要求,然后再开始策划发布会方案。

一般来说,产品发布会的主要策划方案是由企业或者行业协会完成的,但在展会新闻发布会中的产品发布会,很多是由办展机构与发布新产品的企业或行业协会共同合作完成的。在发布会的策划和筹备过程中，办展机构主要是起一种穿针引线、提供展示平台和现场管理与服务的作用；发布会的主要实施方案则由发布新产品的企业或行业协会来策划和实施。所以，在策划发布会方案时，办展机构与企业或行业协会之间的沟通和协调就显得尤为重要。如果彼此协调不好，就可能出现某些实施环节脱节、会议现场混乱等现象，严重干扰会议的正常进行。

策划产品发布会需做的工作主要有：

1. 穿针引线

所谓穿针引线，就是办展机构在策划展会相关活动总方案时，将产品发布会作为一项活动列入其中。有了举办产品发布会的初步打算以后，办展机构就开始与相关企业或者行业协会进行联系和沟通，了解其是否有举办产品发布会的需要，如果有，就进一步了解其意图和设想。通常来讲，由于展会所特有的功能和优势，很多企业和协会愿意将新产品在一些较有影响的展会上首次发布。办展机构在了解了这些信息以后，就可以将这些拟在展会期间举办的产品发布会综合起来，统一安排和统一协调，制定一个现场实施方案。

2. 提供展示平台

在产品发布会中，产品的展示平台对发布会的成功举办有重大影响。办展机构要为每场发布会提供一个适合的展示平台，如果展会期间有多场发布会，就需要办展机构将所有场次的发布会统筹协调安排。例如，服装展中的流行趋势发布会，办展机构必须和企业协调，妥当安排好各发布产品的出场次序；还有一些展会，办展机构会专门开辟一个展区专供新产品展示之用。展示台应符合产品的需要，如服装发布会的 T 型舞台等。

3. 提供现场管理与服务

产品发布会的现场管理和服务一般由办展机构负责。首先，对于发布会的现场管理，办展机构要在提供合适的展示平台的基础上，按要求布置好发布会现场，提供必要的道具，安排好合适和足够数量的服务人员；其次，办展机构要妥善安排好各发布会的时间顺序，不要因为时间安排不当而引起彼此冲突或者现场混乱；最后，如果发布会在展会现场举行，办展机构要协助发布单位控制现场人流和秩序，不能因该发布会而影响相邻展位企业的展出。对于现场服务，办展机构应按企业和协会的要求及时提供人员、道具和现场安全保护。

另外，由于很多产品发布会所发布的产品都是一些刚刚推向市场的新产品，为了扩大该产品的知名度和影响，很多产品发布会都会事先邀请一些新闻媒体对会议进行采访报道。因此，办展机构在协助企业召开产品发布会时，还要注意为有关新闻媒体提供必要的安排和一定的服务，这样更有利于会议成功举办。

思考与练习

1. 新闻发布会的工作流程是什么?
2. 展览会开幕式方案的内容有哪些?
3. 除了开幕式和新闻发布会,展览会还常举办哪些活动?

实训项目

撰写小组拟做展览项目的开幕式方案

附:展览会开幕式方案框架

×××展览会开幕式方案框架

一、开幕式目的
二、开幕式时间、地点
三、开幕式形式(表演式、致辞式)
四、拟邀嘉宾(姓名、单位、职务)
五、现场布置和物品准备
1. 背景版
2. 音响
3. 地毯、花蓝、剪彩用品、礼花
4. 其他
六、开幕式流程(详细)
1. 嘉宾接待
2. 剪彩人员
3. 开幕式流程(详细)
七、人员分工
八、经费预算

第六章

展览文案设计

学习要点

- 展览邀请书设计
- 展览会刊设计

引导案例

中国国际××产业展览会
参展邀请书

尊敬的____________(单位)：

我们诚挚地邀请您参加"中国国际××产业展览会"。这将是中外××业界的盛会和推动中国××产业发展的平台！

展会概况(略)

展会亮点或特色(略)

展会时间、地点、组织机构(略)

展示内容(略)

展位价格(略)

研讨会等随展活动(略)

宣传推广及专业观众组织(略)

参展流程(略)

组委会联络方式(略)

谨此奉邀！

××××年××月××日

××××(主办方)

中国国际××产业展览会
参展回执

______________(单位)决定参展，对该申请中的所有内容予以确认，不展出侵权假冒产品，服从展会统一安排。

<table>
<tr><td rowspan="2">公司全称</td><td>中文</td><td colspan="4"></td></tr>
<tr><td>英文</td><td colspan="4"></td></tr>
<tr><td>公司地址</td><td colspan="2"></td><td colspan="2">邮编</td><td></td></tr>
<tr><td rowspan="2">联系方式</td><td>电话</td><td></td><td colspan="2">传真</td><td></td></tr>
<tr><td>网址</td><td></td><td colspan="2">邮件</td><td></td></tr>
<tr><td>联系人</td><td colspan="2"></td><td colspan="2">职务</td><td></td></tr>
<tr><td rowspan="2">展品名称</td><td>中文</td><td colspan="4"></td></tr>
<tr><td>英文</td><td colspan="4"></td></tr>
<tr><td rowspan="4">参会方式</td><td colspan="3">3m×3m 标准展位(　)个位置(　)</td><td colspan="2">展位费:(　)RMB</td></tr>
<tr><td colspan="3">光地(　)m^2　位置(　)</td><td colspan="2">场地费用:(　)RMB</td></tr>
<tr><td colspan="3">会刊版面(　)版</td><td colspan="2">认刊费:(　)RMB</td></tr>
<tr><td colspan="3">其他广告</td><td colspan="2">广告费:(　)RMB</td></tr>
<tr><td>费用总额</td><td colspan="5">(大写)</td></tr>
<tr><td>签字盖章</td><td colspan="5">日期:</td></tr>
</table>

参展报名注意事项：

1. 本回执的部分将用于展览会会刊、楣板，文字务必准确清晰。

2. 本回执请参展单位填写清楚签字盖章后，按本回执联系方式确认的地址邮寄至展会执行部门。为抓紧时间，可以先传真后邮寄。

3. 参展单位共派出参展人员________名。

4. 参展单位承诺，参展单位的展品如涉及知识产权侵权问题，经济责任和法律责任由参展单位自行承担，因此给本次参展活动的组织单位造成损失的，组织单位有权提出索赔。

5. 收到参展单位的参展回执后，双方通过传真方式进行展位确认。展位安排原则上按申请表及汇款收到时间先后确定。如因总体布局的需要，展会执行部门有权变更展位。

6.参展单位应在展位确认后七个工作日内付清本回执所述的费用总额__________RMB，汇至本回执约定的账户，逾期视为自动放弃展位。若中途退展，所交费用将不予退还。

7.收到参展单位的汇款后，展会将展位确认书传真至参展单位。参展单位人员凭展位确认书，于报到时领取参展证及办理有关手续。

8.如因不可抗力等原因致使本次参展活动推迟或取消，展会仅承担退还已交展位费的义务。

9.参展单位人员在参展活动中如有违反法律和社会公共道德的行为，展会执行部门有权加以阻止。情节严重的，有权采取必要的各项措施，由此造成的后果由参展单位自行承担。

案例分析

邀请函可能是参展企业或观众接触到的关于展览会的第一份资料，其兼具告之、需求激发、沟通等众多功能，因此，邀请函的质量是展览会水平的重要体现，邀请函的制作是一个值得花大力气去做的工作。

第一节 邀请函设计

会展是一种联系买家和卖家的交流平台。会展的目的在于成功地、有效地把买卖双方连结到一起，增加其参加和参观展览会的兴趣和价值，促进和提高买卖双方间的信息交换。目前，没有一种营销方式能像会展一样，在短时间内把行业内的主要企业和目标客户联系在一起。因此，会展是一种主办方为参展商和目标观众提供的中介服务。这种服务不是简义上的主办者提供给参展商或专业观众的组织服务，更多的是会展本身所具有的促销和信息功能。会展工作是一项多环节的系统工作，其中的招商、招展环节是展会筹备的基础性工作之一。

展会的邀请函是主办机构向参展商、目标观众、与会者传递展会信息的一份主要核心资料，目的是为了向其说明展会的有关情况，引起其对展会的关注和参展兴趣，也是展会营销工作的一个重要组成部分。而各种邀请函的设计与制作是整个招商、招展环节的核心部分，也是关系到展会能否成功的关键性环节之一。

在邀请函的设计中要注意几个原则：第一，内容要真实。如果邀请函的介绍和承诺与展会的实际状况不一致，就会有欺骗嫌疑，会给展会的整个组织实施工作带来很大的麻烦，甚至会影响到展会主办企业的声誉。第二，内容要简单、实用，要用简练的语言表达说明问题和信息，且不可以拖泥带水，与展会无关的内容不要写入邀请函中。第三，排版格式及版面要美观大方，文字和图片的比例要适中，让人赏心悦目。色调要符合展会的主题。目前国外很多展会都要根据展会的主题来确定一种颜色作为本届展会的主色调，主色调一旦确定，展会任何资料的印刷到展出现场公共部分的布置均采用一种颜色或与主色调相近的颜色的材料，表现展会的整体性。第四，规格要便于邮寄和携带。由于邀请函一般要通过邮寄或营销人员携带的方式传递给参展商、目标观众或与会者，因此样式要便于邮寄和携带，否则不但会给营销人员的工作带来麻烦，还会增加展会的办展成本。

以下分别针对参展商、目标观众、与会者的邀请函设计与制作作详细的介绍。

一、参展商邀请函设计

参展商是指参加交易会、订货会等会展活动，提供商品并设置展位的商家。参展商参展的目的普遍具有多重性，参展动机一般有展示新产品或企业形象、收集市场信息、产品直销等。参加展会可以实现各参展商的不同愿望，相应地，主办方在邀请参展商的时候也应该有不同的策略。一般在邀请工作中有三个工作重点：一是提交科学可行的专业观众招揽计划；二是承诺提供完善的配套服务，尤其是为参展商和观众创造理想的洽谈平台；三是强调本次展会的创新之处和良好的举办环境，以增强展会的综合吸引力。

邀请函美工设计制作技巧如下：

(1)邀请函中应该设计有深浅颜色的强对比色块。

(2)内客上准确无误，应该使用简短、明了的语句。

(3)需要另找 1～2 个人帮助校对。

(4)充分利用图片，重要的图片必须精心制作。

(5)字体类型不要超过 3 种。

(6)突出参展登记表，并标明联系人关键的联系方式，如电话号码、电子邮件地址、传真号码等。

(7)适当留空，这样可使眼睛在阅读的过程中不会感到疲劳。

(8)选择印刷包装纸张时要讲究，注意便于携带与传递。

(一)参展商邀请函的意义

参展商是展会系统最基础的要素，是展会的“衣食父母”。因为参展商是会展这种服务性产品的消费者，其所交的展位租金是展会最主要的收入来源。没有参展商的参与，展会根本就不会存在；没有参展商的展览行为，就不会产生展会组织者和观众的行为，就无所谓展览系统了。而且参展商数量的多少和行为的活跃程度都直接关系着展会的生命力。事实表明，参展商群体越大、行业组织支持度越高、展览竞争越激烈的地区，展览系统越活跃。

参展商邀请函是主办方用来说明展会并招揽参展商的一种方式，通常使用的有两种形式：印刷品形式和网络形式。邀请函的主要作用是向参展商说明展会的有关情况，并引起其参展的兴趣。发送邀请函的时效性很重要。大多数厂商在年度开始时编制预算，销售部门再决定要参加哪次展览。在邀请函寄发后要分别列出时间表以便追踪。

（二）邀请函中包含的文字内容

1.展会概况

邀请函中的展会概况主要包括展会名称、时间和地点，展会主办、承办机构，“参展邀请”字样，展会标志，展会规模，本届展会的优势和特点，办展意义，对展会题材所在行业及办展所在地的环境介绍，展品范围等。主办方要在邀请函中详细说明历届展会情况，包括上届展商构成情况、境内外专业观众的分析资料。

2.展会招商和宣传推广安排

本部分要详细介绍本次展会参展范围、收费标准及相关优惠政策，展位说明，本届展会宣传推广的手段、方法、渠道及措施等。这些信息将对参展决策者起到决定性的影响。现在的展会一般都有配套的相关活动以丰富展会内容，如专题论坛、研讨会、说明会、信息发布会或演讲等。这些同期举办的活动的情况应详列在招展书中。

3.参展程序

参展程序主要包括参展报名程序、交款账户、主办方联系方法、布展及撤展时间、酒店预订等相关信息。所附图片材料可以包括办展区域图、周边地区交通图、展馆实景图、展馆平面图、展位分布图、展会现场图片等。

4.参展回执

参展回执以表格形式登记参展公司的单位全称、联系人、联系地址、联系方法、预订展位面积、费用总额等主要参展信息。

二、观众邀请函设计

展会的存在以参展商的存在为前提，参展商的存在以参观者的存在为条件。参展商和观众是展会的两个助推器，会展需要一定数量和质量的参展商和观众，两者缺一不可。为了使展会能成功举办并逐步发展壮大，主办方会千方百计地邀请尽量多的观众前来参观。展会观众分为专业观众和普通观众两类。观众除数量上的要求外，更注重质量。这就涉及观众的有效性，即到会的观众是带着产品或服务需求来的，是参展商企盼的那部分高品质观众。观众质量主要指其能进行有效决策的程度，通常有观众影响购买指数、观众采购计划指数和观众兴趣指数三个指标。这三个指标越高，说明观众的品质越高，将对展会的效果产生重要影响。

观众邀请函是指主办方根据展会的实际情况编写，并用来进行展会邀约的一种宣传单页，是专门针对展会的目标观众尤其是专业观众而发送的。观众邀请函一般是通过直接邮寄的方式发送到目标观众手中，但其发放的针对性非常强。一般而言，观众邀请函的发放时间为开展前的一个月。过早发放会使目标观众对该展无法留下深刻印象，过迟可能目标观众早已安排了其他事。但如果是国际性的会展，由于观众需要办理签证等手续，则需要提早2～3个月的时间发放邀请函。

（一）观众邀请的意义

展会对参展商的邀请工作和对观众的邀请工作是相互影响、相互作用的。如果展会能组织到位，吸引更多的观众到会参观，展会的效果有保证，那么对于下届展会的参展商邀请工作将会起到很大的促进作用。同时，更多参展商的参加，也会更有利于下届展会邀请更多的观众。

归纳起来，观众邀请的意义有以下几点：

1.提升展会效果

参展商参展的目的很多，如开拓新市场、结识新客户、树立品牌形象等。但不管参展商的主要目标是什么，其都期望专业观众前来参观和洽谈。而尽量多的高品质观众可以提升展会的整体效果，同时调动参展商的积极性，使展会处在一个平稳、持续发展的状态。

2.提高专业服务水平

为调动参展商的参展热情，吸引参展商，主办方总是想法设法为参展商提供最优质的服务。

而观众的邀请工作是主办方为参展商提供的一项主要的服务，这项服务与其他服务最大的区别就在于它直接关系到参展商的利益。可以说这是主办方的核心服务，是展会的灵魂之一。

3.奠定品牌基础

拥有一定数量和质量的专业观众是每个展会成为品牌展会的前提和基础。一个展会参展商再多、参展企业名气再大，如果没有观众到场的话，就很难成为品牌大展。

（二）观众邀请函中包含的内容

1.展会概况

主要包括展会名称、时间、地点，展会主办和承办单位，“参观邀请”字样，展会标志，展会规模，本届展会的优势和特点，办展意义，展会题材，办展环境，展品范围等。

2.展会参展商的邀请情况

主办方要在观众邀请函中详细说明展出的主要展品、参展商邀请等情况，如可将部分确定参展的知名企业列举出来进行宣传。这一方面可以帮助参展商作展前宣传，另一方面也为吸引更多的专业观众增加砝码。

3.展会相关配套服务

主办方还需要在邀请函中列出提供的相关配套服务，如酒店预订、行程路线、观众预登记等。此外，还可以有相关图片资料，如办展城市区位图、周边地区交通图、宾馆实景图、展馆平面图、展位分布图、展会现场图片等。

4.展会相关配套活动

现在的展会一般都有相关的配套活动以丰富展会的内容，如专题论坛、研讨会、说明会、信息发布会或演讲等。组展方可将与展会同期举办的活动的情况详列在观众邀请函中。

5.专业观众登记表

专业观众登记表是专业观众受邀到场参观的回执，主要包括专业观众的一些基本信息、参观的目的、感兴趣的行业等。随着信息技术的不断发展，一些组展方也将观众的预登记服务放在展会网站上，以方便观众，提高登记服务的工作效率。

观众邀请函文字内容设计实例如下：

中国国际××产业展览会

贵宾观众邀请函

尊敬的________________(先生/女士)：

我们诚挚地邀请您参观"中国国际××产业展览会"。这将是中外××业界的盛会和推动中国××产业发展的平台！您将在我们展会上洽谈业务的同时了解最新的行业信息，我们也将为您提供便捷而有效的专业渠道，期待您届时光临！

顺颂商祺！

××××年××月××日

××××(主办方)

一、展会概况(包括展会名称、下设专区、日期、开展时间、地点等)

二、展示内容

三、广告传媒企业

四、庞大的供应商阵容

五、精彩的活动

六、论坛及研讨会安排

七、联系方式

贵宾回执表

1. Company Details(公司资料)

Company Name(公司名称)：______________________________

Address(地址)：____________________________________

Postcode(邮编)：_______________ Country(国家)：_______________

Contact person(联系人姓名)：__________ Position(职位)：__________

Tel(电话)：___________________ Fax(传真)：___________________

E—mail(电子邮件)：______________ Website(网址)：______________

2. List of other participants (贵公司其他观展人员名单)

No. (序号)	Name(姓名)	Position(职位)	Mobile(手机)
1			
2			
3			
4			
5			

如预先登记，我公司可以将您的贵宾胸卡在展前邮寄给您，届时您无须排队登记就可进入展馆内。为了不错过您十分感兴趣的活动，请关注本届展会的概况及日程表等相关资料。

请填写回执并回传至：×××××—×××××××(传真号码)

联系人：×××小姐

第二节　会刊制作

会刊是在展会活动期间供参观者使用的展会活动指南。会刊是会展特有的，是承载会展信息量最大的特定的宣传媒介，其编辑和设计是一项时间性很强的工作，必须在展会开幕前完成设计、制版和印刷，并形成成品。会刊必须保证内容正确可靠、简洁明了，突出参展企业及其产品的精华部分。在展会活动结束后会刊可以作为查询资料，有人称其为“永不落幕的展览会”。会刊还是参展者刊登广告的主要途径之一，上面汇集了展会和参展商的基本信息。会展和参展企业将自身的宣传内容印在会刊上，通过向参展商、观众及有关人员广泛派发起到很好的广告宣传作用。因此，会刊也是展会组织者办展收入的来源之一。

会刊的优点有：第一，专业针对性强，会刊的专业性是由会展的专业性决定的，印刷精美、图文并茂的会刊是一本大型的会展工具书。第二，提供行业信息，会刊不仅宣传了展会和参展企业，还可以收到全面宣传之功效。展会举办后，会刊内容也将成为买家的重要参考资料，买家可以根据会刊方便地找到参展商。第三，派发方式灵活多样，可以通过人员派发，也可以放在会展现场供人索取，还可以通过邮寄送达。

会刊的缺点有：材料的收集很麻烦，有时候还需要支付一定的费用。另外，如果展会规模不大或专业观众档次不高，会刊的效果就会大打折扣。

一、会刊设计的技巧

会刊最主要的功能是传递信息，要在有限的空间内最大限度地把自己的有效信息传递给浏览者。但是过多地强调信息量，往往容易导致忽略会刊的可读性。如果不注意这点，则会使会刊成为一本厚厚的“直接邮寄广告”，使读者失去阅读的兴趣。因此在设计制作会刊时应当注意以下几个方面：

1. 连续性

这里的连续性不仅仅指会刊出版的连续性，而且指每期刊物要在内容和形式上有连续性。

要有本次展会完整的 Logo，在编排上有自己的风格，在栏目编排上有内在的联系。这样做的目的是便于读者阅读，树立刊物本身在浏览者心目中的品牌形象，使浏览者能迅速了解展会情况。

2. 完整性

一本展会的刊物不能从头到尾都是信息的介绍，它要具有一般期刊的完整性，包括封面的制作、版权页的制作、目录页的制作、前言/卷首语的撰写、栏目的脚标、封底的制作等。会刊不是简单的广告宣传单，而是一份地道的期刊。

3. 可阅读性

会刊自身要求有较好的可阅读性。观众一般很注重卷首的文章，这类文章基本都是请业内知名人士或政府官员等撰写的。对于观众来说，这是一个收藏会刊的理由。同时，还要求会刊具备形式丰富、内容多样、信息领先等特性，使读者从“叫我读”逐渐转变为“我要读”，成为会刊的一个忠实的阅读者，从而提升会刊的品牌形象。

4. 美观性

设计上的美观性也非常重要。一般展会的会刊色调多以冷色系为主，只是在特别推荐等版块才有较强烈的色彩。这样的对比，一方面突出了重点推荐的产品，同时也照顾了读者的阅读习惯。同时，刊物编排空间比较大，给读者一种闲散舒适的感觉。如果书中所有空间都充斥着各种信息，并且采用了强烈的色彩对比，只会让读者眼花缭乱，产生反感，自然不能激起读者的购买欲望。

二、会刊制作工作流程

（一）第一阶段——会刊素材征集

会刊是展会的权威资料，是展会组织者在展前编辑的一本刊登有大量重要信息的资料汇编，而这些资料必须准确无误。因而，会刊设计的前期准备中，必须做好相关资料的征集工作。而这些工作的重点则是明确参展商是否参展，是否需要刊登广告并得到刊登广告所需要的相关资料。

另外，要收集好展会主办方的相关资料并明确其设计意图。具体如下：

1. 参展企业名录征集

一般展会组织者可为参展企业提供免费的会刊名录服务。为征得参展商的同意并确保刊登名录内容准确无误，要设计一个《会刊名录登记表》，以邮寄、传真、邮件等形式与参展商取得联系并达成协议。

各参展商有义务用正楷填写《会刊名录登记表》，并提供详细信息，包括企业和展品的英文名称。若没有条件提供英文材料，主办方将提供翻译服务，翻译费需由参展商支付。《会刊名录登记表》的一般形式如表 6-1 所示。

表 6-1 会刊名录登记表

<table>
<tr><td rowspan="2">参展单位名称</td><td colspan="5">中文</td></tr>
<tr><td colspan="5">英文</td></tr>
<tr><td>地址</td><td colspan="3"></td><td>邮编</td><td></td></tr>
<tr><td>法人代表</td><td></td><td>电话</td><td></td><td>传真</td><td></td></tr>
<tr><td>E-mail</td><td colspan="3"></td><td>网址</td><td></td></tr>
<tr><td colspan="6">主要展品介绍（中、英文对照，可附页）
中文：
英文：</td></tr>
<tr><td>展品分类检索</td><td colspan="5">（此项必须填写，有多种展品者可多选）
××××（类别 1）[ ]　　××××（类别 2）[ ]
××××（类别 3）[ ]　　××××（类别 4）[ ]</td></tr>
<tr><td>参展单位</td><td colspan="2">（盖章）</td><td colspan="2">展位号</td><td></td></tr>
<tr><td>电话</td><td colspan="2"></td><td colspan="2">传真</td><td></td></tr>
<tr><td>电子邮箱</td><td colspan="2"></td><td colspan="2">联系人</td><td></td></tr>
</table>

注:回复截止日期:××××年××月××日

本表传真或邮寄至主办方单位,具体方式如下表:

××××(主办方单位)

地址		邮编	
电话		传真	
E-mail		网址	
联系人		手机	

2.会刊文稿征集

会刊文稿的征集可以分为两部分,一部分是需要刊登广告的参展商的相关内容;另一部分是与本次展会相关的专业文章。为使会刊国际化、规范化,应将会刊文稿征集要求进行说明,具体要求如下:

广告文稿要求中英文对照,每位需要刊登广告的参展商填写一份;内容准确无误,字迹清楚工整,英文必须用打印稿;公司简介限200字以内;产品(技术)供求信息限150字以内;截止日期视具体情况而定,一般在展览前1~2个月。

文章内容应与本次展会内容相关或者与本地区的社会、人文、产业、自然等相关,比如,有关本行业的行情动态、业内新闻、发展趋势等,体现本地区雄厚的产业优势、良好的地理位置、悠久的历史文化、优美的自然风光、快速的经济发展等。文章应具有原创性和前瞻性,一般2000~5000字,作者拥有知识产权,如发生抄袭、伪造等知识产权纠纷,责任由作者自负。

3.会刊广告定价

一般展会会刊都提供彩页广告服务,主要面对参展商,是参展商刊登广告的主要途径,也是展会组织者的收入来源之一。目前,基本规格为大16开(210mm×285mm),彩色精印。

广告刊登的费用应视具体情况而定,一般在2000~20000元(其中,对提供有效广告软片和打样者应予以适当优惠)。为使参展商准确无误地了解相关信息,需要设计一个《会刊广告价目及申请表》,将刊登广告的价格分类及要求告知参展商。

会刊广告价目及申请表如表6-2所示。

表 6-2 会刊广告价目及申请表

<table>
<tr><td colspan="7">参展单位：(盖章)　　　　展位号：
电话：　　　　传真：
联系人：　　　　E-mail：</td></tr>
<tr><td>序号</td><td colspan="2">名称</td><td>尺寸(宽×高)</td><td>单价(元/页)</td><td>数量</td><td>小计</td></tr>
<tr><td>1</td><td colspan="2">封面</td><td>285mm×420mm</td><td>××××</td><td></td><td></td></tr>
<tr><td>2</td><td colspan="2">扉页</td><td>285mmx210mm</td><td>××××</td><td></td><td></td></tr>
<tr><td>3</td><td colspan="2">封二</td><td>285mm×210mm</td><td>××××</td><td></td><td></td></tr>
<tr><td>4</td><td colspan="2">拉页</td><td>285mm×420mm</td><td>××××</td><td></td><td></td></tr>
<tr><td>5</td><td colspan="2">书签</td><td>203mm×76mm</td><td>××××</td><td></td><td></td></tr>
<tr><td rowspan="2">6</td><td rowspan="2">跨页</td><td>委托主办方制作</td><td>××××</td><td>××××</td><td></td><td></td></tr>
<tr><td>提供四色软片及打样</td><td>××××</td><td>××××</td><td></td><td></td></tr>
<tr><td rowspan="2">7</td><td rowspan="2">会刊
彩页</td><td>委托主办方制作</td><td>××××</td><td>××××</td><td></td><td></td></tr>
<tr><td>提供四色软片及打样</td><td>××××</td><td>××××</td><td></td><td></td></tr>
<tr><td colspan="7">注：请将本表 E-mail 或传真至：
××××××××展会会刊编辑部　　　　联系人：
电话：　　　　传真：
E-mail：　　　　邮编：
地址：
请将费用汇至：
户名：
开户行：　　　　账号：
回复截止日期：</td></tr>
</table>

注：(1)如参展单位自行设计，必须提供胶片及打样稿。具体设计要求为：单页尺寸 210mm×285mm，双页彩页 420mm×285mm(不含出血线)；广告页面右上角应标注英文展位号，如 BoothNo. 2D15，红底(M100，Y200，C0，K0)白字，英文字体 Arial 加黑，字体大小 12 磅，外框高度 6mm。

(2)参展单位委托主办方设计，必须提供：企业标志(电子)、图片(分辨率 300dpijP9 或 tif)、企业简介(150 字以内)、宣传标语、产品信息、联系方式(以上都要求中英文对照)；翻译费 200 元/页。文字内容要求提供电子文档，请注明广告设计要求。

(二)第二阶段——会刊内容准备与电子稿制作

一般展会会刊内容组成较为固定，最常见的包括：序言、目录、地区概况、企业简介、领导贺词、展会活动、展位分布图、参展商索引、参展企业商品资讯、行业/地区简讯、参展商名录、展览跟踪调查表等。各个部分内容应文字准确，表述应得当，杜绝错别字。

1.序言/欢迎辞

该部分介绍本次展会的重要性、目的性和已取得的成绩以及对展会的期望等内容。特别要介绍一下本次展会来自不同国家和地区的参展商数量、全球知名的大牌企业参展情况、本次展会的创新点和亮点。

2.地区概况

该部分用以介绍展会所在地的地理位置,交通、产业优势,以及近年来本地区在经济、社会、文化等方面取得的成就。还可以介绍一下该地区周边优美的自然风光、旅游资源以及住宿等情况。

3.主办方简介

该部分主要介绍主办企业的企业性质、经营范围、服务宗旨以及政府对本企业、本展会的扶持力度,还包括主办企业名称、地址、电话、传真、邮政编码、网址、电子邮箱、主要产品、认证情况、注册商标等基本信息。

4.领导贺词

该部分包括一些主要领导为本展会所作的题词、贺词以及上届展会参观展览时的情景(照片)等。

5.展会简介

该部分主要介绍本次展览的举办时间、举办地点及其交通状况、上届展会规模、展区设置等。

6.展会活动(日程安排)

该部分介绍展会的具体活动安排,包括活动内容、活动具体时间、活动地点、主办和承办单位。一般活动内容的顺序为:新闻发布会、展会开幕式、展会活动、展商联谊会等。

7.参展商索引

该部分简单介绍参展企业及其所在展馆。

8.参展企业商品资讯

该部分实际是参展企业所做的广告,在设计时按展区或展品类别进行排列。还可以包括:参展企业的基本信息,如单位名称、地址、电话、传真、邮政编码、网址、电子邮箱、主要产品、认证情况、注册商标等;参展企业的新产品、新技术、新材料等;与参展企业产品相关的技术参数及文字说明,如产品名称、型号、材质、产品尺寸、装箱尺寸、颜色、包装、净重、毛重等。

9.行业/地区简讯

此部分包括有关本行业的行情动态、业内新闻、发展趋势等方面以及有关本地区历史、文化、旅游、产业等方面的介绍性文章(主办方可以通过向社会征集得到)。

10. 参展商名录

该部分为会刊的主体，主要内容为对所有参展公司的公司标识、展区展位号、公司性质、经营范围、公司宗旨、联系方式等进行的简介。国际性展览中参展商名录应中英文对照。

11. 展览跟踪调查表

通常在会刊的最后部分会设计一张表格，用来听取参展商和参观者对本次展览各个方面的反映及意见。在展览结束以后将这张表格反馈到主办公司，主办公司则以此作参考，改进、完善今后的展会。

（三）第三阶段——封面、封底等页面美工和排版设计

整本会刊的美工和排版设计要求具有结构合理、内容完整、导读清晰、整洁美观、功能性明确、内页风格一致等特征。

1. 封面和封底的设计

封面设计在会刊的整体设计中占有举足轻重的地位。会刊给观众留下的第一印象就依赖于封面，封面是会刊的“脸面”。好的封面设计不仅能吸引观众目光，而且无形中实现了信息传递。封面设计一般包括展会名称、会标、主办单位、“会刊”或“特刊”等文字元素以及体现会刊内容、性质、体裁的装饰形象。

封底一般都是留给参展商的，当然封底广告费相对要高一些。其设计与会刊内页的广告设计并没有太大区别，但由于位置明显，所以对广告插图和版面设计的要求会高一点。其次，封底的色彩要求与封面相呼应，前后一致，使整个会刊看上去是和谐的整体。也有很多会刊的封底并不放置广告，而是对封面设计的一个延伸，一般内容包括：更为详细的关于展会主办方和承办方的信息介绍，下届展会的相关介绍，以及一些具有鼓动性的宣传口号。

2. 排版设计

排版设计也称版面编排，是技术与艺术的高度统一体。所谓编排即在有限的版面空间里将版面构成要素——文字字体、图片图形、线条线框和颜色色块诸因素，根据特定内容的需要进行组合排列，并运用造型要素及形式原理，把构思与计划以视觉形式表达出来，即用艺术手段来正确地表现版面信息，是一种直觉性、创造性的活动。

排版设计是平面设计中非常重要的内容。它不仅在二维的一面上发挥其功用，而且在三维的立体和四维的空间中也能感觉到它的效果。如包装设计中各个特定的平面，展示空间的各种识别标识之组合，以及都市商业区中悬挂的标语、霓虹灯等。

排版设计也是施展一切视觉传达艺术的大舞台。排版设计伴随着现代科学技术和经济的飞速发展而兴起，并体现着文化传统、审美观念和时代精神风貌

等，被广泛地应用于报纸广告、书刊、包装装潢、直邮广告(DM)、企业形象(CI)和网页等诸多领域。

(四)第四阶段——校样审核

在付印前对会刊校样进行审核，是会刊编辑过程中必不可少的环节。通过校对，可以有效地减少差错，提高会刊质量。

1.收齐校样

在整理校样前，应将封面、扉页、正文、封底等整本会刊所包含的全部校样内容收齐。检查各部分的内容是否准确，并检查它们在书中的位置即装订顺序有无不当。

2.检查页码

由于现用排版软件较为完善，页码的位置一般不会出现差错，主要是检查页码的连续性。各部分之间的页码是否衔接无误，直接关系到最后的总页码是否正确，进而影响到印张、字数的准确性。页码检查的另一项内容是检查页码的字体、字号，最常见的错误是页码版式不统一。

3.检查书眉与脚注

书眉与脚注极易被忽视。除检查全书的书眉与脚注是否统一外，还应注意书眉的内容与正文是否一致。脚注的检查主要是检查其序号与正文的序号和内容是否一致。

4.检查图、表

主要检查图片的格式、像素等是否适合印刷；图表序号是否连贯，是否有缺号、跳号或重号的问题。

5.检查目录与内容是否一致

目录是会刊内容的标题汇总，审核时首先要检查目录内容与正文是否一致，其次要看目录所标页码与实际页码是否无误。核对时，最好用一人读一人查的方法，这样出错的概率较小。

图片与相应的表述文字是否配套，有无错位，也是很重要的检查内容。由于会刊中的内容非常多，编辑时间比较紧，很有可能将图放错位置，甚至将图丢失。因而，在校对会刊时有必要对参展商刊登的广告进行仔细校对。

(五)第五阶段——出片、打样、印刷

这是会刊设计与制作的最后阶段。首先把制作好的会刊电子稿送至专业的发片公司进行发片和打样，对打样稿进行最后一遍校对。这时候如果发现有错误还可以进行弥补，如果到印刷完毕才发现错误就太晚了。最后是印刷、过胶、装订等工序，至此完成了会刊的全部制作。

思考与练习

1. 参展邀请函主要包括哪些内容?
2. 观众邀请函主要包括哪些内容?
3. 会刊制作分哪几个阶段?

实训项目

请小组为拟做展览会设计参展商邀请函。

附：展览邀请函设计

×××展览邀请函设计框架

一、前言(展会简介、市场背景、目的意义)

二、展会主题

要求:简洁、易被理解及传达、有时代感

三、展会的时间、地点、组织机构、展会规模、展会组织形式

1. 时间
2. 地点
3. 组织机构
4. 展会规模
5. 展会的组织形式

四、展示内容

五、定价及其他广告形式及定价

六、宣传计划(列示要点)

七、展会亮点(备选)

八、历届展会分析(备选)

九、参展流程

十、联络信息

十一、参展申请表

第七章

展览会的宣传与推广

学习要点

●展览会宣传与推广的目的、方法与原则

●展览会宣传与推广的内容

●展览会宣传与推广的手段

●展览的网络营销

引导案例

北京国际科技产业博览会的宣传与管理

一、科博会的由来与发展

中国北京国际科技产业博览会是经国务院批准，中华人民共和国科学技术部、商务部、教育部、信息产业部、中国贸促会、国家知识产权局和北京市政府共同主办，北京市贸促会承办，每年5月定期在北京举办的国家级高新技术产业国际交流与合作的盛会。

中国北京国际科技产业博览会(第一至四届为“中国北京高新技术产业国际周”)1998年5月在北京举办首届。自2000年第三届起，国务院批准每年5月在北京定期举办。按照组委会领导提出的“打造国际品牌博览会”目标，第五届起正式更名为“中国北京国际科技产业博览会”。

到目前为止，科博会已连续举办8届，先后有百余个国家和地区的近500个政府和科技经贸代表团组、数百家高技术跨国企业参加科博会，全国31个省、自治区、直辖市和香港、澳门特别行政区政府及高新技术产业界、金融界多次齐聚科博会，展开大规模招商推介活动，参加科博会的以国内外高新技术业内人士为主的各界人士近280万人次。

科博会正在成为外国跨国企业最新技术产品进入中国市场和中国自主创新

的科技成果走向国际市场的首选窗口之一，在8届展览会搭建的数十万平米展台上，先后有12148家国内外高新技术企业和科研院所推出了自己居国内外领先地位的高技术产品。

8届科博会共举办了132个专题、千余场次高层论坛和专项交流活动，其前瞻性、权威性和高层次构成了历届科博会最大的亮点之一，先后有2900人次的境内外知名科学家、经济学家、诺贝尔奖获得者、全球500强企业首脑、世界著名金融投资机构高层决策人及共和国部长们到会演讲，将世界高新技术发展的最新科技成果和新经济最前沿的思想理念介绍到中国，同时将中国产业发展的最新政策、规划、趋势传播到世界。

科博会先后举办63场涉及国内外投资合作、技术贸易、奥运商机、城市发展重点项目、政府采购、技术成果拍卖等多层次、宽领域的双边、多边项目对接洽谈活动，来自国内外的5万多家企业参加了对口洽谈。

据不完全统计，8届科博会签约的国内外合资合作、技术贸易、产品贸易等合同、协议、意向达2950多个，总金额378亿美元。

科博会已成为国内外高新技术产业及相关业界展示前沿科技、获取最新思想、传递产业信息、链接产业合作的国际化、标志性活动平台。

科博会所创建的集展览、论坛、经贸项目洽谈为一体的新型会展模式正被运用于国内诸多会展活动中。

二、宣传阵容

科博会的强大宣传阵容如下：

1. 中央电视台
2. 中央人民广播电台
3. 中国国际广播电台
4. 海峡之声广播电台
5. 中国教育电视台
6. 北京电视台
7. 北京人民广播电台新闻台
8. 北京城市管理广播电台
9. 新华社
10. 中国新闻社
11.《人民日报》
12.《人民日报》海外版
13.《经济日报》
14.《科技日报》

15.《国际商报》
16.《光明日报》
17.《中国日报》
18.《中国贸易报》
19.《中国青年报》
20.《金融时报》
21.《中国经济导报》
22.《中国经济时报》
23.《中国高新技术产业导报》
24.《经济参考报》
25.《中国改革报》
26.《人民政协报》
27.《中国电子报》
28.《中华工商时报》
29.《中国财经报》
30. 中国产经新闻
31.《大众科技报》
32.《科学时报》
33.《中国信息报》
34.《北京日报》
35.《北京晚报》
36.《北京青年报》
37.《北京晨报》
38.《北京现代商报》
39.《竞报》
40.《北京娱乐信报》
41.《法制晚报》
42.《劳动午报》
43.《京华时报》
44.《新京报》
45.《第一财经日报》
46.《华夏时报》
47.《中国企业报》
48.《中国质量报》

49.《法制日报》

50.《中国知识产权报》

51.《中国国门时报》

52.《中国医药报》

53.《中国中医药报》

54.《中国证券报》

55.《财经时报》

56.《健康报》

57.《中国纺织报》

58.《中国经营报》

59.《北京汽车报》

60.《燕赵都市报》

61.中国科技产业杂志社

62.北京月讯杂志社

63.中国展览杂志社

64.中外会展杂志社

65.中国展会杂志社

三、科博会的宣传组织

科博会组委会办公室新闻宣传部负责科博会的新闻宣传工作，并与网络业务部共同组建科博会新闻中心。新闻中心的主要职责包括：制定和执行科博会新闻宣传方案、联系科博会各项活动承办单位并搜集新闻素材、发布科博会筹备进展情况、编印科博会快讯、举办新闻发布会、负责媒体接待与合作、更新科博会网站新闻中心栏目、与主要媒体确定科博会采访报道方案、记者注册、编印媒体采访手册、发放科博会会报、举办科博会好新闻评比活动等。在2005年5月23日至27日科博会举办期间，组委会办公室在科博会主展场——中国国际展览中心增设大会新闻中心，为现场采访的记者提供信息咨询及办公服务。

新闻中心编印的《科博会快讯》以信息共享为目标，向新闻媒体、组委会各机构、参展参会单位和社会公众提供科博会最新动态信息。主要由“新闻快讯”和“经贸快讯”两部分组成：“新闻快讯”主要面向媒体，目的是便于媒体及时、准确地了解科博会；“经贸快讯”主要面向参展参会单位，发布科博会的重要技术、项目、贸易、参会企业等商务信息，为相关企业、机构提供决策参考。“新闻快讯”发布在科博会网站新闻中心栏目上，“经贸快讯”发布在科博会网站“热点商机”栏目上。

科博会组委会办公室为新闻媒体提供广泛的服务：科博会新闻快讯、科博会电子刊物订阅、记者参会指南、高分辨率新闻照片。

资料来源：第九届中国北京国际科技产业博览会（http://www.chitec.cn）

案例分析

展览会的成功离不开宣传与推广工作，科博会成功地运用了电视、报纸、网站、活动等多种宣传与推广的手段。同时，组委会利用其展品具有创新性、参展企业的知名度高等特点，吸引大量新闻媒体对其进行宣传报道。组委会服务新闻媒体的做法，也为新闻媒体提供了方便，这也是其宣传与推广工作取得成功的又一表现。展会本身是一个媒体，但展会媒体和其他媒体结合既是展会媒体自身发展的一个重要手段，也是它发挥最大营销功能的一个手段。

第一节　展会宣传与推广的目的、类型及原则

展会成功与否的重要标志之一即是参展数与参观数，文化展会以此实现文化主题的推广，商业展会以此实现经济效益.参加者的多少直接影响展会的规模、效果以及收益。随着展览业的不断发展，如何塑造品牌展会的长期影响力和良好的声誉成为展会组办方的一大重要课题。展会宣传是吸引参加者、推广展会主题、树立展会品牌的重要手段，展会宣传的具体执行也应全方位立体化，通过综合运用各种宣传手段实现最佳的宣传效果。

在展会准备期间，宣传与推广工作力图调动各种巧思妙计宣传展会的魅力，让更多的人积极参观参会。这样，有必要拟定一个战略性计划，分析开展宣传活动的最佳时机及达到最佳宣传效果的方法等。

宣传活动的手段是多样的，可以利用电视、电台、报纸、杂志等媒体，也可以借助广告招贴画、宣传册、传单、横幅、旗帜、会标等。将这些宣传手段、道具巧妙组合加以利用是十分重要的。

一、展会宣传与推广的目的

（一）提升展会的知名度

展会知名度分为四个层次：第一，无知名度，即展会的目标参展商和观众根本就不知道该展会及其品牌；第二，提示知名度，就是经过提示后被问者会记起某个展会及其品牌；第三，未提示知名度，即不必经过提示被访问者就能够记起某个展会及其品牌；第四，第一提及知名度，就是没有任何提示，当一提到某一种题材的展会时，被访问者就立即会记起某个展会及其品牌。提升展会品牌知名度，就是要使展会品牌逐步从无知名度走向第一提及知名度，这样，展会才会被其他目标参展商和观众作为首选的对象。

(二)扩大展会的品牌认知度

品牌认知度是指目标参展商和观众对展会的整体品质的感知程度,即参展商和观众对展会的品质作出的判断,对展会的档次作出的评价。

品牌认知度对于展会发展具有重要意义。首先,它可以为目标参展商和观众提供一个参加展会的充足理由,使本展会能最优先进入他们参展(参观)选择考虑的范围;其次,使展会定位和展会品牌获得目标参展商和观众的认同,提高其参加展会的积极性;再次,有助于展会的销售代理展开招展和招商工作;最后,可以提高展会的"性价比",创造竞争优势,促进展会进一步发展。

(三)努力创造积极的展会品牌联想

展会品牌联想是指在目标参展商和观众的记忆中与该展会相关的各种联想,包括对展会的类别、展会的品质、展会的服务、展会的价值和顾客在展会中的利益等的判断和想法。

展会品牌联想有积极的联想和消极的联想之分,积极的展会品牌联想有利于强化展会的差异化竞争优势,使目标参展商和观众对展会的认知更全面,并可帮助目标参展商和观众进行参展(参观)选择决策,促成其参加本展会。展会品牌经营的任务之一,就是通过各种营销手段,努力促使目标参展商和观众对展会产生积极的品牌联想,避免产生消极的品牌联想。

(四)不断提升目标参展商和观众对展会品牌的忠诚度

目标参展商和观众对一个展会品牌的忠诚度越高,就越倾向于参加该展会,否则,很可能抛弃该展会而去参加其他展会。

品牌忠诚度可以分为五个层次。第一,无忠诚度。参展商和观众对某展会没有什么感情,可能随时抛弃该展会而去参加其他展会。第二,习惯参加某展会。参展商和观众基于惯性而参加该展会,实际上处于一种可以参加该展会也可以参加其他展会的摇摆状态,容易受竞争展会的影响。第三,对某展会满意。参展商和观众对该展会基本感到满意,不太愿意参加其他展会,因为对他们而言,不参加该展会而去参加其他展会存在较高的时间、财务和适应性等方面的转换成本。第四,情感参加者。参展商和观众真正喜欢某展会,对其有一种由衷的赞赏,产生深厚感情。第五,忠实参加者。参展商和观众不仅积极参加某展会,还以能参加该展会为傲,并会积极向其他人推荐该展会。

提升目标参展商和观众的品牌忠诚度,就是要不断扩大展会的情感参加者和忠实参加者队伍,使本展会成为行业的旗帜和方向标。拥有较多品牌忠诚度的参展商和观众的展会,必将成为该行业中最著名和最具影响力的展会。

二、展会宣传与推广的类型

(一)显露型宣传推广

以迅速提高展会的知名度为主要目的，宣传推广的重点是展会的名称、办展时间和办展地点等简单明了、便于记忆的展会信息，让人知道有这么一个展会，至于展会的详细内容则不作过多介绍。这种宣传推广多在展会创立的初期实行，或者是在展会已经有了一定的名气后作为对客户进行定期的提醒之用。

(二)认知型宣传推广

主要目的是使受众全面深入地了解展会，增加受众对展会的认知度，宣传推广的重点是展会的特点、优势等较详细的内容。这种宣传推广多在行业对本展会已经有了一些初步了解之后，展会作进一步的招展和招商时使用。

(三)促销型宣传活动

主要目的是为了在短期内推动展会展位的销售或者招揽更多的观众到会参观，宣传推广的重点是参展商或者观众所关心的主要问题。这种宣传推广多在展会招展和招商时使用。

(四)竞争型宣传推广

主要目的是与竞争对手展开竞争，宣传推广采取与竞争对手针锋相对的措施，是一种针对性很强的宣传推广活动。这种宣传推广多在本展会受到竞争威胁，或者本展会欲与其他展览展开竞争时使用。

(五)形象型宣传推广

主要目的是扩大展会的社会影响，建立展会的良好形象，不单纯追求短期销售的增长；宣传推广的重点是追求目标受众对本展会定位及形象的认同，积极与其进行信息和情感的沟通，增加其对展会的忠诚度和信任。这种宣传推广几乎可以在展会筹备的任何阶段实施。

三、展会宣传与推广策划的原则

(一)成本原则

展会的首要目标是生存，然后才是发展问题。展会在宣传与推广时一般都会有成本的付出，所以，在进行展会的宣传与推广的策划时要考虑成本的因素。

(二)市场导向原则

要从展会目标参展商和观众的需求出发，通过展会广告来促成目标参展商和观众对展会的认同，促成展会与参展商及观众之间建立起一种共赢共荣的关系。

(三)目标性原则

要通过展会广告来使展会在业界知名，赢得目标参展商和观众对展会品质的认知，提高其对展会品牌的忠诚度，带给其积极的展会品牌联想。

(四)系统性原则

展会广告执行本身是一个富有层次性的系统工程，要具有全局的视野、多层次的协调、多角度的长远规划。

（五）针对性原则

展会广告的主要对象是展会的目标参展商和观众、展会的服务商以及办展机构自己的员工，极富针对性。

（六）诚信原则

许多著名展会最终走向没落有一个共同的原因，就是这些展会都没有实现自己最初对市场所作出的“承诺”，不管这种“承诺”是出自展会对市场的明示，还是来自展会对市场的暗示。一旦市场发现自己被某展会广告所欺骗，市场就会毫不犹豫地抛弃该展会，该展会也就没有了立足之地。

第二节 展会宣传与推广的内容

所有的展会都需要一定形式的宣传推广工作，商业性展会宣传的重点在于展会的主旨和效果，文化性展会宣传的重点在于展会的定位与档次。小型展会特别是短期展会宣传的重点是时间、地点等与展会直接相关的信息，大型展会尤其是长期展会宣传的重点则在于展会的主题及相关活动。

展会的级别与目的不同，其宣传与推广的内容也有所不同，以下所介绍的宣传与推广内容不一定会同时出现在某次展会过程中。

一、展会基础资讯的宣传与推广

各种展会都需要向参加者详细介绍展会的一切基础资讯，包括：

1. 开展的时间、场馆地点、交通住宿、会务组接待、展会时限等；

2. 参展者情况、往届展会效果、社会评价等；

3. 参展要求与条件等。

以上宣传内容主要是针对参展方，比较简单的做法是将所有基础资讯编订成册，印发邮寄或进行人员推广。

二、展会相关的活动的宣传与推广

展会举办过程中往往会安排一些活动，一方面丰富展会的内容，另一方面也可以有效吸引参观者，这些活动不仅是展会的有效构成部分，对于一些有特定主题的展会甚至可以说是展会的重中之重。

展览会中的活动指的是开幕式、闭幕式、民族风格的表演、场内特设舞台上演的节目、音乐会、主题讨论会、研究会等。会期中若每天都能欣赏到富有魅力的各种表演活动，则能够增加整个展会的魅力，成为吸引更多观众前往参观的重要因素之一。

根据活动的类别划分，可将其归纳为：

1. 正式活动，由主办者举行的前夜典礼、开幕式、闭幕式等正式活动；

2. 主题活动，围绕展会主题进行的讨论会、研究会、电影节等；

3. 交流活动，出展单位举办的活动；

4. 一般活动，音乐演奏会、电影、街头表演、盛装游行等；

5. 市民参加活动。

展会期间活动的宣传与推广可以在很大程度上帮助展会聚集人气，凸显风格，形成品牌效应。特别是大型展会如世界博览会，都将一些重要活动带人展会过程，不仅在展会场地进行，更可以将活动延展至整个城市，从而实现更大的社会效应和经济效应。在这方面完全可以借鉴一些比较成功的城市文化活动的案例。

丰富多彩的活动可以提升展会的人气，打破展会相对沉闷的气氛，为参展方提供更多的宣传途径。因此，展会过程中的各种活动也是展会宣传和推广中的一个重要部分。

三、展会品牌的宣传与推广

将自己举办的展会逐步培育成在国内外有重大影响力的品牌展会，是一个展会主办单位不懈的追求和执着的梦想。品牌展会都是通过卓有成效的品牌经营才培育出来的，展会品牌经营是展会进行市场竞争最有效的手段之一。在形成品牌产权之后就是以经营品牌的观念来经营展会，将展会培育成品牌，并通过展会品牌来加强展会与参展商和观众的关系。展会品牌经营的主要目的，是通过对展会进行品牌化经营来提高展会的影响力和市场占有率，并努力使本展会在该题材的展览市场上形成一种相对垄断，因此，展会品牌的宣传与推广应着力于特性与排他性，在宣传过程中突出品牌展会在行业或领域中的不可替代性。

企业也通过负担举行这类活动的一部分或者全部资金的方式获得向来场观众宣传本企业的商品或企业自身的好机会。另外，为了设立举行活动的专用舞台，还需舞台装置布景、音响、照明等业务方面的专家的协助。

第三节 展会宣传与推广的手段

展会宣传与推广在执行手段上是多种多样的，应根据财力、人力以及展会本身的特性选择组合使用。当前比较常用的手段包括广告、新闻宣传、公共关系以及现场演示等。当然，传统的人员推广模式仍是适用的，特别是作为展会的组织者，利用现有条件开展与参展方之间的直接推广仍是相当有效的方式。特别是作为展会组织者的政府部门、行业协会等,可以采用直接发函、人员联系的手段进行相关的宣传与推广工作。

必须看到的是,展会的市场化程度越高,其宣传与推广工作对市场化的运作方式的依赖也就越强,因此,以下主要介绍几种市场化操作中常见的宣传推广方式。

一、人员推广

人员推广是一种人际交流,是一种直接的宣传方式,展出者通过与目标观众实际联络,告知展出情况,邀请其参观展览。会展的人员推广方式主要有发函、打电话、传真、拜访等,其他工作人员推广工作的成本较低。

展览的电话营销,是指办展机构的营销人员通过电话直接向目标参展商推销展会的一种营销方式。电话营销不仅仅是电话促销,电话销售的营销人员不仅通过电话进行展位促销,还进行市场调查、目标客户的确定、市场定位、提供咨询、处理投诉等多项营销活动。电话营销比直接邮寄的针对性更强,它直接将电话打到客户那里,直接与目标客户对话,可以直接得到他们的反馈。另一方面,由于电话一般是直接打到客户那里,如果实施不恰当,可能会引起客户的反感。所以,在进行电话营销时,营销人员要注意在合适的时间给客户打电话,要在电话中公开自己及公司的身份和地址等,并如实地介绍自己的展会,不能有意夸大事实甚至欺骗客户。

发函就是将各种资料直接寄给潜在的参观者,并邀请他们参观展台。直接发函是一种直接的、单向的宣传方式。直接发函是会展业最常用的宣传方式,也是成本效益最佳的宣传方式。直接发函工作要根据需要和预算安排工作量。可以在展出者所在地安排,也可以派人或委托人在展览会所在地安排。

信函可以采用一些特别方式,比如礼品、贵宾卡等。礼品本身可能没有多大价值,但是收到者却更有可能因收到礼品而愿意前来参观展台。另一种方式是寄奖券,凭其在展台索取小礼品,或者用抽奖方式发大礼品。礼品或奖券应当与展出内容有关。贵宾卡用于最重要的客户,当他们前往参观展台时凭此卡便会立即受到特殊接待。

直接发函可以利用专门的发函公司。这类公司在发达国家已经很普及了。可以委托其办理直接发函,但是事先须了解发函公司更新邮寄名单的周期,以便确定其质量。展出者也可以从发函公司购买邮寄名单自己邮寄。好的展会组织应建立目标观众的数据库,按行业、地区、产品兴趣、公司规模大小等标准分类,展出者可以无偿或有偿利用。由于现代信息技术的迅速发展和普及,利用电子邮件、传真等发送邀请的现象也越来越普遍。

是一种直接的、双向的宣传方式,是加强宣传效果的一种措施。直接联系工作主要包括电话联系和登门拜访。直接联系的覆盖面仍是已知目标观众。

用电话邀请，被邀请人比较难拒绝。商界人士大都讲究信誉，一旦答应往往不会食言。拜访是一种比较特殊的方式，由于成本高，因此只针对少数最重要的客户。这类客户参观展台或者有巨大的商业价值，或者有很大的新闻价值。发函、电话、拜访等工作方式可以结合起来进行，如先发邀请函，继而打电话邀请，最后上门邀请。

二、广告

广告是会展宣传的重要方式，也是吸引目标观众的主要手段之一。会展广告的范围可能覆盖已知的和未知的所有目标观众，可以将展出情况传达到直接联络所遗漏的目标观众，还可以加强直接联络的效果。这是覆盖面最广同时也是最昂贵的展览宣传手段，因此对广告安排要严格控制。登广告要目标明确，根据需要、意图和实力安排，不要受竞争对手的影响，也不要完全听从广告公司的劝说。

广告预算决定广告规模，要根据需要和条件决定预算。如果经费充裕，可以多在几家报刊上做广告；如果经费有限，则可集中力量在少数影响大、效果好的报刊上做广告。不少人错误地认为花钱越多广告效果就越好，实际上广告开支与效果不一定成正比。选择合适的媒体才是降低成本、提高效率的最好办法。广告的时间也需要安排，在一般情况下，不要将广告集中安排在展会开幕前几天，而应该在3～4个月前就开始并持续刊登，时间间隔要事先安排好。连续刊登广告有利于加深客户的印象。广告不仅可以安排在展会之前还可以安排在展会期间和展会之后。展后广告的主要目的在于在客户心目中形成持久的印象，促进实际成交。

刊登广告的媒体选择标准主要看其对象，如果媒体的对象是展出者的目标观众，那这个媒体就是合适的媒体。如果是消费性质的展出，则可以选择大众传媒，包括大众报刊、电视、电台、网络、人流集中地的招贴、旗帜等；如果是专业性质的贸易展出，就要选择使用生产和流通领域里针对目标观众的专业媒体，包括专业报刊、内部刊物、展览刊物、专业网站等。

(1)大众传媒选择。大众传媒面向大多数人，覆盖面大，影响力是其他媒体所不能及的，当然费用也是最高的。

(2)专业刊物选择。专业刊物是指生产、流通领域的专业报刊杂志，它是贸易展出者做广告的主要选择。

(3)户外广告方式选择。户外广告成本较低，效果却不错。因为它能够制造一种氛围，使人感到展览会的宣传攻势。户外广告主要方式有海报、广告牌、广告条幅等。

(4)其他的广告方式。使用报刊广告的一种方案是夹页,即在展览会前夕在重点刊物中设广告夹页。夹页广告上可以印有参观邀请,供参观者剪下使用。

三、新闻宣传

新闻宣传费用一般较低,因为通常情况下新闻采访与报道是免费的,同时新闻报道的可信度较高,效果不错。新闻宣传必须在展会之前、期间和之后连续进行。展会组办方一般都在展会期间设有专门的新闻宣传部门,该部门的工作人员具有良好的媒体背景,熟悉新闻宣传的手段与一般规律,并能够与专业媒体人员有效沟通,和记者、编辑、摄影师、专栏作家等都能够保持联系。良好的人际关系有助于获得媒体的最大支持以及积极、正面的报道。

新闻宣传工作的一般流程如下。

(1)任命新闻负责人,开始联系委托代理,收集、整理、更新目标新闻媒体和人员名单。

(2)制定新闻工作计划。

(3)举办记者招待会,发布展会基本信息。

(4)收集媒体报道情况,如果在展会期间对记者作出过许诺,一定要尽快予以实现或告知何时实现。

(5)向未能参展的记者寄发资料。

(6)向出席记者招待会、参观展览的记者发感谢信,向所有记者寄展会新闻工作报告。

(7)迅速、充分地回答新闻报道引起的读者来信。

(8)与媒体保持联系。

在新闻宣传工作中,展览组办方特别需要注意新闻稿、新闻图片。新闻稿是展出者提供给媒体的主要和基本的新闻资料,质量高、内容新、符合新闻写作要求的新闻稿被广泛应用的可能性就高。好图片可以较直观地体现展会现场的效果或主题,好图片比好文章更易被采用。

四、公关活动

为扩大展会影响、吸引观众、促进成交,展会主办方往往也要通过会议、评奖、演出等公关手段对展会进行宣传。这些公关活动通常不是单纯地为展会服务,还兼顾政策宣传、文化交流等社会责任。公关活动不仅可以帮助组办方争取到更多的来自当地政府的支持,同时也可以有效地在参观者中引起共鸣。

报告会、研讨会、交流会、说明会、讲座等会议形式是展会过程中最普遍的公关手段。一般会议中可以吸引行业管理者、决策人物、专家、学者到来,这些人往往具有相当的影响力,参展商和参观者往往希望通过参加会议获得如国家经济动向、政策发展、法规变动等信息;技术咨询会中不仅可以对新技术、新领域进行专业探讨，同时也能够为技术转化提供平台。

评奖活动的公关效果更为明显。一般由展会组织、参展方参加。评奖团多由专家组成，评奖结果通过媒体宣传。例如一年一度的由《南方日报》集团等举办的广州房地产交易会过程中都会评出当年最佳楼盘、最佳开发商等多个奖项，不仅大大调动了参展商的积极性，同时也增强了参观者对展会的信赖感。

各种演出活动往往与促销结合，由公关公司负责完成。

展会宣传推广工作虽然日益受到重视，但由于预算安排的约束，花在宣传推广上的费用仍是比较有限的。作为组办方，可以采用集资—回馈的方式吸引社会捐助和商业赞助等。

（一）集资方式

采取社会捐赠和商业赞助等方式。

（1）社会捐赠。社会捐赠的形式可以是货币捐赠，也可以提供实物或服务等方式捐赠，如捐款、捐赠物品以及提供免费住宿、餐饮和交通等接待服务。

（2）商业赞助。为赞助企业提供多种形式的回报，使赞助企业能够实现其合理的商业目的，商业赞助主要为资金赞助与实物赞助等。

（二）回馈方式

授予赞助商荣誉，如将赞助单位作为活动的协办（赞助）单位；或授予赞助单位负责人荣誉称号，并颁发荣誉证书等。

（1）提供媒体广告。活动期间，媒体赞助商可选择广告媒体和广告方式免费刊播相应数量的广告。

（2）授权冠名活动。活动期间，把活动的冠名权授予赞助商，在举办活动前与赞助商联合召开新闻发布会，并在媒体上发布祝贺广告；为活动冠名企业提供免费现场广告；在与活动有关的各种宣传资料和票证上、主要活动标识物上标示带有冠名的活动全称；要求各指定媒体在宣传报道活动时必须报道带有冠名的活动全称等。

（3）提供区域广告。活动期间，根据赞助商的贡献，在指定区域为赞助商制作、放置广告标牌、设置彩虹门、投放空飘汽球等。

（4）指定产品。可根据赞助商的要求，将其产品确认为活动指定产品。

（5）标志产品。允许赞助商在其产品和服务中，使用活动的标徽、吉祥物及其他归活动组委会所有的图片、文字和标识。

（6）特约消费场所。可将赞助企业作为特约消费场所，并在相关媒体上公告（活动组委会所需的相关服务原则上由被指定的赞助商提供）。

（7）邀请赞助企业负责人参与展会重要活动。展会组委会邀请赞助单位领导参加活动的开幕式等大型活动，并给予贵宾礼遇。

以上这些方式可以有效解决展会宣传推广的费用问题,从而更好地实现展会的预期目标。

第四节　展览的网络营销

网络营销是通过网络进行的产品销售活动,这是现代展览营销体系的重要组成部分。

一、网络营销基本概念

(一)网络营销的含义

网络营销活动是借助网络技术和网络渠道所进行的营销活动。网络营销概念的外延,即网络活动的范围,是传统营销理论与实践在网络环境下的应用与发展,是整体营销体系的网络子系统。从网络营销概念内涵与外延的界定上不难看出,网络营销的实质不是简单的网络技术应用,而是网络化的市场营销活动。网络营销也不单是网上销售或网上广告,而是市场营销战略在网络环境中实现途径的综合体现,包括企业形象塑造、市场策略组合、预定销售、客户调查、市场调查、营销评估等各个方面。同时,网络营销是企业整体营销体系的组成部分,必须与总体营销目标保持一致,与各种传统营销手段互补协调。在此意义上,可以把网络营销定义为企业市场营销总体战略在网络环境下的具体体现与实施。

(二)网络营销的特点

网络营销与传统营销的最大差别,在于市场营销活动所凭借的中介媒体由传统的报刊杂志、信函、电视广播等转换为新型的互联网络。基于网络的展览营销具有全天候、跨国界、即时性、交互式、多媒体甚至媒体拉式与推式功能兼备等明显优于传统营销方式的特点。企业以网络为平台在产品售前、售中、售后各环节展开全程市场营销活动,充分发挥网络技术优势和功能,最大限度地满足客户需求,以达到开拓市场、树立形象、促进销售和增加利益的经营目的。

(三)网络营销的基本形式

从展览机构利用网络资源和技术的深度和广度来分,网络营销包括利用网络媒体登载广告、利用电子邮箱进行邮件营销和利用网站进行全方位网络营销三种基本形式。

从展览机构网络营销的具体功能来分,网络营销包括网上调查、网上形象塑造、网络产品展示、网络促销、网络分销、网络公关、网络客户服务等形式。

二、网络营销的实施

(一)试探营销阶段

展览机构开展网络营销，首先要了解和掌握基本的网络知识，其中既包括书本知识也包括网络体验。在了解了互联网各种营销功能和开展网络营销所需条件之后，企业一般会根据自身营销资源的状况和营销战略目标的要求，形成是否开展这种营销活动的意向。如果形成肯定的意向，企业决策者便可委托专业网络营销咨询公司进行网络营销开发可行性研究，编制网络营销发展战略、发展计划和近期实施方案。

（二）电子邮件营销阶段

展览机构经过试探营销阶段，对互联网各种营销功能和开展网络营销所需条件已有全面了解。一些实力雄厚或营销战略急需网络技术的大型活动机构可能一步到位，根据专业网络公司提供的网络营销发展战略、计划和实施方案进行网站建设和网站营销。但是，对于大多数展览机构而言，更理想、更现实的选择是首先进行投资小、见效快的电子邮件营销。

展览机构在这一阶段对网络营销有了较为系统的认识，开始招聘必要的网络专业人才，并制定网络筹建的财务预算。此时，多数展览机构会主动与专业网络公司联系，申请本机构在网络公司网站的专用电子邮件信箱，以该网站进行各种电子邮件营销活动。

（三）网站营销阶段

经过前两个阶段的实践积累，展览机构已经具备在企业营销战略需要的时候开展全方位网络营销的思想基础和技术知识基础，其中一些机构开始建立自己的独立网站，或委托专业网站代理本机构在网络营销业务，进入更高层次的网站营销阶段。

展览机构的工作重点转移到网站建设上来，包括域名申请、网站规划、网页制作、网站发布、网站推广以及网站管理和维护等。

思考与练习

1. 展会宣传与推广的目的是什么？
2. 展会宣传与推广有哪些类型？
3. 展会宣传与推广策划的原则是什么？
4. 展会宣传与推广的内容有哪些？
5. 请比较展会宣传与推广的各种手段。
6. 展览网络营销分哪几个阶段？

实训项目

撰写拟做项目的宣传与推广方案。

附：宣传与推广方案框架

×××展览营销方案框架

任务一：营销方案。

一、营销环境分析

1.产业营销特点概括(同类展览在营销时所表现出的特点)

2.展会营销的内外环境分析(举办展览所面对的具体营销环境)

二、产品(服务)

1.产品(服务)形式(展览、展览＋论坛、展览＋活动等)

2.产品(服务)的要点描述(对展览会的质量有关键影响的要素)

三、价格

1.价格

2.定价方法

3.定价理由

四、渠道

五、宣传与推广

1.宣传与推广目标

2.宣传与推广形式

3.媒体的选择

4.宣传与推广进程安排

5.预算

任务二：列示所选择媒体的基本广告报价。

第八章

观众组织与管理

学习要点

●观众的来源

●观众组织的方式

引导案例

××展览观众组织方案

一、观众组织分类：分为专业和非专业

二、专业观众的组成部分

1. 生产单位；

2. 客户单位；

3. 贸易单位；

4. 教育科研单位（如装饰展中的艺术院校）；

5. 行业协会。

三、专业观众组织方案

展前分为两部分（准备阶段和实施阶段）。

（一）会议介绍及推广宣传

1. 选定在国内外有影响力的报刊、专业杂志上刊登广告，发布展会信息（详见宣传广告计划）。

2. 通过国际和国内专业网站发布展会信息，介绍大会主题、参会厂商情况、会议日程安排、主题演讲等，突出大会鲜明特色，吸引目标群体。

3. 建立大会中英文官方网站，与同类行业网站链接宣传，发布展会信息。在网上搜索，挖掘专业观众。在官方网站开放专业观众注册窗口，收集并回复专业观众的注册信息，并按要求寄出参观券。

4. 印制参观券20万张，组织国内外专业观众参观展会。为每家展商提供50～100张免费门票，便于每家展商自行组织观众。

5. 与国际旅行社合作，通过海外协会向海外观众进行宣传，邀请其参观展会。

6. 通过各使领馆向海外介绍展会，散发门票，扩大展会知名度。

7. 专业数据库直投。为保证观众质量，对数据库作精心筛选，选取有效受众作为直邮对象，将会议前瞻寄达目标观众，以百万数量级的专业数据库精确发放信函、传真、邮件，与业界受众建立一对一沟通关系，进一步吸引参观者。

（二）实施

1. VIP买家邀请。通过支持单位和主办单位在行业中的主导地位，以及承办单位长年举办展会的丰富经验，设计制作不少于20万份精美请柬，配合密集的广告宣传推广，采用实地调查、上门拜访、专人派送和挂号邮寄等方式向最合适的用户发放，如高级采购商、代理商、经销商等。

2. 特殊邀请。向有关政府机构、特定商会、技术学会及相关协会、信息中心赠送特别邀请函，增加观众的含金量。

3. 展会前期，先后两次向国内外业内人士、买家直接邮寄展前预览、展讯资料，挖掘潜在的观众，收集最新专业观众信息，充实已有观众信息库；根据观众来源分类情况，在直接用户中详细征询参观意向，并跟踪联系，确保本届展览会观众中专业人员比例达到70%以上。

4. 电话直接沟通：与专业Call Center合作，一对一精确推介。

5. 会前一周，召开新闻发布会。邀请媒体约30家，包括专业媒体、大众媒体、电台及电视台记者，通报活动具体准备情况，介绍特色内容，请他们继续作会中及会后的系列报道。

四、展中

同期举行相关专业协会会议，组织专业观众。通过展会同期举行的其他活动，如国际研讨会，组织与会人士参观本届展览会等，使交易会除具专业性外更具娱乐性，让观众在购买商品的同时体验到浓郁的本行业的文化气息。

五、展后

1. 观众统计分析报告。

2. 机构分析报告等。

3. 后续新闻报道的收集整理。

4. 演讲内容汇编，出版光盘论文集。

六、公众部分的组织

印刷会刊约10000份，分发给参会者和当天听众及观众；数十万邀请函、招贴画、请柬等平面广告通过报纸加页等方式大量派送。

案例分析

观众是展览会的必要组成部分，把观众看成是展览会的资产还是成本，决定了展览组织方对待观众的态度。视观众为成本，带来的是短期的成本节约，但从长期来讲，失去的可能是整个展览项目的未来。视观众为资产，则是找到了经营展览项目的一个重要法宝，是展览项目取得长期发展的重要保障。

第一节　观众的来源

和展会招商需要有目标参展商数据库一样，展会招商也是建立在有一个完整而实用的目标观众数据库的基础之上的。一个好的目标观众数据库是进行展会招商策划和制定展会宣传推广方案的重要基础，也是策划和制作展会通讯和观众邀请函的基础。

所谓目标观众，就是指专业观众和有效观众。这些观众可能是该展会展览题材所在行业的人士，也可能是与该题材所在行业有关联的行业的人士。目标观众是展会招商主要的目标客户范围，展会招商是在了解上述观众所在行业、观众的基本数量、需求特征和分布状况的前提下进行的。因此，建立一个完整实用的目标观众数据库，对展会招商具有十分重要的作用。

一般来说，展会的目标观众的范围比其目标参展商的范围要广，其涉及的行业也多。所以我们在进行展会招商时，不能把目标观众的范围仅仅局限在展会展览题材所在的行业，还要考虑其相关行业和其产品的各种用户所在的行业。如体育用品博览会的目标观众除了存在于体育界内，还会涉及众多的健身休闲产业、房地产行业、各种会所等。

目标观众数据库是将已经掌握的所有目标观众的有关信息按照一定的规则建立起来的。收集目标观众的信息的渠道和收集目标参展商的有些相似，展会目标观众的信息也可以通过以下渠道来收集：

1. 通过行业企业名录收集。使用时要注意不要仅仅局限于展览题材所在的行业，还要收集相关行业的信息。

2. 通过商会和行业协会收集。包括展览题材所在行业及其相关行业的商会或者协会。

3. 通过政府主管部门收集。

4. 通过专业报刊收集。包括展览题材所在行业的专业报纸和杂志以及其他相关行业的专业报纸和杂志。

5.通过同类展会收集。

6.通过外国驻华机构收集。

7.通过各种专业网站收集。

8.通过各地的电话黄页收集。

收集目标观众的信息,除了要收集他们的名称、地址、联系电话、传真、电子邮件等基本信息外,还要注意收集他们的产品需求倾向。收集到上述信息后,就可以着手建立目标观众数据库了。

建立目标观众数据库也要新构建一些基本原则:第一,数据库要有一定的数据量。这样,我们在以后招商时才会有足够的目标客户来源。第二,分类科学合理。第三,数据真实可靠。第四,便于查找和检索。第五,可以及时修改。另外,数据库的用户界面要友好、简洁、一目了然;数据库要适合在局域网上使用,支持多用户同时使用;对数据库基本的修改要有一定的权限限制,避免人人都可以对数据库的数据加以修改。

展会目标观众的身份不是一成不变的,目标观众是展会潜在的参展商的一个重要来源。有些人在这一届展会可能是展会的观众,但下一届可能就是展会的参展商,当展会越办越好时,这种转变就尤其明显。因此,目标观众数据库既是展会招商时目标观众的重要来源,也是展会招展时目标参展商的潜在来源。在建立目标观众数据库时要充分考虑到这种转变,不要将目标观众数据库和目标参展商数据库截然分开,而要让两者之间保持某种联系,以便对它们加以充分利用。

第二节　招商的方式

展会招商就是邀请观众到展会来参观。和参展商一样,观众也是展会成功举办不可或缺的重要因素。拥有一定数量和质量的观众,是许多展会竭力追求的目标,也是一个展会成功举办的重要标志之一。不难想象,一个展会如果没有观众或者观众很少将是怎样的一个局面。为了使展会得以成功举办,办展机构都会千方百计地邀请尽量多的目标观众到会参观。

但并不是说所有的观众对展会都很重要。不论是在国内还是国外,我们都会看到,有些展会只允许某些观众进入会场参观,对于其他人根本不允许进入会场,更不用说主动去邀请他们了。从这里我们可以看出,展会招商所要邀请的观众是一些特殊的观众,这些观众就是所谓的专业观众。

所谓专业观众,是指从事展会上所展示的某类展品或服务的设计、开发、生产、销售或者服务的专业人士以及该产品的用户。与专业观众相对应的是普通观众，也就是除专业观众以外的其他观众。一般来说，如果不是展会的有意控制，一个展会往往既有专业观众到会参观，也有普通观众到会参观。在国内外展览行业的实际操作中，有些展会只对专业观众开放；有些展会既允许专业观众进场参观，也允许普通观众进场参观，但会对普通观众的参观时间加以限制。前者如广交会，展览从始至终都不允许普通观众入场；后者如2003年的广州国际汽车展，在展会开幕的前两天只允许专业观众入场，之后允许普通观众入场参观。

除了对专业观众和普通观众的划分以外，到会参观的观众还可分为有效观众和无效观众。所谓有效观众是指到会参观的专业观众以及展会参展商所期望的其他观众，这是具有一定质量的观众，对展会来说不可或缺；所谓无效观众是指展会参展商所不期望的观众，他们对展会来说可有可无。

有了有效观众和无效观众的区分，我们就可以看出，并不是所有的观众对展会来说都是有用的，展会往往更需要那些有效观众。对于一个专业展会来说，如果无效观众过多，就可能会给展会的正常商务活动带来不利的影响，如展会现场太拥挤而导致秩序混乱、展会现场太嘈杂而影响商务谈判，等等。因此，如果展会允许普通观众入场参观，就应努力使有效观众在到会观众的总量中保持一定的比例，一般来说，这个比例不能低于30%。也就是说，有效观众的数量在到会观众的总量中的比例不能低于30%，如果低于这个比例，展会在观众方面将会只有数量而没有了质量，展会的展出效果将难以保证。

从另一个角度来说，无效观众对展会来说并不是就没有一点作用，实际上，只要他们数量适中，则对增加展会人气、活跃展会气氛、扩大参展商的广告影响和知名度有很大的作用。

从这种意义上来说，展会招商最主要的是要邀请尽量多的有效观众到会参观，要尽量给各参展商带来其所期望的观众。

展会招商和展会招展是互相影响、互相作用的。一方面，如果展会招商效果好，到会观众多、质量上乘，参展商的展出效果有所保证，企业就更乐意来参展；反之，如果展会招商不理想，到会观众较少，或者无效观众很多，参展商的展出效果就难有保证，企业参展的积极性就会降低。另一方面，如果展会的招展效果较好，参展企业尤其是行业内知名企业较多、展品新、信息集中，观众到会参观就会更踊跃。

思考与练习

1. 招商工作对展览会的重要意义是什么？
2. 展会观众的来源有哪些？
3. 招商的方式有哪些？

实训项目

对展览场景进行情境模拟。

附：情境模拟要求

演讲展示考核具体要求

1. 以小组为单位进行演讲展示。
2. 小组选择以下选题中的一个进行演讲展示：
选题一：模拟所策划展会的电话销售过程；
选题二：模拟和展览场馆进行场地租赁洽谈活动；
选题三：模拟展览公司就所策划展览项目而进行的部门会议；
选题四：模拟展览现场参展商纠纷的解决过程。
3. 每小组的演示时间为 6 分钟。
4. 小组成员要全部参与，不参与的同学此次无分数。
5. 主要体现语言沟通能力，同时注重演讲技艺、商务礼仪。
6. 小组同学要提前进行脚本设计和练习。
7. 要遵守时间，拖延时间的小组将被扣分。

第九章

展览服务商管理

学习要点

●展会承建商管理

●展会运输代理商管理

●展会清洁和安保服务商管理

●展会餐饮服务商管理

●展会旅游代理商管理

引导案例

×××展会清洁管理方案

为确保本展会展馆内外的清洁，特制定本方案。对××××清洁公司在展览期间的工作，我展会×××先生负责监督、检查。

一、展馆内清洁

展馆内各展区、通道及公共区域采用循环保洁的形式，具体工作由展会清洁服务商××××清洁公司负责。

二、展馆卫生间清洁

包括展馆内所有的卫生间，清洁标准参照五星级酒店卫生间的清洁标准执行，运作方式同展馆内清洁。

三、展馆内垃圾清运

1.定制10部垃圾清运车，筹、撤展期间在展馆内巡回收集垃圾，并倾倒在馆外指定地点，然后由垃圾运输车运走。

2.展览期间，展馆内两端的大门侧面各停1部外观美观的加盖垃圾清运车，展区垃圾由多功能垃圾车到展位上收集后，集中倾倒在垃圾清运车上。以后处理方式同筹（撤）展期间。

四、展馆外清洁

采用循环保洁的形式，具体工作由展会清洁服务商××××清洁公司负责。

五、环境美化

1. 展馆墙壁、玻璃及塑钢等的表面清洁，由展会清洁服务商××××清洁公司负责。

2. 展馆内外的绿化以及环境美化工作，由展会清洁服务商××××清洁公司协助××园林公司完成，具体方案另拟。

案例分析

为体现专业服务、提高展览会的服务水平，展会组办方可能需将展位搭建、运输、清洁、安保、餐饮及旅游等服务项目进行外包。这些外包商的服务质量直接决定了展会的服务水平，参展商和观众大多并不能区分服务提供者，而直接认为所有的服务都与组办方有关，出了任何问题责任也在组办方。因此，对展会外包服务商的管理就显得尤为重要。

第一节　展位承建商管理

展会的展位承建既是一项专业性很强的工作，也是一项关系到展会形象和声誉的重要工作。随着会展业内部专业分工的日益细化，许多办展单位不再承担展会展位的承建工作，把这项工作交给专门从事展会展位搭建的展位承建商，自己则致力于搞好展会的招展、招商和组织管理工作。这样，展位承建商的工作直接关系到展会展位搭建工作能否按要求顺利展开和完成。

一、展会对展位承建商的要求

展位承建商负责展会展位的搭建，承建商不仅要对办展单位负责，还要对有展位搭建要求的参展商负责。观众对展会的第一印象是从展会的展位效果上得来的，展位外观设计效果的好坏，很大程度上影响到展会的整体形象和参展商的展出效果。展位承建商不仅要切实满足参展商的展位设计和承建需求，能将参展商的展出理念艺术地体现在展位设计和搭建中，还要能全面领会办展单位的办展目标和展会定位，在展位整体设计中把握展会的整体形象。

展位承建商的工作对展会很重要：展位承建商的工作效果和服务水平极大地影响着参展商对展会的看法和认知。参展商很多时候都把承建商的工作看成展会组展工作的一部分，将其所提供的服务看成展会本身所提供的服务。因此，对展位承建商的管理首先是要选择符合展会要求的展位承建商。

根据展位承建商的工作性质，在选择展位承建商时，办展单位应该从以下几个方面来对其进行考察：

1.技术是否全面。展会展位的设计和搭建，1/3 是科学，1/3 是艺术，1/3 是买卖。换句话说，展会展位的设计和搭建不仅要设计科学、安全结实、布局合理、有艺术美感，并且要实用、有利于参展商展出目标的实现和买卖成功。要达到这样的效果，展位承建商必须有全面的技术能力（见表 9-1）。

表 9-1　展会对展位承建商的技术要求一览表

技术类别	描　述
室内设计与装潢技术	能正确处理设计、装潢、展品展示和工作人员之间的关系；在进行展位设计与装潢时，还要有消防安保方面的知识
工程结构知识	能妥善处理展位设计和搭建涉及的工程结构方面的知识，如地面承受问题、立面处理、顶棚架构等
绘图绘画和模型方面的知识	能绘制图纸，能看懂设计图，按参展商展出目标设计展位；对常见的模型和模具有所了解，能胜任安装和布展工作
照明知识	能按要求用灯光照明技术来装扮展位
图文和图表知识	能理解它们不同的布置和布局对展示效果的不同作用和影响
工具和材料知识	熟悉展架、展具以及施工材料等方面的知识，并能在施工中熟练使用它们
供排水知识	能按要求用水来装饰或作道具以提高展示效果
电子和机械知识	懂得机电的安装和使用技术

2.经验是否丰富。经验丰富的承建商在展位承建工作中能起到事半功倍的作用。展位的承建工作特别需要经验的积累，如对展具展架的使用、对展会施工要求的理解、对观众人流空间的事先预留、对展出要求和设计原理的处理等。对承建商承建经验的考察很重要（见表 9-2）。

表 9-2　展会对展位承建商的经验考察一览表

经验类别	描　述
展位设计的目的性	能理解参展商的要求，了解办展单位的期望，知道观众的参观习惯
展位设计的艺术性	能用艺术的手法反映参展商的形象，传达展出者意图，吸引观众目光，有吸引力和震撼力；能很好地处理展示和贸易、艺术与展示的关系

续表

经验类别	描　述
展位设计的功能性	能为参展商提供良好的展示、工作和谈判的环境
展位设计的主体性	能突出展示的主题和形象，突出展示的焦点，能准确地向观众传达展示的主旨

3.价格是否合理。参展商经常将展位承建商承建展位的价格看作展会价格的一部分，因此，展位的价格也是办展单位选择承建商时需要考虑的一个重要因素。由于展位承建商既向办展单位提供服务，也向参展商提供服务，所以，展位承建价格的高低既关系到办展单位办展成本的高低，也关系到参展商参展成本的高低。因此，既要关注展位承建商向展会提供服务的价格，也要关注其向参展商提供服务的价格。另外，大部分展位承建商都会提供展具租用服务，这些展具的租用价格也是一个值得关注的方面。

展位承建商报出的价格并不是越低越好。一般来说，展位承建商报出的价格与其实力是有一定关系的。实力强大的公司，由于其工作质量有保证并值得信赖，其价格自然要高些。在选择展位承建商时，价格是一个值得考虑的重要因素，但不是绝对和唯一的因素。

4.是否熟悉展览场地及其设施。只有熟悉展览场地及其设施，展位承建商才能更好地考虑展位的空间设计和布局，才能更好地预先安排参观人流的流向。不同展览场地的布局、结构及其设施各不相同，加上展会的布展和撤展时间有限，展位承建商要对展览场地及其设施有所了解，才能更顺利地展开工作（见表9-3）。

表 9-3　展位承建商对展览场地熟悉项目一览表

项目类别	描　述
场地的布局	更好地考虑展位的空间设计和布局
结构及其配套的设施	更好地预先安排参观人流的流向
对展位搭建的限制性要求	在展位设计和搭建时不会违反
对展具、展架使用的规定	在设计和使用时不会违反
有关通道和公共用地的规定	在展位设计和搭建时不会违反
消防和安保方面的规定	在展位设计和搭建以及展出时不会违反

5.是否能提供展位维护和保养服务。展位承建商搭建好展位以后，并不是

就完成了所有的工作，其还要按参展商和展会的需要对展位承担维护和保养的义务。展会开幕以后，如果有需要，参展商和展会应能很方便地找到承建商；承建商要能及时、很好地满足参展商对展位提出的合理的、可行的改进和调整要求。

二、选择展位承建商

为了保证展位搭建施工顺利进行，保证施工以及展位搭建后展览期间展品和展出人员的安全，展会通常都会建议参展商接受展会选定的承建商来搭建展位。展会选定的承建商通常被称为展会的指定承建商。根据展会规模的大小和展会展览题材的不同，一个展会可以选定一个或几个展位承建商来为参展商提供展位搭建服务。选定时，要考虑以下几点：

1.展会规模对选择展位承建商的影响。同时指定几个承建商的展会通常都是那些规模较大，或展览题材较多，或展区划分较细致的展会。展会规模很大，一个承建商很难在有限的时间里完成如此大量的展位承建工作，展位承建工作就必须由几个承建商来分担完成；若展会包含的展览题材较多，不同展览题材的展位对承建工作的要求差别很大，这时，由几家擅长不同专业题材展位搭建的承建商来承建不同题材的展位，能更好地为参展商提供服务；当一个展会的展区划分很细致时，由几家承建商来承担展位的搭建工作，也是一个不错的选择。如果一个展会由几家承建商来共同负责展位的承建工作，则展会组织者应加强对各家承建商工作的协调管理，统一安排工作进度，统一对各家承建商的工作进行监督和指导。

对于一些规模较小、展览题材较单一的展会，最好是指定一家资质较好的承建商来负责展会全部展位的承建工作，这样不仅有利于管理，也有利于保持展会的统一形象和服务质量。

2.展位种类对选择展位承建商的影响。对选择承建商有较大影响的展位种类主要有：空地展位、标准展位、室内展位、室外展位。

(1)空地展位：是指在展览场地里划出一定面积的场地，办展单位不负责提供任何展具和展架，租用该场地的参展商需要自己设计和搭建展台。空地展位可以根据参展商的需要搭建成岛形、半岛形、通道形等多种形状。空地展位一般被一些大的参展商或者是集体展出单位所租用。这些单位自己有设计和搭建展台的能力就自己搭建展台，没有能力的就将搭建展台的工作交给展会指定承建商来完成。

(2)标准展位：是指一种由展会统一设计、统一标准，并使用标准展架、配备基本展具的展位。它的面积一般是9平方米，有些特殊题材展览的标准展位面积为12平方米或15平方米。标准展位的最低配置是三面围板、展位楣板和常规照明；一般配置是指除了最低配置外还有谈判桌、椅子、普通电源，有的还有地毯。标准展位的搭建工作对技术要求相对较低，一般的承建商均可以承担这项工作。

(3)室内展位：是指展览馆内的展览场地。大部分展会是在室内展览场地内举行的，但一些工业类和农业类题材的展览通常是在室内和室外同时展出。

(4)室外展位：是指露天的展览场地。对于一些超大、超重和超高的展品以及一些特殊的展品，室外展场是首选。根据展位搭建难易程度的不同，有些展会将空地展位和标准展位的承建工作交给不同的承建商来完成。不过，如果展会规模不大或者是展会的展览题材差异较小，就不必将展位承建工作交给不同的承建商来完成，因为这样不但不能节省成本，反而还会增加管理的难度。

在确定了展会究竟要选择几家承建商以后，就可以按照展会对承建商的资质要求来具体选定承建商了。

3. 展会选择承建商的办法。展会可以通过招标、专家推荐等方式来选定展会的承建商。如果办展单位自己有能力，也可以自己来进行展位承建工作。除此之外，通过招标来选定承建商是最为常见的方式。

招标是指办展单位将展会的基本情况以及对展位的搭建要求等以广告或邀请的形式公之于众，招引有兴趣的承建商，由这些承建商对承建该展会展位的价格和施工方案等进行报价，展会选择其中价格合理且有信誉的承建商的过程。在实际操作中，招标有三种具体操作方式：

(1)公开招标。是一种无限竞争的招标方式，即展会在国内外有关报纸和杂志等传媒上公开刊登招标广告，凡是对该展会展位的承建有兴趣的承建商都可以参与投标，办展单位再按标准择优选取。公开招标一般用于规模较大的展会项目。

(2)选择性招标。是一种有限竞争的招标方式，即根据展会的基本情况，只对有限几家承建商发出投标邀请，然后再根据投标单位的资质和投标价格等进行选择。选择性招标对于规模不是太大的展会项目较为合适。

(3)两阶段招标。是将无限竞争的招标方式和有限竞争的招标方式结合起来的一种招标方式。办展单位先公开招标，开标之后再从中选择几家单位进行第二次投标报价，办展单位再从第二次投标报价中择优选取承建单位。两阶段招标对于那些首次投标价格与预期价格相差较大的招标项目比较合适。

不管采用哪种招标方式，展会都会要求投标单位提供以下基本资料：单位概况、标准展位搭建的价格及基本配置、空地展位的搭建方案、可提供租赁的展具及租赁价格、可提供租赁的电器及租赁价格等。

第二节 展会运输代理管理

展会运输不仅仅只是运输展品,还可能要运输展架、展具、布展用品和道具、维修工具、宣传资料、招待用品等。展会运输是一项关系到参展商能否按时布展和展出的重要工作,展会往往将此业务外包给一些专业的运输公司来负责。展会要加强对这些运输公司的管理,以确保展会的顺利举办。

一、展会运输代理的服务准则

展会运输代理的基本任务是将参展商的展品、展架、展具、布展用品和道具、维修工具、宣传资料、招待用品等物品安全及时地运到展会现场。对于国际参展商来说,展会运输还涉及海关报关的问题。如果报关问题没有处理好,展览计划也就无法圆满实现。所以,海关报关往往也是展会运输代理的工作之一,在我国会展业中尤其如此。

和展位承建工作一样,参展商一般也都倾向于把展会运输看成整个展会工作的一部分。为此,展会运输工作的好坏及其服务质量的高低将直接影响到参展商对展会的整体评价,影响到其下次参展的积极性。

运输是一个独立的行业,有其行业操作规范和技巧。为此,国际展览运输协会(IELA)对展会运输代理工作提出了两方面的规定——展会运输代理的工作准则、报关代理的工作准则,并将它们作为所有展会运输代理的工作参考准则。

1.展会运输代理的工作准则。IELA 认为,展会运输代理的工作很大程度上依赖于三个方面的有效管理:联络、海关手续、搬运操作(见表 9-4)。

表 9-4 IELA 对展会运输代理的规定与要求

项目	规定与要求
联络	包括与办展单位和参展商之间的联络 配备懂英、法、德语或其客户大部分人员所熟悉语言的工作人员 在展会现场或在离展会合理的距离内设立办公设施,以便参展商在会场内就能联络到运输代理 配备国际电话和传真 提供详细、有效的邮政联系地址
海关手续	与办展单位共同为展会办理临时免税进口手续,如有必要还需担保和交纳保证金 与海关人员商妥现场工作的期限和时间

续表

项目	规定与要求
搬运操作	熟悉展会现场，能随时使用适合的搬运设备和有经验的搬运工 在展会现场或尽可能近的地方安排仓储地 空箱应存放在离展会尽可能近的地方，按时回运空箱 卸车和装车必须按事先商定的时间进行 协调好所有参展商的搬运要求，提前将相应安排通知办展单位和参展商

2. 报关代理的工作准则。IELA 对代理的海关报关工作要求主要有六个方面：联络、展前客户联系、单证办理及通知、最佳运输、现场支持、展后处理（见表 9-5）。

表 9-5　IELA 对报关代理的规定与要求

项目	规定与要求
联络	有会英语的员工，有国际直播电话和传真
展前客户联系	努力将报关要求全面清楚地传递给参展商
单证办理及通知	货物启程时，必须将货物情况、搬运细节通知现场运输代理
最佳运输	应结合货物的性质、预算和时间要求，给参展商建议最好的运输方式和运输线路
现场支持	确保参展商获得 IELA 的专业标准服务搬运工作
展后处理	将货物展后处理或回运的要求明确告知工作人员；如果货物为进口货物，则要协助办理当地的税务事宜

尽管 IELA 对展会运输代理和报关代理的工作准则主要是针对其会员单位的，但也对我们统筹考虑、选择展会运输代理有较大的参考价值。

展会的参展商可能来自国内，也可能来自国外，由于国内运输和跨国运输之间有很大的差别，因此，有国际参展商参展的展会在指定运输代理时一般都会分别指定国内运输代理和海外运输代理。

二、国内运输代理

国内运输代理主要负责参展商的展品及相关物资的国内运输工作。有时候也与海外运输代理密切配合，作为海外运输代理国内段运输的现场代理。国内运输代理的运输工作主要分为来程运输和回程运输。

1. 来程运输。来程运输是指将参展商的展品及相关物资自参展商所在地运至展会现场之间的运输。对于某个参展商或一个集体安排的来程运输来说，其工作环节大致有以下几个方面：

(1)展品集中与装运。它是指参展商将展品及相关物资按要求的日期集中到指定的集中地点，国内运输代理进行理货并安排运输路线和运输方式。在确定运输路线和运输方式后，将展品及相关物资装上运输工具，运往车站、机场或者码头。

(2)长途运输。它是指根据展品及相关物资的特点结合最佳运输路线和运输方式，最后具体选用水运、空运、火车运输或汽车运输方式。如果是汽车运输，最好安排从运输地到展馆的"门到门"运输以减少装卸次数；如果是空运，就要注意提前订舱；如果是水运和火车运输，要注意出港和出车站以后的运输衔接。

(3)接运和交接。对于水运、空运和火车运输，大都存在中途接运的环节，如展品及相关物资从船上卸下后再由汽车运到展馆等。中途接运要注意安排好接运的时间，尽量减少接运次数，展品及相关物资运到展会现场要安排将该批货物交给指定的展台人员。由于交接时展品及相关物资可能较多，因此，最好将相关工作和该批货物列成详细清单以便交接。

(4)掏箱和开箱。掏箱是指将展品箱从集装箱或其他运输箱中掏出或卸下，并运送到指定的展位的过程；开箱是指打开展品及相关物资包装箱取出展品。掏箱工作要准确有序，时间和人员安排要合理；开箱工作一般由参展商自己负责，但要注意清点和核对货物。

经过以上运输环节，展品等货物安全准时到达展会现场后，参展商就可以按计划安排展位搭建和布展了。展会结束后，根据参展商的计划，有些展品等货物需要运回参展商所在地，有些需要运给经销商，这时，展品等货物就存在一个回程运输的问题。在指定国内运输代理时，回程运输也是必须考虑的一个重要因素。

2. 回程运输。回程运输是指在展会结束后，将展品及相关物资自展位运至参展商指定的其他地点的运输工作。回程运输的目的地可能是参展商的所在地，也可能是参展商指定的其他地点，如经销商和代理的所在地或另一个展会的所在地等。回程运输的基本环节与来程运输很相似，只不过方向正好相反；并且，除了撤离展馆时要抓紧时间以外，其他各运输环节对时间的要求一般都不高。对于展会和运输代理来说，回程运输的筹备和计划工作在展会筹备时就要着手策划，不能等到展会结束时才开始，否则撤展现场将变得混乱和无序。

除了要妥善安排好来程运输和回程运输以外，在安排运输时，展会还要督促国内运输代理统筹安排好其他事项(见表 9-6)。

表 9-6　国内运输需要统筹安排的事项

有关事项	基本要求
时间安排	尽早安排好展品及相关物资的运输时间并向所有参展商公布，使上述时间与展会布展、开幕和撤展时间相协调
运输线路和运输方式	为参展商安排最佳运输线路和运输方式，尽量一次发运而避免多次转运，尽量使用安全的运输方式
包装要求	和办展单位一起安排好展品等货物的运输包装
有关费用	向参展商提供合理的运费及杂费的收费标准，并将这些费用告知参展商
保险	提醒参展商在安排运输时需要投保的险别
现场服务	明确可以提供哪些现场服务及其收费标准，以供有需要的参展商选择

需要特别指出的是，国内运输代理是展会为方便参展商而准备的备选服务项目，并非参展商一定要选择的。如果参展商有能力或者有渠道则可以自主安排展品及相关物资的运输。

三、海外运输代理

如果举办的展会是有海外参展商参展的国际性展会，那么，还应当指定海外运输代理来负责海外参展商的展品及相关物资的运输工作。这项运输工作是跨国之间的货物运输，就运输环节和各种手续的办理来说，跨国运输要比国内运输复杂得多。

跨国运输与国内运输最大的不同，集中表现在三方面：运输方式、海关报关和准备有关文件。

1. 运输方式。跨国运输都是国际联运，整个运输过程基本都要经过陆运—海运—陆运，或者陆运—空运—陆运等环节，参展商的货物要从一个国家运到另一个国家。因此，展会指定的海外运输代理必须清楚了解展会举办地所在国的海关规定、海关手续和进口税率，了解当地对展品进口的处理办法和规定，了解当地是否有免费进口宣传品和自用品的特别规定等，以免报关受挫。

跨国运输一般是几种运输方式的结合，海外运输代理必须是一家能力比较全面的公司，要有能力安排和协调使用陆运、水运和空运，而不能仅仅熟悉其中的一种。

2. 海关报关。如果有回程运输，跨国展品等货物运输的海关报关手续就有两次：一是来程运输时的货物进口报关，一是回程运输时的货物出口报关。相对而言，来程运输时的货物进口报关对参展商来说更加重要，因为如果货物不能及时清关将严重影响参展商的展出计划。

在实际操作中，对于来程运输时的货物进口报关，一般有以下四种办理形式：

(1)ATA形式。是一种准许货物免税暂时进口的报关制度。国际海关合作理事会制定的《关于暂准进口的ATA单证册海关公约》和《货物暂准进口的公约》是这项海关制度的法律基础，国际商会(ICC)和商会国际局(IBCC)在此基础上创建了国际出证和担保系统。ATA形式只有在ATA公约成员之间才能使用，而且展会结束后货物必须运回。中国已经于1993年加入ATA公约。使用ATA形式报关可以大大减少通关工作量，缩短报关时间，简化报关手续，还不用交关税。ATA临时进口证还可以用于一个以上的国家。

(2)保税形式。如果展会是保税性质的展会，货物报关就可以采用保税的形式。保税报关手续要比一般报关简单一些，货物一般也可以在展会现场进行检验。但是，如果是需要检疫的动植物物品就不适用于这种报关形式。另外，使用这种形式报关，物品不能带出保税现场。

(3)再出口形式。即提供相当于展品等货物进口关税相同金额的保证金，再办理报关手续使货物通关展出。这种形式以展品等货物的再出口为前提条件，展品等货物再出口时必须与进口报关时完全一致。因此，使用这种形式报关检验十分严格，展览中货物也不能随便出售或处理。展会结束货物再出口后，参展商可以取回保证金。再出口形式报关手续较多，也比较费时。

(4)进口形式。就是将展品等货物当成一般货物办理进口手续，交纳关税。采用进口形式报关，展会结束后展品等货物可以自由处理，如出售或交给当地代理商等；但使用这种方式需交纳的关税可能比较高。

3.准备有关文件。跨国运输的展品等货物要从一个国家运到另一个国家，运输过程中涉及的有关文件要比国内运输多得多，也复杂得多。展会要使海外运输代理明确需要哪些文件以便海外参展商及早准备。一般来说，跨国运输需要准备的有关文件主要有4种，见表9-7。

表 9-7 跨国运输需要准备的有关文件

文件类别	有关文件	作用
展会文件	主要有展品及相关物品清单、展品安排指示书、需送海关审查的特殊物品样本和清单、发票、产地证书、商品检验证书等	是有关展品及相关物品的证明文件
运输单位	主要有装运委托书、装箱单、集装箱配装明细表、提货单、运费结算单、委托回运通知书等	是办理货物运输所需要的证明文件
海关单证	主要有报关函、报关单、进口许可证、发票等	是办理货物报关时需要的证明文件
保险单证	主要有保险单;如果货物受损,还有受损报告书等	保险及索赔的证明文件

对于以上各种文件,海外运输代理要明确告知参展商提供各种文件的具体时间和最后期限,以便及时办理有关手续。

和国内运输代理一样,展会海外运输代理也是办展单位为方便参展商参展而准备的备选服务项目,并非参展商一定要选择的。如果参展商有能力或者有渠道,可以自主安排展品及相关物资的运输。

第三节 展会清洁和安保服务商管理

在展位搭建和参展商布展的过程中,整个展区会产生很多垃圾;同时,由于需要用水用电,有的还需要动用明火,展馆内存在较大的安全隐患。如果不对展会清洁和安保加以管理,就会严重影响展会的筹备进程,有时还会造成重大损失。

一、展会清洁服务商

随着会展业内部分工日益精细和行业协作日益密切,展会经常将清洁工作外包给专业清洁公司负责。

展会清洁包含两方面的内容:从时间上看,展会清洁包括展位搭建和布展时的垃圾清理、展会开幕后的清洁和撤展时的垃圾清理;从空间上看,展会清洁包括展位内的清洁和展馆通道及公共区域的清洁。因此,管理的办法各不相同。

1. 展位搭建和布展时的垃圾清理。展位搭建和布展时会产生大量的垃圾,如废弃的包装物、包装木板等，如果不及时清理，不仅展位搭建和布展现场会混乱不堪，而且还会影响筹展进度。一般来说，展位搭建和布展时产生的大量垃圾应由产生垃圾的参展商负责处理；如果该参展商不处理，可以交给展会清洁服务商处理。不过，清洁服务商清理了垃圾后，会向参展商收取一定的费用。

2.展会开幕后的清洁。展会开幕以后，大量观众进馆参观，观众携带的物品以及参展商发放的宣传品等也会产生很多垃圾。这些垃圾如果得不到及时的处理，会严重影响展会的形象。在实际操作中，许多展会对此时的清洁工作作如下划分：

(1)展馆通道和公共区域的清洁工作由展会清洁服务商负责。展会期间，展会清洁服务商每天都派出专门工作人员在展馆内定时巡回处理展馆通道和公共区域的垃圾，并在每天展览时间结束后对展馆通道和公共区域的垃圾进行清理。

(2)各参展商展位内的清洁工作由参展商自己负责。

3.撤展时的垃圾清理。展会闭幕后，拆除展位和从展馆里撤出展品也会产生大量的垃圾。一般来说，参展商需要将自己展位内的搭建物和展品等及时撤离展馆，撤展时产生的大量垃圾也应由产生垃圾的参展商自己负责处理；如果该参展商不处理，可以付费请展会清洁服务商代为处理。

二、展会安保服务商

举办展会是一项大型的公众参与性活动，安全问题十分重要。在进行展会管理时，必须重视展会的安全保卫(安保)工作。展会安保工作主要包括四方面：消防安全、人员安全、展品安全以及公共安全。

1.消防安全。展馆内人员密集，展品众多，消防安全十分重要。展会一般都要求各参展商用于展位搭建的材料必须符合消防要求，使用耐火或难燃材料；参展商不论是在展位搭建还是在展品演示时使用电力都必须符合消防安全要求；展位之间的通道必须保持一定的宽度；大展位的搭建设计要考虑消防安全的需要。

展馆内一般都禁止吸烟。在展会布展和开幕之前，展会的消防安全计划以及特装展位的搭建计划还必须送交有关政府部门审批，只有得到批准后才可施工布展。

2.人员安全。展会对参展商、观众等在展会布展、展览和撤展时的人员安全一般不承担责任。但为了保证有关人员的安全，防止意外事故的发生，展会除了对布展、展览和撤展作出一系列有关安全保卫的规定并采取一定的保障措施外，一般还要求参展商为其参展人员购买第三者责任险和展出人员险等，以保障其人员的安全。

3.展品安全。展品在搬运、布展和展出过程中都可能出现损坏、破碎、丢失等问题，将导致参展商无法展出或无法取得较好的展出效果。因此，展会有必要对展品的安全问题加以关注。一般来说，展品在搬运时的风险要由参展商和运输代理承担；布展时，参展商要负责保管好自己的展品，使之不出现损坏或丢失；展会开幕后，将有专门的保安人员负责在展馆内巡视，协助参展商保护展品安全；但如果展品被偷或者损坏，展会不承担责任。所以，为了保证展品的安全，办展单位一般也建议参展商为其展品购买第三者保险。

4. 公共安全。展会的公共安全保卫工作一般外包给展会安保服务商负责。

展会安保服务商将按展会的要求，派专门保安人员24小时巡回会场，负责展会的公共安全工作，防范和消除展会的安全隐患。

值得一提的是，在对展会进行安保管理时，不仅要注意与有关安保服务商、参展商等分工合作，还要分清责任，制定措施，防患于未然。为预防万一，展会还要制定有关危机管理计划，以便万一出现安全问题时可以及时采取补救措施，将损失降至最低。

案例：×××展会安全保卫规定

为维护本展会的良好秩序，防止各类事故的发生，确保展会安全，依据社会治安有关管理规定，特制定本规定。

一、展会聘请×××安保公司负责展会的公共安全及保卫工作。

二、展会实行安全保卫责任制，按照“谁主管，谁负责”的原则，制定安全保卫方案和措施。

三、展会加强安全方面的宣传教育和管理，提高与会人员的安全防范意识，确保大会安全。全体与会人员须高度重视安全工作，自觉遵守大会各项规定，共同维护大会秩序，预防事故发生。

四、从布展之日起到展会撤展，所有进入展会现场的人员都必须佩带大会有效证件，并服从和配合安保人员的检查。所有人员都不得将展会证件转借他人或带无证人员进馆，违者将按有关规定给予处罚。

五、妥善保管好展样品和个人随身物品。每天闭馆前，要将贵重展样品妥善存放。参展商应按时进馆，并不要提前退馆以确保展样品的安全。

六、剧毒品、易燃易爆品和放射性等展样品只能使用替代品，严禁携带实物进入展馆，违者将按有关规定给予处罚。

七、展位的搭建、装修、布展和撤展等工作，参照“×××展会防火规定”和“×××展会用电安全规定”执行。

八、展馆内严禁吸烟。各参展商要切实贯彻“×××展馆防火规定”，注意认真做好防火工作。

九、布、撤展期间，运送展样品的车辆必须按指定的地点临时停放，卸(装)货后即驶离展会管制区。各类车辆必须服从展会交通管理人员的指挥，按规定路线行驶，按指定位置停放。

十、展样品搬出展馆，须凭展会放行条，经门卫人员查验后放行。

以上规定，请大家严格遵守，共同维护大会秩序，确保大会安全。

第四节　展会餐饮服务商管理

良好的餐饮服务能很好地解决参展商和观众在生活上的后顾之忧，使他们可以安心展出或参观洽谈。餐饮服务是展会必不可少的服务项目，但办展单位很少有为参展商和观众提供餐饮服务的能力，一般将展会的餐饮服务外包给专业餐饮公司或酒店，由它们负责按展会的要求提供餐饮服务。

一、展会对餐饮服务商的要求

为保证展会期间参展商、观众以及其他有关人员的餐饮供应，展会一般对餐饮服务商有以下基本要求：

1. 食品及饮料干净、卫生、安全。
2. 按规定的时间足量供应。
3. 按规定的价格足量供应。
4. 按规定的品种足量供应。
5. 提供的方式方便、快捷。
6. 在指定的地点设点供应。
7. 服从展会的统一协调和安排。
8. 保持供应现场清洁、卫生。

上述要求主要是针对在展会现场供应餐饮的服务商的。展会现场餐饮服务重点是午餐，因为早餐和晚餐客商基本都在酒店进餐或自己解决，但午餐时绝大多数参展商和观众都在展馆，用餐时间集中，人数众多，场地有限，需要认真对待。

在展会开幕期间，展会现场另一个需要关注的餐饮问题是咖啡供应点。咖啡供应点不仅是供应咖啡、饮料和饮用咖啡、饮料的地方，它还是一个休憩、洽谈和品尝点心的地方，在展会上尤其如此。

为了确保餐饮的安全卫生，展会一般不允许非展会指定餐饮服务商在展会现场提供餐饮服务。

二、展会餐饮供应

展会开幕期间，解决展会现场的餐饮服务一般有三种办法：指定展会餐饮服务商，推荐展场周边餐饮设施，既指定展会餐饮服务商也推荐展场周边餐饮设施。

1. 指定展会餐饮服务商。如果展会现场有足够的空间，或者展会所使用的展馆有专门的餐饮服务区，展会一般会指定一些餐饮服务商，如酒店、饭馆和其他餐饮供应者在现场指定的地点设立供应点，为展会参展商和观众提供餐饮服务。展会一般会根据展馆设施情况和展会规模的大小，通过招标的形式指定一家或几家餐饮服务商，在展会现场提供以下餐饮服务：商务套餐、快餐、点心、咖啡及各种饮料。

(1)商务套餐。提供较高档次的餐饮和用餐环境，主要供商务洽谈、喜欢较好用餐环境和较高档次餐饮的人士或其他有需要的人士享用。

(2)快餐。供一般大众享用，快捷方便。

(3)点心餐。供临时用餐、中途用餐的人士以及稍作休憩的人士享用。

(4)咖啡及各种饮料。主要供稍作休憩的人士享用。

2. 推荐展场周边餐饮设施。餐饮服务是展会现场服务的一个重要组成部分，如果展会现场场地不够，或者展会所使用的展馆不允许在现场设立餐饮供应点，又或者展会的规模较小，无法或没有必要指定餐饮服务商在展会现场设点供应，这时，展会推荐展馆周边餐饮设施给参展商和观众使用，是一种不错的选择，否则将会引起参展商和观众的强烈不满。

推荐展馆周边餐饮设施要高、中、低档并举，以满足不同参展商和观众的需要。并且，展会还要事先向参展商和观众详细介绍从会场到这些餐饮设施所需要的时间、它们的地址以及可提供的主要餐饮服务等，供参展商和观众选择。

3. 既指定展会餐饮服务商也推荐展馆周边餐饮设施。如果展会规模很大，很多展会在指定一些展会餐饮服务商在现场设点供应餐饮的同时，也会推荐一些展馆周边餐饮设施供参展商和观众选择。这种做法有利于为参展商和观众在餐饮方面提供更多的选择。

案例：×××展会餐饮服务方案

为确保展会期间向广大参展商和观众及内部员工提供安全洁净的餐饮，特制定本方案。

一、餐饮供应点

1. 设点：在×馆的北边，面积×××平方米，设5个供应点，由5家指定餐饮服务商经营，约能满足1000人同时用餐。

2. 经营项目：商务套餐、快餐、点心餐、咖啡。

二、商务套餐

1. 设点：在×馆的北边内侧，设2个供应点，由2家指定餐饮服务商经营，约能满足2000人同时用餐。

2. 经营项目：提供较高级的商务套餐。

三、快餐

1. 设点：在×馆的北边外侧，设2个供应点，由2家指定餐饮服务商经营，约能满足700人同时用餐。

2. 经营项目：提供各种快餐。

四、点心餐

1. 设点：在×馆的北边外侧左边，设1个供应点，由1家指定餐饮服务商经营，约能满足50人同时用餐。

2. 经营项目：提供各种点心。

五、咖啡供应点

1. 设点：在×馆的北边外侧右边，设1个供应点，由1家指定餐饮服务商经营，约能满足50人同时用餐。

2. 经营项目：以现场制作的咖啡、奶茶，独立包装的糕点、面包以及各种饮料为主。

六、饮水

1. 每天为参展商按展位配送瓶装矿泉水。

2. 在展会服务功能区设置饮水机供有需要者饮用。

第五节　展会旅游代理管理

专业展会的参展商和观众90%以上是商务人士，在展会开幕前后，这些商务人士或希望去一些产业或市场集中的地区实地考察一下商品信息和市场行情，或希望到当地著名风景区去适度放松心情。为了提高客户对展会的满意度，作为展会的一种附加服务，有必要考虑如何满足其对会展旅游的需求。

一、商务考察和观光休闲

参展商和观众对会展旅游的需求可能出现在展会开幕之前、展会进行之中展会结束之后，但一般来说，在展会结束之后较多。参展商和观众对会展旅游的需求主要源于两个目的：一是商务考察；二是观光休闲。从总体上看，展会开幕前和展会进行中的会展旅游主要是商务考察，展会结束之后的会展旅游则商务考察和观光休闲都有。

1.商务考察。许多参展商和观众参加会展旅游的主要目的是商务考察。所谓商务考察，就是以收集有关商品的信息、了解有关市场的行情为主要目的的商务活动。不同的参展商和观众对展会具有的贸易、展示、信息和发布四大功能的选择重点各有不同。例如，有些看重展会的贸易功能而专注于促进贸易成交，有些看重展会的信息功能而注重收集各种市场信息等。如果参展商和观众觉得在展会上未达到其参加此次展会的全部目的，那么就会产生亲自到市场上去看一看的愿望，商务考察的需求就应运而生。

参展商和观众进行商务考察的主要目的是收集市场信息和了解市场行情，这在展会开幕前和展会进行中的会展旅游中体现得最为明显。比如，有些参展商和观众为了能在展会上以更合理的价格成交，希望能更全面准确地了解商品的市场价格，所以就希望在展会开幕前能到当地著名的专业市场或大型商场去实地考察一番；有些参展商和观众在展会进行中为了更准确地了解客户的资讯和实力，往往会到对方的工厂或生产地进行实地考察。

商务考察安排在展会结束之后的情况也较为普遍，因为这时参展商和观众参展的主要目标已经完成，时间又较充裕，商务考察较从容。展会结束后的商务考察常与观光休闲统筹安排，彼此兼顾。

商务考察的主要目的地一般有两种：一是商品专业市场或大型商场，二是商品的主要生产地或某些企业的所在地。前者主要是为了收集诸如商品销售价格、商品设计和流行款式、消费者需求等与市场有关的信息；后者主要是为了进一步了解企业实力、生产技术和生产规模等与产业有关的信息。

2.观光休闲。以观光休闲为主要目的的会展旅游主要集中在展会结束之后，在展会开幕前和展会进行中比较少见。这种旅游主要是供参展商和观众在参加展会之后游览风景名胜和文化古迹等旅游景点，从而放松身心、增长阅历。

如果说商务考察是展会的一种补充，那么，观光休闲基本就是展会的一种延伸，这在国际性的展会中表现得特别明显。在大型国际性展会中，有许多参展商和观众来自不同国家和地区，对展会所在地的市场可能有一些了解但没有亲身经历，对当地的名胜古迹和风土人情有些耳闻但没有亲眼所见。因此，在紧张的展会商务活动之余，如果参展商和观众认为仅从展会上了解的信息还不足以达到此行的目的，就有继续商务考察的冲动；或者其对展会结果十分满意，在圆满完成参展任务之余就有进一步了解当地名胜古迹和风土人情的愿望。

以观光休闲为主要目的的旅游与以商务考察为主要目的的旅游，在旅游线路的安排上有很大的不同：商务考察的主要目的地是商品生产地和销售场所，观光休闲的主要目的地是风景名胜古迹所在地。因此，在筹划旅游线路时要特别注意了解客户的需求；否则，效果会适得其反，使客户对展会服务产生不好的印象。很多时候，客户参加会展旅游具有观光休闲和商务考察的双重目的，这时，在安排旅游路线时就必须做到两者兼顾，不能偏废。

会展旅游是会展产业价值链的一个重要组成部分，是会展的补充和延伸。展会在安排和筹划会展旅游时，必须注意会展旅游是依托于展会并服务于展会的，不能脱离展会而存在。

二、展会旅游代理

一般来说，参展商和观众往往把会展旅游看成展会的一个有机组成部分，将会展旅游服务看成展会服务的一部分。因此，参展商和观众在会展旅游时的经历、感受和得到的服务质量的优劣，将直接影响到其对展会的整体评价以及对展会的认知程度。

大多数展会都倾向于把会展旅游的有关业务委托给专业旅游公司去安排，自己则专心于搞好展会的组织和管理工作。由于参展商和观众往往把会展旅游看成展会的一部分，因此，展会在指定旅游代理时一定要选择那些资质好、能力强的旅游公司，以便以良好的旅游服务来加深参展商和观众对展会的良好印象。

根据客户的来源或者旅游线路的不同，展会在指定旅游代理时可以考虑分别指定一家海外旅游代理和一家国内旅游代理。如果某家旅游公司的实力特别强，也可以只指定这家旅游代理，将海外和国内旅游的业务都交给它来经营。

分别指定海外旅游代理和国内旅游代理与只指定一家旅游代理各有利弊。会展旅游不仅仅是旅游，它还包括交通、住宿和餐饮等一系列服务，如参展商和观众往返机票的预订、展会期间和展会前后的住宿等。将海外和国内旅游的业务分开委托给两家公司，有利于它们之间进行专业分工，发挥各自的优势，更好地服务客户，但也会存在它们彼此之间的业务衔接问题；将海外和国内旅游的业务委托给一家公司，有利于对旅游业务进行统一安排，自始至终提供统一的服务，但由于一家公司往往难以同时全面了解国内外的情况，很难将国内外旅游业务安排得完全符合客户的需求。

在指定展会旅游代理时，除了要考察各旅游公司的实力和服务水平外，还要注意考察它们的接待能力、收费标准和个性化服务等因素。除了旅游代理的收费要合理，具备应对大型展会的接待能力外，由于会展旅游的客户一般都是商务人士，素质较高、独立意识强、个性较突出，再加上会展旅游的时间一般都较短、随机性较大，所以会展旅游的安排一定要突出个性化特征。

与国内参展商和观众相比，海外参展商和观众由于对展会举办地缺乏了解，或者其风俗与饮食习惯与展会举办地不同，更需要旅游代理提供服务。这时，旅游代理除了要安排好这部分参展商和观众的旅游线路外，还要提供海关签证、交通指引、住宿选择、餐饮安排甚至语言翻译等多种服务。在安排旅游线路时，选择那些具有民族特色的旅游项目更能满足这部分参展商和观众的需求。

三、展会指定接待酒店

举办展会是一项有大量人员聚集的活动，小型展会的参展商和观众数量可达几千人甚至上万人，大型展会的与会参展商和观众就更多，如广交会，仅海外客商就有 20 万人之多。在展会举办的短短几天里，如此多的人聚集在一起，吃、住、交通等都有待协调，尤其是那些对当地不太熟悉的外地或海外参展商和观众，在这方面就更需要指引。

为了方便参展商和观众在展会期间的生活安排，展会除了要安排展览期间的餐饮服务、指定旅游代理外，往往还会和一些宾馆、酒店合作并签订合作协议，指定这些宾馆、酒店为展会的接待酒店。届时，展会将向所有的参展商和观众介绍这些指定的宾馆、酒店，推荐其在这些宾馆、酒店住宿。这些宾馆、酒店也将按照和展会签订的合作协议，以比市场价更优惠的价格向该展会的参展商和观众提供住宿等服务。

展会在指定接待酒店时，往往会选择那些离展览场地较近、信誉较好的宾馆、酒店，这样不仅服务质量有保障，还便于参展商和观众在住宿地和展馆之间往返。

展会在指定接待酒店时，要根据展会参展商和观众需求的不同，适当选择高、中、低档的酒店。由于参展商和观众的能力和消费需求各不相同，展会所指定的接待酒店不能仅限于高档酒店。一般来说，由于参加展会的参展商和观众大都是商务人士，所以展会指定接待酒店的档次也不能太低，一般不能低于三星级。

指定展会接待酒店以后，就要将这些宾馆、酒店的协议入住价格、地址、联系人和联系办法、酒店与展馆的距离、到达酒店的交通方式等基本信息告知展会的参展商和观众。此外，有些指定宾馆、酒店还会要求参展商和观众在办理入住手续时出示参展商证、观众证等证明材料，才能给予优惠价格。对于这些特殊规定，展会也要及时告知参展商和观众。

案例：香港礼品及赠品展特惠酒店方案

在香港特别行政区举办的香港礼品及赠品展是该类题材会展中亚洲最大、世界第二的盛会。该展会 2006 年 4 月展的特惠酒店安排如下(有删节)：

酒店名称	价格	联系人	电话/传真	往展会需时
马可波罗香港酒店#				出租车20分钟 地铁25分钟 渡轮15分钟
富豪香港酒店				出租车10分钟 地铁20分钟
香港逸东酒店*				出租车20分钟 地铁30分钟
珀丽酒店*				出租车15分钟 地铁20分钟
丽都酒店*				出租车15分钟 地铁20分钟
龙堡国际宾馆*				出租车20分钟 地铁25分钟
南洋酒店*				出租车20分钟 地铁25分钟
悦来酒店*				出租车20分钟 地铁25分钟

*酒店于展会期间提供免费穿梭巴士服务直达会场。

#酒店于展会期间提供免费渡轮服务直达会场。

注明：

——有关酒店的地址及位置图请浏览本展会网页。

——订房时请说明为参观“香港礼品及赠品展2006”以获得上述房租优惠。

——以上酒店均提供免费买家登记服务。

——以上优惠将以先到先得为原则。

——所需时间已包括阁下由酒店步行至地铁站时间。

展会指定接待酒店，对展会、宾馆、酒店、参展商和观众来说，是一个多赢的选择：对展会来说，由于有些参展商和观众会自行选择交通工具来参加展会，有了指定接待酒店，住宿等问题就可以解决，解除了参展商和观众的后顾之忧，有利于吸引更多的参展商和观众；对于宾馆、酒店来说，成为展会的指定接待酒店就意味着赢得了大量的客源；对于参展商和观众来说，在这些指定接待酒店住宿，安全有了一定的保证，而且价格还比市场价格要低。

思考与练习

1. 展会对承建商的要求有哪些？

2.国内运输需要统筹安排的事项有哪些?

3.展会安保工作内容有哪些?

4.展会对餐饮服务商的要求有哪些?

5.如何进行旅游代理商管理?

实训项目

请撰写小组拟举办展会的展位搭建商服务方案。

第十章

展览布局与展台设计

学习要点

- 展览布局的意义与作用
- 展区和展位的划分
- 展台的装饰设计
- 展台装饰的元素及运用

引导案例

案例一　某搭建商的经营故事

一、搭建之惑

2002年，北京国际汽车展上，东风汽车的露天展台在深夜的大风中坍塌，将汽车砸坏。2004年国展举办的服装展，仅在工程部申报的展台施工单位就有3670家之多。2005年，施耐德电气的展台，刚刚开展，就在观众惊愕的目光下缓缓倒下。

仅在北京市场，就有1700余家搭建公司每天都在进行着惨烈“搏杀”，而大家分到手的大饼却越来越小。这些现象引起业内有识之士的反思，他们呼吁建立行业的标准和秩序。

二、好干的活

开展前两天，是胡贺新最忙碌的日子。他是国展中心施工管理科的主管，他指着桌上摆放的厚厚一摞施工图告诉记者，这就是他和同事每天必须要做的功课。不光是审图，还要每个展台反复检查，因为一些搭建工程经常是由没有施工经验的小公司在现场操控。

据记者调查了解，这些小公司的运作模式有着相同的特点，揽到活后没有设计人员，就去买别人用过的图纸；没有施工队就去找“游击队”。搭建完成后，又没有人检测。您要是仔细一查就会发现:购置的装饰材料伪劣品不少,使用环保和防火材料的不多,展台超过限定高度的有之,搭建结构不合理也不在少数。这些施工单位不仅没有资质,就是管理的施工人员也是临时在国展外面招募的散兵游勇。

业内有一个广为流传的故事:原来国展1号馆有一个卖盒饭的小伙子,生意非常火。可是这几天突然失踪了。吃惯了他卖的盒饭的搭建公司的同仁问起他的去处,有知情者报料:他成了小老板,带着几个工人正在2号馆干活呢!

而欧美的经验是,进入展览馆的搭建公司,必须持有这家展览馆的入场施工资格证,资格证的内容包括:设计人员的实力,技术人员的数量。这些人员上岗时还须持有资格证书,就像医生、律师一样有了执照才能上岗。展览馆一旦允许搭建商进场,那么就意味着展览馆将承担相应的责任。采访中,北京中展国际展览工程有限公司穆桦副总经理向记者讲述了这样一件事:在国展中心举办一些大型国际展览的时候,一些国际大公司从本国将搭建商带来施工,施工中即使一个螺栓有点小问题,没有他们自己工程师的认可也是不行的,这种严谨的作风是国内公司无法企及的。

三、难管的市场

有人曾将北京与上海两地的展馆管理作过比较,但在搭建这一环节上,两地做法却完全不同,上海几大展馆都没有自己的搭建公司和组展公司,而北京的四大展馆,除了国贸,其余展馆都有自己的组展和搭建企业。自己的展馆,自己组展,自己搭建,在外界看来无疑有垄断之嫌。

北京的搭建市场并不是真正的市场化运作,主要原因是因为北京展馆都有自己的搭建公司,这种利益驱使肯定是阻止别人进入的,也是无法制定标准的症结。上海的展馆没有自己的公司,所以可以完全实现市场化运作进行招标。

据记者调查,北京四大展馆中,除国贸外,其余展馆在标准展位上是垄断的,即使其他公司的客户进入展馆,也不得不用展馆的搭建公司的施工人员和材料,标准展位以外特装也是如此。据悉,在北京几大展馆的全年展会中,标准展位占到60%以上。上海的经验是:展览馆在半个月前就开始逐一对搭建公司的展台图纸进行审查,不合格的坚决不许进来,即使进来了,完工后展馆还要进行验收。但也有专家认为:当前北京如果完全按照上海展馆的运营模式操作,存在的阻力也很大。这些搭建公司在展馆的年收入中占到近30%的份额,这么大的收入,既得利益者能否痛下决心就是一个非常大的难题。

四、利刃出鞘

当然难管也要管,如果搭建工程出了事,最先倒霉的就是展馆。展馆出于自身利益的考虑率先舞起了利刃。北京展览馆通过与施工单位签订《展台施工安全责任书》的方式保障自己的合法权益；国贸与国展则是通过资格认证的方式限制进馆施工的企业数量；国展更是规定：无资质企业需要交付超过30％正常工程押金才能进馆施工，此举虽属无奈，却增加了小型搭建公司的运营成本，引起业内不少人的怨言。

为了治乱，不久前在郑州举行的中国国际会展文化节上，中国展览工程专业委员会组织了一场研讨会，会议主题直指“展览工程服务规范与自律”，多数与会者认为，中国展览工程专业委员会作为中国展览馆协会的一个专业委员会，当前主要任务之一就是要研究出一个展览工程行业的标准。

不过，要想通过协会来统领全国搭建业，还有些难度。众所周知，按照国内行业协会的惯例，协会属群众团体，没有监管职能，除非政府授权，况且当前展览馆协会在职能上自身定位还不明晰；加上会展行业的特殊境况，其职能并未完全受到业内的重视；加之行业又存在区域会展优劣势的现状，设定同一标准的难度之大可想而知。

但是，为了一个共同的利益关注一个共同的话题还是引起了业内朋友的共鸣。业内人士纷纷为制定搭建企业评级标准献计献策。

五、标准应有广泛性

上海励展公司的丁凯认为，评级标准工作在展装行业现在的发展状况下，势在必行。它的目的不仅仅在于规范一个市场，展装行业也应考虑它的可持续发展之路。目前的混乱对于展装行业的企业发展、品牌成长、诚信建设、人才积累、行业信誉、资源整合的打击是致命的。但在运作时应该考虑评级标准制定者的公正性及权威性。现在的中国展览工程委员会隶属于中国展览馆协会，从关系上看多少有些尴尬。另外，目前委员会的理事单位基本上由一些知名的展装公司组成，标准也是由理事单位拟定，属于既当裁判员又当运动员的状况，那么，如何保证公正性？如何保持这个组织的独立性？如何为广大的会员单位创造有利的经营环境？如何平衡展装公司和展馆方甚至是组展单位之间的利益？如何同各地方的会展协会建立起良好的沟通渠道并在更广泛的范围内得到承认？这对中国展览工程委员会来说，无疑是一个巨大的挑战和考验。评级标准工作应充分考虑到广泛性及代表性。丁凯认为，中国展览工程委员会既挂“中国”字头，就不应该是个地方性的委员会，而应该扩大理事会成员单位，吸纳各地方具有影响力的展装公司参与到实际工作中，这样制定出的标准才能体现出它的广泛性及代表性。评级工作要充分地考虑到中国展装行业的地域差异性。他表示，在评级工作中，有些标准不能一刀切，要考虑各地差异。北京的展装行业发展走在全国之先，但中国展装行业的资质标准不等同于北京展装业的资质标准，要考虑到各资质级别在各地的比例，要形成良性竞争的环境，不能借机搞垄断。他认为资质评标是一个不断完善的过程。同建设部颁布的建筑装饰企业资质标准不同，此次展装行业的资质评标不属国家行政命令，难以立竿见影。他主张先宽后紧，给3年宽松期，先形成广泛支持的局面，然后再开始严格审核，择优汰劣。

在评级标准中的人才资格认定问题上，目前展装行业没有专门的培训机构，现在大量出现的各类展览培训机构也只是东拼西凑出一堆教材，且门类不清，不知道是在给展览产业链上的哪一块培训，只能是尽可能地根据现有条件提出些规范。在评级标准中相关的资产规定方面，他认为现在可参考的成功标准实施方案中，《建筑业企业资质等级标准》是最值得借鉴的，当然，借鉴不等同于照搬，展装行业有展装行业的特点。评级标准工作要得到展馆、组展商、参展商的支持。没有这些方面的支持，评级标准是没有意义的，这是标准制定者必须关注的一个问题。同时评级标准要有相应的配套制度支持。例如设立行业"准入"制度，新办展装公司不予评级，考察期为1年，之后根据相应标准才可参与评级。也应设立"清出"制度，评级后的企业并不是一劳永逸，应该每年年审，不合格者标准递减，直至取消标准。

六、标准应有科学性

北京笔克公司的陈江认为，现在的国内展装市场就好比一条高速公路，上面跑得车太多，谁也跑不快，该是制订交通管制规则和设置交通警察的时候了。笔克在参加工程投标时也时常受到资质问题的困扰。他说："每次遇到这种问题，我总是与招标人解释，展览公司没有资质，行业内来讲，没有一家有认可资质的，因为根本就没有什么行业标准。"而实际上，展装公司的工作属于展览跟装修之间的范畴。如果与一家装饰公司竞标应该占有绝对优势，为什么这么说呢？因为工程的要求不同，装饰公司的标准是什么呢？铺地或刷白墙多少平方米就收多少钱，这是有定额的。而对于展装业来说，装饰部分只是配合展示部分，并不是展示部分配合装饰部分。按理说项目最大的受益者应该是笔克，但由于没有资质，要想接下这项目，笔克不得不找一家有资质的装饰公司联合竞标，与其分享利润。

案例二 参展企业如何寻找搭建商

往往参展商在自己尚未找到答案时，狂轰乱炸似的竞标就已经席卷而来。寻而未果的参展商也只得从中用排除法不断筛选，以找到所谓的最佳方案。

有经验的参展商绝对能控制住招标过程的氛围，不以铺天盖地为上策，那样不会找到好的会展公司，或者说好的会展公司也不会参与。更不会以公司规模为衡量基准，除非参展商的预算真的是多到不用注意成本。那么如何挑选自己的最佳合作伙伴呢?

先让我们了解一下会展行业的流程:参展商寻找招标对象→开招标会→各公司提交方案→入围修改→入围公司提交方案→确定方案→中标。

我们从参展企业寻找招标对象开始说起。客户招标时与会展公司最终见面情况无非两种:一种是参展商找到会展公司,另一种就是会展公司找到参展商。参展商通过互相推荐介绍,或者通过媒介查找联系到会展公司的情况通常比较多。会展公司找上门的情况也有,或许因为参展企业的知名度高,要么就是上一次参展的展位实在"惹眼"。但如果上述情况都不是,旺季还主动上门找活干的会展公司基本属于有生存危机的或是专靠撒网式生存法生存的那类。建议参展企业旺季参展时还是选择自己挑选的会展公司比较妥当。

接下来是招标会。参展商在此可以观察各公司前来参会人员的状态及精神面貌,良好的精神面貌是保证后续工作的首要前提,参展商也可从侧面感受到各会展公司的文化氛围、人员素质以及规模等。

之后就是提交方案。首先要注意的就是前来提交方案的人员与招标会人员是否一致,转交或外包项目都会导致公司提交方案人选的变化。如无个人原因未参加提交方案的公司只能表明对参展商的不重视。而参展商最高参与领导也一定要到场,以防一套好的设计方案因参展商内部的暗箱操作导致出局。再一点要注意的就是要考察设计方案是否为原创,客户对感兴趣的设计方案是否可以多提问。优秀的设计师设计前对会场环境、人流、产品陈列、周边展台风格预计、设计理念、材料运用以及会场配套装置等因素都要进行认真考虑,这样的方案才算是对参展商负责的方案。剽窃来的方案肯定不会为客户想到这么多。

到了入围修改以及入围公司提交方案时,参展商首先需要切记的一点就是莫要一次又一次将方案改得面目全非,违背了入围的原创精神,否则当初入围挑选有设计实力公司的意义也就不存在了。

一旦确定方案——中标,就进入了一个前期较为关键的环节。确定方案前有的参展商会询问会展服务公司是否有工厂,无意间这成为了一道诚实测试题,因为会展服务公司几乎不存在真正意义上的自己的特装展位制作工厂。接下来参展商要尽可能确定材料颜色和品牌并留下材料样本,以便发现展台效果不符时可作为交涉凭证。

建议参展商应多从细节处着手挑选好自己如意的合作伙伴。

案例分析

会展布局和展台搭建其实是两个相互关联而又有着严格区分的概念。会展布局要解决的是整个会展活动现场的布置与谋划,它体现了活动的定位,且服务于参展商,服务于观众。而展台搭建更多时候是参展企业在主办法的协助下,完成对自身展台的搭建，它服务于企业对展品和形象宣传的需要。一个是对会展整体负责，一个是对参展企业负责。

第一节　展区和展位的划分

展览布局是指会展活动主办方对会展活动现场所作的布置与谋划，包括展区和展位的划分、现场环境布置等工作。展览布局体现了活动的定位，目的在于营造活动独特的参观效果，创造良好的参展体验。

展区和展位的划分，是展会管理的一个重要基础性工作。展会一般都按类别划分展区，一个专业题材展区可能包括一个或几个展馆，也可能是一个展馆的某一部分，在每个展区里还要根据场馆的场地特征划分展位，决定哪些地方搭建特装展位，哪些地方搭建标准展位，两种展位各自需要多大的面积。合理划分展区和展位，对于展会招展和更好吸引目标观众到会参观、提高参展商的展出效果、进行展会现场管理等有着十分重要的作用。

一、划分展位和展区的原则

展会一般可以划分为展览区、服务区、注册和休闲区等区域，其中，展览区是核心，其他各区域都是为展览区服务的。展览区又常常按专业题材再分区，各区内再细分展位。展区和展位的划分关系到展会的整体形象，是一项重要工作。在划分展览区和具体展位时，应注意遵循以下基本原则：

1. 按专业题材划分展区。在展会招展前，要对展会所有的展览场地进行统一安排，按专业题材划分展区，筹划各种展览题材适合安排在什么位置，各展区需要 多大的面积。所谓按专业题材划分，就是在满足展品对场地要求的基础上将同类展品安排在同一区域里展出。之所以要考虑展品对场地的要求，是因为有些展品对场地的要求比较特别，如某些超高、超重展品对馆内高度、地面承载能力大小有着特殊要求。另外，如果展会的国际参展商很多，可以将其单独安排在一个展区里，一般称这个展区为“国际馆”。按专业题材划分展区，可以使展会条理清楚，秩序井然。

2. 有利于提高展会的档次。展区和展位的划分直接影响到参展商和观众对展会的印象。如果一个展会中的标准展位和特装展位的分布杂乱无章，各种展品的展位互相混杂，即使这个展的规模很大，人们也会认为它档次不高、不专业，对它的印象也一定不会好。因此，展区和展位的划分要有利于提高展会的档次，使参展商和观众从外观上对展会留下好印象。

3. 有利于观众参观。展区和展位的划分，要使对某类展品感兴趣的观众能很方便地找到展出该类展品的展位，与该类展品有关联的产品也能在相邻的展区里找到。给予观众方便有利于展会贸易成交量的提高，提高展会在观众心目中的地位。

4. 有利于提高参展商的展出效果。展区和展位的划分对参展商的展出具有直接的影响。例如：如果一个或几个标准展位夹在一些特装展位之间，标准展位将变得非常不显眼；如果将一些次要的展品放在展馆最好的位置，展会的整体效果将大打折扣。

5. 有利于展会现场管理和现场服务。展区和展位的划分要注重对展览场地的充分利用，最好不要有闲置的展览死角；要注意展馆消防安全，便于遇到紧急情况时疏散人群；要方便展位的搭建和拆卸，方便展品进馆和出馆。

划分好展区和展位以后，需要按一定的比例绘制成展会展位平面图，并在图上标明各展区和展位的具体位置，标明展馆各出入口、楼梯、现场服务点等，以便参展商在选择展位时作出抉择。展位平面图是展会招展时经常使用的主要资料之一，在绘制时要准确、细致，图标和线条要清楚，使人一目了然。

二、划分展区和展位应注意的问题

展区和展位的划分不仅会影响展会的整体效果，还会影响到办展单位、参展商、观众以及展会服务商在展会期间的活动，可谓“牵一发而动全身”。因此，在划分展区和展位时，要注意以下几个方面：

1. 要注意统筹兼顾。就是在划分展区和展位时，要在办好展会、符合展会需要的前提下，对展会所有的展位作统一安排，最大限度地兼顾到办展单位、参展商、观众以及展会服务商各方面的利益和便利性。划分展区和展位首先要考虑的当然是展会本身的需要，如展览题材对展区划分的需要、展会档次对展区和展位安排的需要等；其次，是参展商、观众以及展会服务商对展位的划分和安排的需要。对参展商来说，其最大的希望是提高展出的效果；对观众来说，其最大的希望是参观便利；对展会服务商来说，其最大的希望是能够便利地为相关方面提供服务。所以，展区和展位的划分如果忽视了某一方面的需要，就会给其带来不利的影响，并由此造成连锁反应，进而影响到整个展会的效果。

2. 要因地制宜。展区和展位的划分除了要充分考虑展会本身、办展单位、参展商、观众以及展会服务商的需要外，还要充分考虑到展馆的场地条件，因地制宜设立合理的展位数量，提高使用率，尽量使所有的展位都面向观众。例如，不管是空地展位还是标准展位，参展商都不希望自己的展位内有柱子，如果展馆里有柱子，就要考虑不能将柱子划在某个展位里面。此外，不同的参展商对展位的面积要求也不一样。在划分展位时，如果只是注意满足某些参展商的需要而不注意展会整体，场地出现一些死角，则会对展会整体效果产生不利的影响。

3. 不能遮挡展馆的服务设施。展馆里的一些服务设施是展会安全的重要保证。要保证任何展位都不能遮挡展馆里的重要安全设施，如不能遮挡消防栓，不能堵塞消防和安全通道，不能遮挡配电箱；在展馆的入口处要留出一定的区域供参观人流聚散；各种通道要达到一定的宽度以便参观人流通过。

4. 要注意适应参观人流的规律。这是划分展区和展位时应充分考虑的重要因素之一。一般来说，展会参观人流的形成和流动有以下特点：在中国，由于受平时交通规划的影响，人们进入展馆后习惯于直接向前走，如果不能直接向前就习惯于向右转；在展馆的入口处、主通道、服务区和大的展位前集聚的人流比较多，容易形成大量的人群围观某个展位或展品等。

5. 要合理安排展会的功能服务区域。一个展会除了最主要的展览区域以外，还需要安排一些功能服务区域，如登记处、咨询处、洽谈区、休息区、新闻中心等，尽管这些区域一般面积都不大，但对展会整体而言还是十分必要的。在划分展区和展位时，不能只考虑展览展示区域的划分而忽视对功能服务区域的统筹安排。

第二节　展会的装饰设计

展览设计过程中涉及许多方面：以公司总裁和展览经理为代表的客户本身，负责整个展览会的展览组织者，举办展览场所的业主，展览搭建专业领域中技术熟练的展位承建商，制定设计方案并监督其施工和搭建的展览设计师，为确保展览会的各项工作能够就位并保证整个营销策略成功的广告代理和市场营销部门等。这些方面各自相互独立却又彼此影响。其中最重要的关系是展览设计师和客户的关系，二者必须相互理解，友好相处，并能作为一个中心指导小组总揽整个工程。

一、展台装饰设计

在展览会上，参展商要与其他参展商一起竞争。参展商可以采取一些方法吸引观众的注意，例如进行一次现场演示，或将展台设计得独具特色。但要注意设计时要精心考虑，不要把展台弄成一个供展厅参观者休息的场所，导致展位被封得严严实实，丧失无数次成交机会。总之，展台的特色设计非常重要。

1. 传统的特色装饰设计

不要小看传统的支柱、植物、喷泉、彩旗、壁画等装饰的作用，若能将这些设计与展出融为一体，便会产生很强的效果。但若临时生搬硬套补充一些内容，则达不到预计的效果。

2. 寻找需要的专业人员

大多数的特色装饰都有一个共同点，即都是由专业美工或艺术家设计制作出来的，而不是一般的承建商所能办到的。当设计方案被确定之后，需要找寻合适的人去落实。寻找所需的专业人员，不能把目光仅仅限制在商业展览建造领域内。在模型制作领域内不乏既精通微缩立体景观、玻璃绘图及三维立体展示的设计制作，同时又能为电视广告制作产品模型者。另外在剧场设计领域中很可能有这方面的专家。

在黄页电话簿及其他一些指南中可以查阅到专业彩旗制作商、延伸织物生产商、植物园艺专家、音像制作人等有关信息。实际上在我们的周围也有一些很出色的专业设计人员，只要去用心留意就有可能得到不同寻常的设计。

二、展台特色装饰的种类

1. 比例模型

大多数的比例模型制作者都以制作建筑模型和构造模型为主，但他们中有许多技术高超的也能制作景观模型、产品模型甚至剖面模型。大多数的模型都出自具有一定规模的公司，这些公司拥有能使用塑料、金属和木质材料进行模型制作的专家。

一般来说，模型精确细致，但缺乏一种真实感，不过多数人还是喜欢观看模型。除了幻灯片以外，比例模型是唯一可用来具体介绍参展公司各项活动情况的工具。

2. 微缩立体景观和玻璃绘图

微缩立体景观和玻璃绘图的装饰设计在展览中更具剧场效果，缺点是人们只能从一个侧面对其进行欣赏，而且制作时必须像剧场前台那样搭建一个拱弧，因此在商业展览会上这种装饰设计没有被经常采用。

(1) 微缩模型可以将近景、中景、远景及背景依照不同层次表现出来。近景和远景通常是以透视的角度摆放模型，而远景和背景则是画出来的，以便人们将视线引向远方。

(2)玻璃绘图的制作原理也同样是将画面分作不同的表现层次，只是这种层次效果是通过绘制在几张平行玻璃片上的图画来达到的。为了增强效果必须从正面通过一个限制性的前台景框来观赏，而采用微缩技术只要画面足够大，如配有丰富的近景布置就不必使用景框，这种技术目前已被世界各地的博物馆成功地采用。但为一个临时的展览配备这样的玻璃绘图比较昂贵。

(3)微缩景观和模型技术的有效运用完全依靠灯光效果及一块 45 度角的玻璃就可以将远近景物表现得生动而具有神奇色彩。

另外墙面绘画及雕塑设计也是展台装饰设计的一种有效手段。如果参展公司决定采用这种方式必须注意两点：一是必须与作品创作者签订使用协议，明确双方的权利义务；二是会展结束后，保存所有的设计草图和模型。

3.彩旗与织物

在展厅内外可用不同形状、不同颜色的旗帜组成不同的图案为展览增添几分喜庆的气氛。印有各参展商标志图案的旗帜挂在展厅外广场，五彩缤纷，具有广告的效应。让参观者在进入展厅前就能感受到展会的规模和档次。

一般来说，织物装饰是覆盖大面积展台的最廉价的方式，因此作为展览组织者，在展馆入口搞庆祝活动时较多采用这种方式。

4.水池喷泉装饰

任何一种形式的水池装饰，尤其是具有水流循环功能的那种，通常能够营造出一种宁静宜人的环境。但这种设计方案只有在与展出的产品有某种联系的情况下才考虑采用；若是与产品无关，这类装饰就没有多大意义了。

5.巨幅照片和全息影图

(1)要选择适当的图像。巨幅照片既要简明又要能充分起到吸引人们视线的作用。彩照制作成本较高，可以采用黑白照片，其效果同样非常明显。可将黑白照片印到彩页上，甚至可以先将黑白颜色漂去再以染料取代，或者使用深褐色印刷法、彩绘法等。以上几种制作技术的成本大约是黑白照片成本的两倍，但比全彩色照片成本要低很多。

由激光投影实现的立体三维全息图像也是一种现代科技，在一些商业展览会上已被采用，并显示出巨大的市场前景。但激光投影要求严格控制光线，且制作成本比较高，另外，出于安全方面的考虑，也对激光的使用有一定限制。

(2)展品演示往往能招徕大批观众，例如演示如何操作四色平版印刷机全速印刷展览刊物，演示如何使用削苹果的小玩意，等。展品演示是一个极富特色且行之有效的方法，因为人们普遍喜欢观看推销员的操作表演。参展公司在必要时可以搭建一个演示室。但搭建的演示室不得妨碍展会通道的畅通，否则展馆内的消防安全人员会干涉演示活动。另外演示也不能影响相邻展位，否则展览组织者也会出面干涉。

6.观众参与

邀请观众一起参与活动，其受欢迎的程度仅次于展品演示。这种形式能为销售人员提供与参观者对话的机会。有两点需要注意：一是活动节目不宜过长或过于复杂，以免影响参观者的活动；二是要计划好如何使推销人员有机会自我介绍，并能进入真正的业务洽谈。

观众参与不仅限于让参观者观看录像节目，应尽可能让参观者可以亲自动手参与。例如，让参观者亲手触摸地毯样品，并比较地毯质量为什么优于其他同类产品的做法，可以把大量参观者从通道吸引到本展台来。

7. 图形装饰

此类图形是通过将一块碟片放于印有一定图案的灯箱上，通过碟片自身不停转动而显现的。通常图案的内容为一幅剖面透视图。当碟片在图案后面转动时，就会产生流水线运动的光学幻影。这种设施由专业设备的生产厂家生产提供。

8. 动画造型

动画造型的种类、复杂程度以及价格大不相同，最为重要的一点就是这些动画造型都必须由专业人员设计制作。它们可能是简单的只能做一两个动作的动画卡通形象，也可能是复杂的可以在展位上转来转去的机器人。最近出现的一种非常有效的方法是将一张人像投影到一尊塑像的面部上去，这个人像可以是著名的演员、运动员或历史人物，这给人们造成一种视觉幻觉，好像这位名人一直站在展台前一样。

9. 花卉植物装饰

展览厅是最不利于普通植物生长的地方，因为展览大厅内闷热、干燥、灰尘大、缺乏阳光，因此对展台装饰植物的生长条件要进行认真的设计与控制，并且需要专业人员定期进行精心护理。现在，有专门的公司可提供展览植物花卉服务，最好选择其中适合的一家为自己服务。

植物的安排要看上去整洁密实，泥土与肥料不可暴露在外，除非这是特殊设计的需要。在必要时还可利用各种砂岩碎石等作陪衬。

鲜花植物能为展位增添一些色彩，使用各种鲜花排列成文字、图案等能产生特殊的效果，这在室外农业展等展览中使用尤为普遍。

使用植物和花卉，有时能取得较好的装饰效果，但必须对其进行定期的除尘、清洁。展台的插花必须每天进行整理或更换。另外可以让参展工作人员每人在胸前的证件旁加一朵花，这样可以给人留下较深的印象。

第三节 展台的设计要素及其运用

一、展具租用与制作

展具来源一般是租用或者制作。租用展具的优点是方便，缺点是可能缺乏特色，费用也可能较高。制作展具的优点是展具富有特色，如果展具反复使用率高则制作平均成本比较低，缺点则是制作过程比较复杂。不论租用还是制作展具都要注意使展架、展具成系列。

展览会组织者一般都提供展具，或者将展具出租商的名单提供给参展者。租用展具事先要考虑周全，并按时间提前租定。现场租用的展具可能只有一个或少数几个系列，而且样式重复，不易产生特别或明显的效果。租用展具的手续相当简单，按需要事先填好展具租用表并提交展览会组织者或展具出租商，在规定或约定好的时间内展会组织者或展具出租商就会将展具送到展位。展览会结束后，展会组织者或展具出租商会自动搬走展具。展具租用费的支付方式大多是先预付定金，展具送到展台后再支付剩余部分。

如果有特殊需要，可以考虑制作展具。制作展具可以理解为购买展具和定制展具，要考虑材料、式样、制作地点等问题。

首先是材料。展架、展具用料的传统要求是轻、耐用以及可再生。轻是为了运输、搬运方便；耐用是为了延长使用寿命，以降低成本；可再生是指展具使用后可以重新制成新的材料。尽量多地使用可再生材料，少使用一次性材料，要符合生态和经济两项标准。还需要注意的是材料的安全性规定要求，材料应该坚固、防火、耐磨损、耐污等。

其次是式样。如前所述，展架展具的发展趋势是形成统一系列，也就是展具与展架的规格、式样要相匹配。还要考虑易拆装、可折叠、多用途、易安装、不使用特殊的施工技术等。

第三是制作地点。如要在展出者所在地制作，就要考虑运输费用。展览会所在地如果是异地，参展商与制作者之间无法充分交流，制作复杂的展具可能会出现问题。

第四是包装。使用专用包装箱，可以节省包装材料、包装空间，减轻包装重量。包装箱要结实耐用，尺寸、重量应便于储存、运输和搬运。包装箱在展出期间还可以作为合适的储存箱，部件、展品小箱等都可以安全地放在这些包装箱内。如果必须使用包装材料，应当尽量使用可重复利用的包装材料，虽然需要较多的前期投资，但总体看还是经济的，并且能减少污染。

展具制作之前要对制作者交代清楚，制作中要经常检查、监督。展具做好后，如有可能最好试装一次，如有问题可以及时调整，另外也可以熟悉安装要求，以便到现场能迅速施工。展具制作者可以是专业展览展具公司，也可以是展览施工公司、商店装潢公司、建筑公司的小件部门等。

二、展台照明设备

照明或称灯光，是展台设计主要因素之一。有的设计师认为灯光是设计中最重要的因素，是设计出效果的决定因素，也是一项具有挑战性的技巧。合理地使用照明可以将参观者的注意力吸引到展台、展品上来，可以使展品显示出最佳状态，可以创造环境气氛。但是在实际工作中，能够熟练、恰当地使用照明设备的情况不多,而不重视以及使用不当的情况却相当普遍。常见的对照明设备使用不当的情况有三种:展台照明不充足、灯光种类不对、灯光照射方向不对。

三、音像器材设备

展览会上使用幻灯片、电影、录像等声像资料的情况很普遍。恰当地使用声像设备可以吸引观众,增强展品的展示效果。虽然设计师可能不介入决定是否使用声像以及制作声像制品,但是设计师必须负责通盘考虑、安排声像设备,以便声像设备发挥最大作用,增强整体展台的展示效果,同时不影响周围展台。

1. 要考虑到声像资料的用途。不同的声像资料及其不同的使用方法可以满足不同的展出要求。它们可以用来吸引观众,也可以是展品的组成部分;它们的播放时间可以是短暂的,也可以是长时间的;它们可以是反复播放的,也可以是定时播放的。要根据展出需要安排不同声像资料及其不同的使用方式。

2. 要考虑播放设备的位置。如果是为了吸引参观者,设备最好设在走道旁或面向走道;如果是为了少数经选择的参观者或播放时间比较长,播放地最好在展台里,甚至隔离开。

3. 要考虑观众位置。设计时应考虑预计的观众数,考虑他们站在哪里或坐在哪里,必须为观众提供充足、舒适的空间。

4. 要注意控制人流。好的声像节目可能会吸引参观者驻足围聚,这容易堵塞展台入口,妨碍通道畅通。要预先估计可能的环境,相应安排声像设备,控制好人流。

5. 要注意控制音量。幻灯片、录像等大都配有声音,这会增强播放效果,吸引注意。但是声音过大则可能影响周围展台,制造矛盾和麻烦,展览会组织者也会干预、封闭制造噪音的展台。同时声音过大也会影响自己,尤其是需要进行贸易洽谈的展台,高音量会导致洽谈双方疲乏、急躁,对成交不利。因此要合理地放置喇叭,合理地控制音量。

6.请专业人员制作声像节目。尽可能地安排专业人员制作,以确保质量。好的声像节目可以给参观者留下良好和深刻的印象。

四、公用设施的安装

租用空地的单位必须填写用电接驳表,并及时反馈给承建商,下列工程必须由组委会指定的承建商负责:

1.电话、传真的安装、布线与拆除。

2.所有用电及照明设施的布设、安装与拆除。

3.标准展台的搭建。

任何参展单位不得在建筑物的任何部位使用钉子、螺丝、油漆、涂料、粘胶或其他类似材料,凡对展馆建筑及其有关设施造成改变或损坏的参展单位,将对由此产生的一切损失承担责任。

思考与练习

1. 展览布局的定义与作用是什么？
2. 展览布局要遵循哪些原则？
3. 展台设计的要素有哪些？
4. 展览布局与展台设计的区别与联系是什么？

实训项目

为小组拟做展览项目进行布局设计。

附：展览布局设计要求

展览布局图

任务：为所策划展览设计展览布局图。

具体要求：

1. 可手绘，也可用电脑绘制；
2. 体现布局原则；
3. 要有展会广场布局图；
4. 要注明设计思想；
5. 对可能会引起不解之处作标注。

第十一章

展览会的现场管理

学习要点

●展览的布展管理

●展览会现场的观众管理

●展览会现场管理

●突发事件管理

引导案例

中国国际汽车展的现场管理

北京国际汽车展是目前中国国内规模最大的专业展览会，现场管理尤为重要。既要使观众参观后感到满意，又要使参展商取得很好的宣传、展出效果。多年来，主办方一直在为提高汽车展的整体质量和服务水平而努力。

中国国际展览中心作为北京国际车展的承办单位之一和固定的展出场所，多年来，不断通过内部改造和整治周边环境等方法来改善展览环境，提高服务水平，尽最大力量满足参展商和观众的要求。逐步改进现场设施，增设临时展馆，改进空调设施，改造展馆供电系统，改善卫生条件，重新铺设馆外展览场地，装修海关办公室和技术交流会议室以及大小报告厅，实施展馆信息化建设，建立宽带上网和多媒体触摸式显示屏，绿化环境，改善周边环境等。

为了解决车展期间交通堵塞、停车难问题，本届车展主办单位与北京市交通管理部门配合，在上届车展交通管理方案基础上，根据今年的新情况、新特点、新变化，制定更加科学、优化、合理的交通管理方案。如：停车场的设置，参展商及观众的输送，社会交通运行线路规划，交通标志的需求设置等。以最佳、高效的交通疏导措施服务于参展商、新闻界和社会各界观众。

此外，关于本届北京国际汽车展中国内与国外、整车与零部件、轿车与商用车、大客车、载重车展区与专题的划分，展览会现场广告、展览会的其他宣传广告服务项目、现场公告牌及指示牌、展览会开幕式的改革及各项主要活动的安排，展览期间主办单位和参展商与观众的信息交流、展会动态、观众统计等方面的工作，展览会服务场地的规划（如停车位、观众通道、观众休息处、餐饮服务等事项），展览会现场安全、卫生等工作，我们也将认真加以研究，尽快推出切实可行的办法，并适时给予改进和完善。

北京的国际汽车展览会虽经过十多年的努力取得了较快的发展，但是和国际上知名汽车展览会相比，不论是硬件设施还是软件服务，在展览会的管理功能和服务功能方面还有待完善和提高。关于新中国国际展览中心建设项目，目前已进入项目论证阶段，将于 2006 年建成竣工。我们相信：在 2006 年的第九届北京国际汽车工业展览会上，我们展馆的软硬件水平将有一个质和量的飞跃。我们真诚地希望国内外的参展企业、新闻媒体、广大观众等各界朋友给我们提出宝贵的意见和建议，我们也将积极努力，以改革和创新的精神，博采众长，进一步改进与完善展览会的组织工作，推动北京国际汽车展向着“品牌的国际化，组织与管理的科学化，设施与手段的现代化”迈进。

案例分析

现场管理是展览项目运营过程中，参展商、观众参与其中，且感同身受的环节。在这一环节中，展览项目管理的水平、服务的质量都得到了充分体现。又由于展览会具有高体验性的特点，参展商和观众在其中的感受直接影响了其对此展览项目所作出的判断，也是其评价本届展会质量、进行下届展会选择的直接依据。从这个意义上说，现场管理的好坏决定了展览会的成败。

第一节　展会布展管理

当展会招展和招商工作已经接近尾声、展会开幕日期临近时，展会就要在所租用的展馆里迎接参展商进馆布展。所谓布展，从参展商的角度看，是指参展商为准备展览而在展会开幕前对展位进行搭建装饰、布置和将展品陈列在展位上的系列工作；从展会的角度看，是指对展会现场环境进行布置以及对参展商的有关工作进行协调和管理。

一、布展前的准备工作

展会布展是展会开幕前的现场筹备工作，一般在展会开幕前几天进行。在展会布展前，需要做好以下几项准备工作：

1. 确定布展时间。不同题材的展会布展需要的时间长短不同，有的展会布展时间很长，如汽车展和大型机械展，布展的时间往往需要一个星期；有的展会布展时间很短，如消费品展布展时间常常只需要两天。展会布展时间的长短，主要取决于展览题材及展品的复杂程度。展会规模的大小对布展时间也有一定的影响：展会规模越大，其需要的布展时间往往越长；对于一般的展会，布展时间常常在 2～4 天。

2. 办理相关手续。根据国内对展会的管理规定，办展单位在组织展会布展前需要到工商、消防、安保和海关等部门办理工商报批、消防报批和备案、安全保卫报批和备案、海关报批和备案等有关手续，手续办妥后展会才能开始布展。另外，如果展馆位于城市的中心地带，可能还需要办理外地车辆进城证，以方便外地企业运送展品到展会现场布展。

3. 与相关服务商协调。在进行展会布展前，办展单位还需要与展会指定承建商和展品运输代理公司进行协调和沟通，共同交流对展会布展的指导思想、意见和建议，及时解决展品运输过程中可能出现的各种问题，避免出现现场布展格调不统一或展品迟迟未到等不良现象，保证布展现场秩序井然、有条不紊。

4. 展位画线工作。按照各参展商租用的场地面积和位置，画好每个展位的地域范围，确定租用展位的具体位置，方便参展商在展位内搭建和陈列展品。展位画线工作涉及每个参展商租用展位的具体位置和面积大小，展会要认真仔细、一丝不苟，按照事先对参展商的承诺如实办理。

5. 展馆地毯铺设。在展馆计划铺设地毯的地方，如展馆的公共区域、某些展位等按计划铺设地毯。地毯铺设要紧贴地面，要美观，不能妨碍行人通行。

二、展位布展

展位画线工作完毕，展会就可以迎接参展商进展馆搭建展位了。展位布展正式开始时，展会对布展工作要进行以下几个方面的协调和管理：

1. 参展商报到和进场。各参展商凭参展合同及有关证明到展会现场报到，支付各种款项，领取相关证件，办理进场手续。

2. 展位搭建协调工作。除了一些特装展位由参展商自己搭建外，展会一般还要负责搭建一些标准展位。不管是标准展位还是特装展位，展会都要监督承建商按展会要求搭建；对于展位搭建中出现的各种问题，展会要及时协调处理。

3. 展位楣板的制作、安装和核对。各参展商展位的楣板上标有参展商的单位名称和展位号，有的还有参展商的 Logo 或展品商标。这些内容关系到参展商的门面，对参展商非常重要，一定不能有丝毫的差错。楣板制作、安装完毕后，展会要派出专门人员认真核对。

4. 海关现场办公。对于海外参展的展品要及时办理海关通关手续。如果海外参展商比例较大，可以邀请海关到现场办公。对于所有海外参展展品，展会要陪同海关进行现场抽样查验。

5.展品陈列。展位按照要求设计和搭建好以后，参展商就将展品按计划展示出来供观众观看。

6.现场施工管理和验收。展会要派出专门人员管理承建商的现场施工，如现场用电、噪声、展位高度控制、电线电缆的安装和走向、灯光的设计和使用、搭建展位材料的防火性能、展位之间通道宽度的控制、重型机械的地面承重控制、标准展位的标准配置等要及时查验，避免施工现场秩序混乱或出现安全隐患。

7.消防和安全检查。展位布置完毕，展会还要陪同消防和安保部门对所有的展位进行一次全面、系统的检查，保证展会符合消防和安全要求，整改现场可能存在的安全隐患。

8.现场清洁和垃圾的处理。展会布展往往会产生大量的垃圾，要及时收集并运出展馆进行处理。

9.现场安保工作。展会现场人员众多，各单位布展施工涉及用水用电，展会要负责布展现场的日常安全保卫工作，但对参展商的展品丢失、损伤等不负责任。为保护自己的展品和人员安全，参展商最好还是给员工及展品投保。

三、展会现场环境布置

在参展商进行展位布置的时候，展会也要对展会现场环境进行布置。展会需布置的现场环境一般是公共区域。现场环境布置好，可以为展会开幕和观众到会参观作好充分的准备。现场环境布置需要安排好以下各项内容：

1.展馆序幕大厅的环境布置。在展馆序幕大厅里一般要布置展馆、展区和展位服务网点分布图，各参展商及其展位编号一览表及名录牌，展区指示牌，展会宣传推广牌，展会相关活动告示牌等。序幕大厅的布置要与整个展会的气氛相协调，醒目，容易辨认。

2.各展馆(展区)公共区域环境布置。在展会各展馆里，除了各参展商的展位以外，展会也要布置一些内容：各展馆(展区)的主要展览内容提示牌、参观路线指示牌、本展区服务网点提示牌、至其他展区的路线提示牌、本展区参展商及其展位编号一览表等。上述内容要布置在比较显眼的地方或观众容易迷路的地方，这样更便于观众参观。

3.嘉宾休息室或会客室环境布置。很多展会在展馆适当区域开辟一定的空间作为展会嘉宾的休息室或会客室。在休息室或者会客室里除了要配备一些茶水、咖啡和小点心等，还可以放一些有关展会的介绍资料。为休息室或会客室配备专门的服务人员或者翻译。

4.展会“一条龙”服务点布置。为了方便参展商现场租赁各种展具和申请额外用水用电，展会可以在展馆适当的地方设立展会布展“一条龙”服务点，集中处理参展商布展及展览期间租赁展具和申请额外用水用电等的需求。

5.设立联络咨询服务中心。为了方便参展商和观众，大会还可以在展馆序幕大厅、展馆的主通道或其他便利的地方设立联络咨询服务中心，安排专门人员在中心负责接待和联系参展商及观众，现场处理和解答有关问题。如果展会规模较大，除了设立联络咨询服务中心外，展会还可以在其他合适的地方再设立一些联络咨询服务点。

6.观众登记处和入场通道布置。为方便观众登记和入场参观，展会要以人为本，精心设计和布置观众登记处和入场通道。

7.展会新闻中心的布置。很多展会都会在展馆适当的地方开辟一定的区域作为展会的新闻中心，供各媒体使用。新闻中心里除了要配备有电脑、传真机、写字台、纸、笔等供记者写稿、发稿用的必要设施之外，还应配备供记者小憩的茶水、咖啡以及小点心等。另外，还可以在新闻中心放一些有关展会的介绍资料，如展会的办展背景、行业概况、展会特点、相关活动安排计划以及展会的相关数据等，方便记者在写新闻报道时参考。新闻中心一般只供媒体的有关人员使用，其他人员除非有邀请否则谢绝进入。

8.展会相关活动现场布置。会议、比赛、表演和演示等展会相关活动是展会的重要组成部分，展会环境布置也包括对其举办环境的布置。

对展会现场进行各种布置是为展会展览作准备，上述工作结束以后，展会布展工作已经基本就绪，展会就可以按计划举行开幕式，对外正式宣布展会开幕。

四、展会证件与门票管理

为了规范展会入场秩序，展会一般对各种入场人员实行证件管理，即只有拥有展会认可的证件才能进入展馆。对展会入场资格进行证件管理，一方面是为了确保展会的秩序和安全；另一方面是出于对展会相关数据统计的需要。门票是广义展会证件的一种，展会出售门票，有些是为了限制非专业观众进场参观，有些是为了增加展会的收入。

1.展会证件。展会开幕以后，展会一般对入场人员实行证件管理，持有展会认可证件的人才能进入展馆。实行证件管理的目的在于维持展会现场的良好秩序，保证展会的安全，确保参展商取得较好的展出效果。根据实际需要，展会一般有七种证件：

(1)参展商证。供展会参展商进出展馆使用。

(2)筹(撤)展证。供展会布展和撤展时，承建商和参展商的相关工作人员使用。筹(撤)展证在展会展览期间一般不能使用，即在展会展览期间，承建商和参展商的相关工作人员不能凭此证进出展馆。

(3)专业观众证。供展会的专业观众使用。专业观众在填写“专业观众登记表”后领取本证，凭本证可以进入展馆参观展会。

(4)贵宾证。也叫 VIP 证，供到会参观的嘉宾使用。

(5)媒体证。有时候也叫记者证，供各媒体记者等工作人员使用。

(6)工作人员证。供展会的有关工作人员使用。

(7)停车证。供参展商、观众和到会嘉宾在展馆停车场停车之用。

为了便于展会现场管理，展会规定：所有的证件都不许涂改，不许转让，也不允许一证多用。所有进馆人员必须将有关证件佩戴在胸前，自觉配合展会安保人员的查验。

2. 展会门票。有些展会对普通观众开放并出售参观门票，观众凭门票进馆参观；而专业观众凭“专业观众证”进馆参观。如果展会出售门票，要事先与当地税务部门取得联系，在取得税务部门的同意后方可印制和出售门票。

第二节 现场观众管理

展览会场内流动的参观者一般由流向、流量和流速三因素组成。人流是场地因素之一，也是设计需要考虑的因素之一。人流一般是自然形成的，但是也有一定的规律。设计师应当了解人流规律，并进行适当的控制，以便达到特定的设计目的，使参观者按展出者的意图参观展览的展台。

一、人流的规律

从表面上看，展览会上的人流随意走动，显得杂乱无章；但是从整体上看，人流还是有一定规律的。以下是人流的一些规律：

(1) 自然环境形成的人流。就展览会和展馆而言，在入口、出口等处人流的流向比较明确，在主道、服务区等处人流流量比较集中。

(2) 自然习惯形成的人流。在随意走动的人群中会有一种现象，就是人随人。人群由有目的的、无目的的，或懒散的个体组成，有目的的人走向某个方向往往会带动一群人。

(3) 自然形成的人流。有一种潜意识现象称为心理适应。观众进展览馆后往往会先走一段路，感到适应环境后再开始看展品。

自然本能形成的人流：人们进入一个大厅后，大多数人会自然向左转，然后顺时针方向走。据称这是地球顺时针方向绕太阳旋转等自然倾向使然。

二、控制的原则

关于流向，对展览会设计师而言，要争取让观众看遍展览，争取让观众看到每一件展品。关于流量和流速，主要要求在于通畅、避免堵塞。

三、控制的方法

设计师要根据展出目的，结合展品特征、展览背景及展馆条件，通过巧妙的设计、周到的布局、清晰的标志直接地、间接地引导人流。

通过展示内容控制人流。展示内容按展示顺序排在一起，位列同侧，以便使人流比较有序；展示重点安排均匀，吸引人的展品不要太集中，以便于使人流比较稳定；在岔路口安排能吸引人注意的展品、装饰，以引导人流方向。

通过场地布局控制人流。利用封闭式、开放式设计，展台的自然布局，以及开面、入口、出口引导人流。

四、观众参观指引

为了做好展会专业观众登记及相关服务工作，在进行专业观众登记时，展会一般会给专业观众以参观指引。可对专业观众起参观指引作用的主要有：展会参观指南、展会证件、门票和展会会刊等。展会证件、门票和展会会刊前面已有介绍，本节主要介绍展会参观指南。

展会参观指南是展会编印的、用来指引观众参观展会的一种小册子，主要向展会的专业观众、媒体记者以及与会嘉宾发放。到会的专业观众、媒体记者和嘉宾借助于参观指南可以更加方便地参观展会。有了它的指引，专业观众不但可以迅速找到自己要去的展馆或者展区，还可以很容易地找到某一具体参展商的位置。参观指南主要包括以下四个方面的内容：

(1)展会的基本内容。包括展会的名称、Logo、展览时间和地点、办展单位名称和展会的展品范围等。

(2)展会的简短介绍。主要简单介绍展会的规模、参展商数量和来源、展品的特点、展会相关活动安排等。

(3)展区和展位划分与安排。主要包括展会的展区、展位划分图，各展区的位置和范围、各参展商名录及其展位编号一览表，大的或知名参展企业的名字及具体位置等。

(4)其他有关图表。主要有展馆在该城市中的位置及交通图、展馆内部交通图、展馆内各服务网点的分布图等。现在，很多展会还将纸质的观众参观指南电子化，在现场设置电子查询系统。

案例：CPD的现场查询系统

德国杜塞尔多夫国际服装博览会(CPD)是全世界顶级的服装类展览会之一，被行内人士称为“欧洲服装业的晴雨表”。

该展会的现场查询系统设置由两部分组成：一是电子查询系统KATl；另一是现场人工咨询。电子查询系统KATl是一个完全自助式的查询系统，它被固定在展会的各大入口和各大展馆内，并以醒目的标志加以提示。系统以英、德、法、意四种语言，为参展商、品牌、国家、城市、邮编、展馆位置、服务、表演和讲座等提供多种词条，以方便不同国家的客商对所需内容的查询，查询的结果可以自助打印出来。CPD 还在每个展馆内设立一个现场人工咨询服务点，每个服务点配备 1～2 名工作人员，利用电子系统为客商提供查询服务；同时，咨询服务点还提供出售电话卡和 PDA 版展会信息下载等服务。除上述两种主要的咨询服务外，展会还在重要的展馆内设立免费资料派发点。

五、观众登记表

在观众进入展馆之前，为了收集专业观众的有关信息，展会一般还安排专业观众进行登记。

观众登记表是用来收集专业观众信息的一种问卷调查表，专业观众需要填写它才能取得进入展馆参观的“专业观众证”。展会通过观众登记表收集到会专业观众的信息，这些信息是展会今后调整展会经营思路、进行观众系统分析和展会客户关系管理的重要依据。观众登记表主要包括三部分内容：

1. 展会基本信息。主要包括展会的名称、Logo、举办时间和地点等。这部分内容一般放在观众登记表的上部。

2. 问卷调查的问题部分。主要是展会所关心的一些问题，如：

(1)观众所在单位的业务性质。

(2)观众感兴趣的产品和技术种类。

(3)观众参观本展会的主要目的。

(4)观众在产品购买中的角色。

(5)观众从什么渠道得知本展会的信息。

问卷调查的前两个问题主要想了解观众对本展会展品范围的态度如何，了解本展会的展品范围是否符合市场的需要，以便今后据此作出适当的调整；第三个问题主要是想知道观众为什么来参观本展会，以便今后更好地调整展会的功能；第四个问题主要是想了解观众的层次、素质如何；第五个问题主要是想检测展会宣传推广的效果，以便今后适当调整宣传推广策略。

3. 观众联系办法。主要包括观众的名称、职务及其所在单位的名称、地址、联系办法等。

一张简单的观众登记表(展会基本信息部分略)见表 11-1。

表 11-1　×××国际汽车展览会观众登记表

一、贵单位的业务性质为：

口汽车制造商	口汽车零部件制造商
口汽车用品制造商	口汽车经销商/代理商

口汽车零部件经销商　　口汽车用品经销商
口进/出口商　　口相关协会
口政府部门　　口其他（请注明）

二、您感兴趣的产品与技术是：
口整车　　口汽车零部件
口汽车维修检测设备　　口汽车养护用品
口电脑控制软件　　口汽车相关制造技术、设备和工具
口书籍/报刊　　口其他（请注明）

三、您在购买决策中的角色是：
口决策者/授权者　　口评估/执行采购任务
口建议/收集采购信息　　口不参与采购
口其他（请注明）

四、您参观本展会的主要目的是：
口联络供应商　　口寻求代理商
口现场采购　　口建立联系
口了解行业信息　　口为未来参展考察
口其他（请注明）

五、您从什么渠道得知本展会：
口参展商邀请　　口主办单位邀请
口协会邀请　　口报刊的相关评论
口展会的相关广告　　口网站
口其他（请注明）

请附上您的名片或填妥此表：
姓名：＿＿＿＿＿＿＿＿＿职务：＿＿＿＿＿＿＿＿＿
（来自）国家/地区：＿＿＿＿＿＿＿省＿＿＿＿＿＿＿市
公司名称：＿＿＿＿＿＿＿＿＿＿＿＿＿＿＿＿＿＿＿＿
公司地址：＿＿＿＿＿＿＿＿邮政编码：＿＿＿＿＿＿＿＿
电话：＿＿＿＿＿＿＿＿＿传真：＿＿＿＿＿＿＿＿＿
电子邮箱：＿＿＿＿＿＿＿＿网址：＿＿＿＿＿＿＿＿＿

在表 11-1 中，之所以展会把观众来自的国家/地区、省和城市单列出来，是因为这样能了解观众的来源，可以更好地调整和执行其宣传推广和招商策略。

六、观众登记

展会可以根据以往对专业观众发放邀请函的情况，将观众登记柜台和通道分为“持邀请函观众登记柜台”和“无邀请函观众登记柜台”。这样区分有以下好处：第一，减少观众登记现场工作量，提高登记效率。有展会邀请函的观众一般在登记前就在邀请函的附表上填写了展会需要的信息，观众在现场不必再填写，

可以节约大量的时间，提高现场登记的效率。第二，由于登记效率提高，观众不必长时间排队等候登记领证。第三，展会录入观众资料更容易，也更准确，有利于展会进行客户管理。

有些展会在向观众发放观众邀请函时，就将观众一一编号，并将该号码印在给观众发放的邀请函上。一旦该观众到会参观，展会只要读取该号码就可以知道该观众的有关信息而不必现场录入该信息。这种办法可以大大提高展会现场观众登记的效率，有利于展会进行客户关系管理。

有些展会还会在专业观众证上打印条形码，观众进出展馆时用读码机判读条形码，以此来掌握专业观众进出展馆的次数和他们在展馆里停留时间的长短。

案例：CPD的观众登记

德国杜塞尔多夫国际服装博览会（CPD）是世界顶级的服装类展览会之一。为了方便观众入场参观和保证观众质量，展会的观众入场登记手续较为严格，但入场门禁系统的自动化程度却很高。为了保证入场的观众都是专业观众，在观众购买入场参观券前，展会要求观众必须填写观众登记表，凭行业的相关证明文件到展会专门设立的“贸易买家识别处”进行身份确认，然后才能购买展会入场参观券入场参观。

为方便观众入场参观，展会在4个入口共设立了98个入场券购买点，而入场券都设计成带有磁条的电子客票，通过类似地铁入出口的门禁系统。观众凭票可以自由出入，展会也凭此进行每日入场观众流量的统计。为了增加对展会观众数量的预见性和减少现场工作流程，展会以20%的折扣鼓励观众在网上预先登记和购买入场券。一旦观众在网上购票成功，观众即可以凭该成功订购的电脑打印单到展会的“在线票务点”领取入场券入场参观。

展会的观众登记工作是一项十分重要的工作。例如，如果展会申请成为国际展览协会（UFI）的会员，展会必须向UFI提供展会观众的有关数据。在国外，有一些专门从事展会观众登记的公司；目前，国内也有一些公司专门从事展会的观众登记工作。如果展会希望观众登记工作更加专业，就可以将这部分工作委托给它们去做。

七、观众登记时应注意的问题

观众登记工作是为展会“把守门户”，所有观众要入馆参观展会必须进行观众登记，由此可见观众登记工作对展会现场管理的重要性。从另一个角度看，观众登记所获得的资料是展会客户资料数据库重要的信息来源，这些资料不仅可以及时准确地更新和补充客户数据库的信息，还是展会进行客户分析的第一手资料，对展会改善客户关系管理和调整宣传推广策略有着重要的作用。

不管观众登记工作是由办展单位自己负责还是委托专业公司负责，在进行观众登记时都应做好以下几方面的工作：

1.要有专人负责管理观众登记事务，观众登记现场要有秩序，不混乱。

2.观众提交的资料要尽量完整。如果观众没有填写好观众登记表的相关内容，现场工作人员要进行提醒，并在观众按要求填写后才为其办理入馆手续。

3.工作人员现场录入的观众信息要力求准确，尽量少出错误。

4.如果现场来不及录入观众的所有信息，可以录入其中主要的信息，其他信息在展会后期录入。

5.观众提交填写好的观众登记表、邀请函和名片等资料要妥善保管，分类整理，以便以后与录入的观众资料进行核对。

6.现场工作人员的工作态度要好，动作要迅速，并对展会有一定的了解，能回答观众提出的关于展会的一般问题。

第三节 现场管理

展览期间现场工作是指展会开幕到展会闭幕这段时间展会现场的工作。这期间的工作是展会进行组织管理最集中的时段，是办展单位与参展商和观众等有关方面进行直接的、面对面交流的最佳时机。这期间的工作所包含的事务很多，需要多方面的协调配合，某一方面的疏忽或失误就可能对整个展会造成严重影响。展会对展览期间的现场管理工作历来都极为重视。

一、展览期间的客户工作

展会开幕以后，展会就进入了展览期间的现场工作阶段。这是展会最重要和最关键的时段，也是展会与参展商、观众和其他有关各方进行直接沟通和交流的重要时机。展会一般都会开展下列各项工作：

1.与参展商现场联络。展览期间，所有的参展商都亲临展会。展会一般都会抓住这一机遇，派工作人员或负责人亲自到各参展商的展位拜访或者邀请参展商座谈，与其联络感情，了解参展商的需求，征求参展商对展会的意见和建议，及时为参展商提供其需要的各种服务。

2.为观众登记和提供服务。观众通过登记进入展会展览现场以后，展会要为观众参观、信息咨询、中场休息、与参展商贸易谈判等提供便利和服务。

3.对参展商和观众行为进行管理。展会展览现场应保持良好的秩序。对参展商的行为进行管理主要是依据参展合同和参展商手册的有关规定来进行，如对参展商展出时的表演、演示的管理等。对观众行为进行管理，主要是为了保持现场通道畅通、维持良好交易环境，如防止大量观众停留在某一区域、阻止观众大声喧哗等。

4. 接待和处理客户投诉。展会参展、观展人数众多，他们的需求千差万别，可谓“众口难调”，加上展会各项工作千头万绪，现场难免会出现这样或那样的问题，引起参展商和观众的不满。展会要认真对待、积极处理收到的各种投诉。

二、展览期间的公关活动

展会开幕以后，包括企业、经销商、行业协会和商会、政府主管部门、外国驻华机构代表及贸易代表等各行业人士汇聚一堂，社会媒体高度关注，这时正是展会为其长远发展而开展各种公关活动的极好时机。

1. 公关和重要接待活动。展览期间，展会往往会安排一些重要的公关活动：邀请重要领导参观和视察展会、接待外国参展和参观代表团、接待行业协会和商会的考察、接待外国驻华机构代表的访问等。这些公关和接待活动对扩大展会影响、树立展会良好形象有着重要的作用。

2. 媒体接待与采访。展览期间，展会还会安排一些媒体对展会进行参观和采访。接待媒体与安排媒体采访对扩大展会宣传推广有着重要的作用，展会要认真落实。另外，展会还可以通过展会新闻中心有意识地对外发布一些展会方面的新闻，以进一步扩大展会的影响。

三、对各种服务商的管理

展会开幕以后，展会的各种服务商，如餐饮提供商、安保服务商、清洁服务商等齐聚展会，为展会提供服务。这些服务商提供的各种服务是展会服务的重要组成部分，对它们的现场管理其实就是对展会本身的管理。

3. 对现场餐饮服务的管理。展览开幕以后，大量人群汇聚，在餐饮方面有就餐时间集中、就餐人员集中、就餐地点集中等特点。展会不仅要对餐饮提供商进行管理，要求其按合同规定提供餐饮服务，还要对就餐的人群进行管理，以保持现场良好的秩序。

2. 现场安保工作。展览期间的安保工作主要包括保障公共安全、防止可疑人员进入展会、防止展品丢失、保障消防安全、协助参展商处理一些安保方面的工作等。和布展时一样，展览期间展会也只负责提供一般的安全保卫工作。

3. 现场清洁。展会一般只负责展会公共区域如通道、公共休息区、餐饮区等的清洁卫生工作。每天闭馆后，展会要派出相关人员清洁和打扫这些区域。展会一般不负责各展位内的清洁卫生工作，这些区域的清洁卫生工作由各参展商自己负责。公共区域的清洁工作，展会一般外包给清洁服务商来完成。

四、知识产权保护工作

开幕以后，展会往往会邀请有关知识产权保护部门在展会现场设立专门的知识产权保护办公室，负责处理参展商和观众有关知识产权方面的投诉，处理可能出现的知识产权侵权事件。对于被投诉侵犯了知识产权的展品，展会一般会暂时禁止其展出；如果该产品被证明确实侵犯了他人的知识产权，展会则会禁止其继续展出。展会一般只负责配合各参展商保护其知识产权，负责协助解决知识产权方面的纠纷，侵犯知识产权的责任则由参展商自己承担。

五、各种信息的收集整理

展览期间，各种信息汇集，展会一般会抓住这一时机收集有关信息，如对参展商和观众进行问卷调查，了解其对展会各方面的看法和意见等。展览期间收集的信息是改进展会办展策略的重要参考资料，展会要认真分析和整理。

六、展会相关活动的协调管理

在展览期间，展会一般还会同时举办一些会议、比赛、表演和其他相关活动。这些活动对于吸引客户到会、活跃现场气氛、传播展会声誉等具有重要的作用。上述各种活动在地点、时间、活动范围等方面需要展会作出妥善安排，各方面兼顾。

七、会刊的发放

展会会刊是本届展会所有参展商有关信息的汇编，也是展会为参展商提供的一项宣传服务。它有利于补充参展商在展会上获取信息的不足，为参展商架起一座走向市场的桥梁，帮助参展商扩大宣传，提高参展商的知名度。专业观众(买家)也可以凭会刊寻找自己感兴趣的参展商。

展会会刊一般通过两种方式对外发放：一是免费赠送，二是定价出售。在展会展览期间，展会可以在专业观众登记柜台附近设一个专门的会刊出售(或赠送)点来出售(或赠送)会刊。对于参展商，展会一般都是免费赠送一定数量的会刊供其派发给客户。

八、为下一届展会作准备

展会开幕以后，展会所有的服务商、参展商以及展会其他合作伙伴等基本都齐聚展会，展会应抓住时机，未雨绸缪，积极为下一届展会作准备：

1.为下一届展会招展预订展位。展览期间，展会可以在大会现场设立专门的招展办公室，负责在现场为参展商预订下一届展会的展位。

2.与有关方面商谈下一届展会的合作与代理事宜。展览期间，展会的合作伙伴和招展、招商代理等亲临展会，展会这时应抓住机遇，与其商谈和落实下一届展会的合作与代理等事宜，为下届展会提前作准备。

九、撤展阶段展位的拆除

当展会按计划展览完毕以后，就要开始闭幕工作。展会闭幕标志着本届展会正式结束，然而展会闭幕并不意味着展会现场工作就此结束。展会闭幕后，展会的撤展工作还需要办展单位进行必要的管理。

展览完毕，各参展商的展位要拆除，让展览场地恢复原貌。展位的拆除工作一般在将所有的展品都卸下展架后才进行。如果参展商使用的是标准展位或者委托承建商施工的展位，展位的拆除工作一般由承建商负责；如果参展商使用的展位是自己施工搭建的，展位的拆除工作就要由参展商负责。展位的拆除工作有时比布展时更为复杂，也更加危险，办展单位要监督各参展商或承建商按规定的时间和程序进行展位的拆除工作。展位拆除工作的最终要求是恢复展馆在布展之前的原貌。

十、参展商租用展具的退还

展览完毕，各参展商向展馆服务部门或承建商等临时租用的展具要及时退还。如果参展商在退还展具时与租借方发生纠纷，展会应从中协调。

十一、参展商展品的处理和回运

展览结束后，参展商的展品有四种处理办法：出售、赠送、销毁和回运。不论采用哪一种处理办法，参展商都要提前作好计划和准备。对于一些价值较高又无法现场处理的展品，参展商往往要将展品运回。

值得一提的是，为了保证所有出馆人员所携带出展馆的展品都不夹带他人的物品，在展会展览期间及展会结束后，展会要对所有出馆大件物品进行查验方才给予放行。展会对出馆展品实行放行条控制，需要出馆的展品，参展商要向展会申请放行条，展会在查验展品与放行条一致后才准许其出馆。

十二、清洁、安保和结算工作

展会的撤展工作是在展会闭幕后才进行的，但展会撤展管理的准备工作要在展会撤展前就准备就绪，这样才能保证撤展工作有条不紊地进行，否则撤展工作就可能会出现混乱。

(1)展场的清洁。展会撤展时往往会比展会布展时产生更多的垃圾。对于这些撤展垃圾，展会或其指定的承建商和清洁服务商要及时清理，不要弄脏展场地面和其他有关设施。和展位拆除工作一样，展场清洁工作的最终要求也是恢复展馆在布展之前的原貌。

(2)撤展安保工作。展会现场在撤展时往往比较杂乱，这种杂乱极易产生事故或导致物品丢失。办展单位要善始善终，不要因为展会已经闭幕就松懈下来，放松了对撤展现场的安全和消防保卫工作。

(3)与场地管理部门结算工作。在展会闭幕前或在展会撤展期间，办展单位要派出专门人员与展馆场地管理部门核对展会实际租用面积、参展类别和各种服务收费，准备相关资料和数据以便与展馆场地管理部门进行最后结算。

第四节 突发事件

展览现场可能会发生一些意想不到的突发事件，会展组织者的素质在突发事件面前将得到真正的检验。会展组织者在突发和紧急事件中要扮演领导角色，表现出足够的冷静与魄力，设法做好危机管理工作。在事前，组织者最好能列举出可能发生的紧急事件，并准备应急预案。一旦发生突发事件可以按事先设定的措施来处理，避免措手不及。

一、紧急医疗

紧急伤病事件随时都有可能发生，举办展览也要对此类突发事件作好应急准备。比较可能发生的疾病有心脏病、中风等。有些与会者由于饮食改变、睡眠不足、疲劳会导致种种不适，需要得到更多的照顾。

会展组织者应当通过当地有关部门或机构协助建立一个紧急医疗救护系统，在展会现场安排医护人员，并与当地医院联络，一旦有紧急病人立即安排救护并送往医院急救。

卫生问题是会展举办的一大挑战，包括饮食卫生与环境卫生。会展举办地的环境卫生一般不会有大的问题，而餐饮卫生则要复杂些，要谨慎选择餐饮合作对象。万一因食物不洁而造成人员腹泻或食物中毒，对主办城市、主办单位的形象都会产生负面影响，从而带来无法挽回的损失。

二、消防工作

每一个与会者都应当知道遇到火灾时的应对措施。会展组织者有责任告知与会者一旦发生火灾时的逃生步骤以及紧急逃生出口，并向与会者提供预防火灾方面的资料。很多主办单位印刷了防火手册，与展会资料一起提供给与会者参考。在作场地检查时，要重点检查其安全设施的配备和完好情况，比如是否有自动灭火系统，灭火设备是否完好有效，安全出口是否通畅，等等。

三、防盗工作

有贵重物品参展时，必须采取一些措施，对每一件产品都要作好标记并进行登记，通常警方能就如何作好标记提出一些建议。

至于利用警报器保护展品，可以选择机关的链锁或电线一直连接到展台内部。专业的安全防盗产品公司会推荐一些有效的装置，另外设计师可能也具备一定的保安经验。

某些展品在保存方面有其他的问题，如食品的保鲜存放等，可以租用冰箱等设施。有些易碎品也需特殊保存。要注意电源线路应当单独引进，以确保晚上关闭展位电闸时冰箱仍能正常运行。

陈列珠宝或银器，如果陈列箱内的织物选用不当，容易导致展品变黑，所以设计师应向当地博物馆等单位咨询珠宝银器的保存方法。

存放珠宝的陈列箱须装有安全防盗、防弹玻璃，并配以特制的保险锁。通常保险公司会提出一些具体的建议和要求，但明智的做法是采取更可靠的措施，而不仅仅是达到他们的最低要求。

若展品属于极高风险或贵重展品，则需要雇请保安人员值夜守卫，但这要事先与展览组织者商定并与展厅保安部门取得联系。请展厅的保安人员负责守卫既有好处也有坏处。最好的办法是使用自己请来的保安人员，这样晚上才能安心睡觉。

思考与练习

1. 布展管理的内容有哪些？
2. 展览会人流的规律是什么？
3. 控制人流的方法有哪几种？
4. 如何在现场引导观众？
5. 现场管理的内容有哪些？
6. 列举几个展会现场突发事件，并简要说明解决方法。

实训项目

撰写小组拟做展览项目的现场观众登记方案。

第十二章

展览会的组织管理

学习要点

●展览会的组织分工

●展览会各部门间的协调

●展览会的人员配备

引导案例

案例一　广交会的组织设计

中国出口商品交易会，又称广交会，创办于1957年春季，每年春秋两季在广州举办，迄今已有四十余年历史，是中国目前历史最长、层次最高、规模最大、商品种类最全、到会客商最多、成交效果最好的综合性国际贸易盛会。

广交会实行“省市组团、商会组馆、馆团结合、行业布展”的组展方式。主要组织资信良好、实力雄厚的拥有自有商标品牌、自有技术专利的外贸公司、生产型企业（包括外商投资企业和民营企业）以及科研院所等参展，向全世界展示中国商品及技术，以现场看样成交为特点，以出口贸易为主。每届广交会都吸引来自世界各地的数以十万计的客商云集广州，互通商情，增进友谊，成效良好。

组织机构。主办单位是中华人民共和国商务部和广东省人民政府，承办单位是中国对外贸易中心。

中国对外贸易中心是商务部的直属事业单位，全面负责组织、管理和承办中国出口商品交易会（简称广交会）。中心下设企业集团——中国对外贸易中心（集团），主要经营各种形式的展览（包括来华展览、出国/境展览和国内展览）、广告、进出口贸易、旅游、宾馆、餐饮等业务。

1. 制定广交会的中、长期发展规划，拟定广交会的改革方案并组织实施。

2. 负责拟订每届广交会的具体组织实施方案，制定广交会的组展、招展原则和标准；会同各地外经贸主管部门和各进出口商会确定各交易团、各专业展馆的面积、位置和摊位等事宜。

3. 综合协调和组织广交会的会务工作，负责大会临时机构的组建工作。

4. 负责广交会的海外招商和对外宣传工作。

5. 负责广交会的客商邀请、境外代表的接待工作及各项技术保障和安全保卫工作。

6. 负责广交会信息系统的建设和管理。

7. 负责广交会展馆的维护、改造、扩建和相关物业管理。

8. 组织国内企业赴境外举办或参加展览会、洽谈会和招商会，在非广交会期间，主办和承办境内各种博览会、展览会、洽谈会。

9. 管理中心及下属企业的国有资产，负责中心及其下属企业国有资产的保值和增值。

"中国出口商品交易会领导委员会"由中华人民共和国商务部、广东省人民政府、广州市人民政府领导，由各交易团团长、各展馆馆长、有关部门领导共同组成。委员会下设大会秘书处、业务办公室、外事办公室、政治工作办公室、保卫办公室、卫生保障办公室、证件服务中心。

大会秘书处：负责广交会大会总体协调；广交会重大活动的组织与协调；负责商务部领导及嘉宾到会接待工作，落实部、司领导交办事宜；负责广交会有关信息的编号、上报；负责广交会各办之间的文件流转和机要、保密等文秘管理工作；统筹现场展览服务和通信、财务等配套服务；负责后勤保障等日常工作。

业务办公室：组织、布置出口成交工作，负责外贸政策研究、形势分析，指导出口成交统计工作；指导广交会展览成效评估工作，研究制定广交会组展工作方案；组织开展有关广交会改革发展调研；负责有关业务信息编报(包括广交会总结等)；指导查处违规转让和倒卖展位以及知识产权侵权行为；联系交易团、商会，协调有关展览工作；指导和推动信息化工作，建立完善的广交会电子政务系统、电子商务系统和信息服务系统等。

外事办公室：负责广交会对外交往、外事活动的组织安排。包括安排交易会领导的外事活动，接待应邀来访的外国经贸代表团，邀请或协助邀请外方主讲人、驻华使(领)馆官员、商会团体或公司代表等参加在交易会期间举办的上述相关会议。

政治工作办公室：负责广交会思想政治工作的组织、管理和协调。

保卫办公室：负责广交会展馆和重要活动的安全保卫工作；负责对到会采购商、国内与会人员的住所及主要活动场所的安全保卫工作实行统一的组织指挥，包括制定广交会保卫方案，协调各级公安部门行动，维护广州地区的社会治安，为广交会创造安全良好的社会环境；负责展馆的防火安全；负责维护广交会展馆及其附近道路交通秩序，保障交通畅顺。

新闻中心：负责广交会期间记者邀请、接待、重要采访活动的安排以及组织召开新闻发布会；负责编辑出版《广交会通讯》；负责宣传品发放管理。

卫生保障办公室：负责统一领导和指挥广交会卫生保障工作。与卫生行政部门保持密切联系，了解和掌握卫生动态，制定卫生保障方案和卫生防疫情况宣传方案；检查卫生保障措施落实情况；接受病情报告，处理卫生保障工作中的突发事件；组织、协调卫生防疫力量及相关工作；汇总广交会卫生防疫情况信息，编写演示文稿。

证件服务中心：会同中心有关部门，负责广交会证件的印证、制证、发证，采集、分析、汇总采购商信息资料；负责规划完善办证系统、培训使用办证系统和现场管理。

案例分析

一般情况下，展览会由主办单位、承办单位、协办单位等相关部门成立展览项目组委会，组委会一般会下设以下部门：市场策划部、招商招展部、会务组、保安部、信息中心、展会配套活动执行部。

策划部：负责展会整体策划，新闻宣传，广告投放，开幕式及酒会，展会系列主题活动策划，展会系列标识设计、文案设计，会刊、门票、海报的印刷与管理，协调国内外媒体关系及对外公共关系。

招商招展部：负责招展招商、整体布局设计、展位销售、参展资格审查等。

会务组：负责展会会务接待，展品运输，与会人员住宿、票务，以及展会各项手续的办理。

保安部：负责展会及相关会议的保卫与安全，为展会顺利进行提供保障。

信息中心：收集、整理、分析展会观众信息，在展前、展中、展后的各个时期对参展商、国内外专业观众进行跟踪调研，及时进行信息反馈，并提供动态合理化建议，建立“博览会”网站。

展会配套活动执行部：负责展会配套活动内容的确定及程序安排，负责与国内外学术机构、科研单位、专业学会/协会、政府主管部门等的联络等。

第一节 展览会的组织分工与协调

一、招展分工

展会的招展单位不止一个。各个单位招展工作混乱和招展地区出现交叉是展会招展工作的大忌。展会招展分工涉及两方面内容:各招展单位之间的分工安排,本单位招展人员的分工安排。

1.各招展单位之间的分工安排

会展由几个单位共同来负责招展时,必须明确各招展单位之间的分工,明确各招展单位必须共同遵守的招展原则、各招展单位的计划招展面积、各招展单位负责的招展地区和重点目标参展商、各招展单位展位费的收取办法、各招展单位如何具体安排各参展商的具体展位等。各招展单位的招展工作进行分工,是保证展会顺利招展的重要手段之一。

对各招展单位之间的招展分工必须合理、协调、具有可操作性,并兼顾到各方面的利益。如果分工不合理会导致有些单位缺乏招展的积极性,或者某些招展单位对于分配的任务力所不能及,这将严重影响展会的整体招展效果;如果分工缺乏协调性,就可能使各招展单位之间缺乏沟通,彼此信息不通畅,会出现几个招展单位同时争抢一家目标参展商的混乱局面;如果分工缺乏可操作性,招展分工就会失去约束力,成为纸上谈兵;如果分工没有兼顾到各方面的利益,就可能会出现各招展单位竞相压价招揽企业参展的不利局面。总之,各招展单位之间的招展分工一定要结合各单位的招展实力,充分发挥各单位的优势,做到优势互补,共同圆满完成展会的招展任务。

2.本单位招展人员的分工安排

不管展会的招展工作是由几个单位共同负责还是只由一家单位负责,招展单位都要对本单位的招展人员及其分工作出安排。第一,要确定招展人员名单;第二,要明确各招展人员负责招展的地区范围和重点目标名单;第三,要制定各招展人员的信息沟通和工作协调方法;第四,制定统一安排展位的措施。

和不同单位之间的招展分工一样,单位内招展人员之间的分工也要注意发挥各自的特长,统筹协调。要避免在招展过程中出现招展任务不明确、跟进措施不力、信息不畅等现象。

二、招商分工

为了保证展会开幕后能有一定数量和质量的观众到会参观,在进行展会招展策划时,首先要对展会招商进行分工。展会招商分工涉及的内容有两个方面:

办展机构之间的招商工作和本单位内部招商人员的安排及其分工。

1.各办展机构之间的招商工作

展会招展工作的效益是服务于整个展会的，办展机构每招到一个参展商就会给展会带来直接的经济收益。和展会招展不同，展会招商是一项见不到直接经济效益的工作。展会招商工作经济效益的这种隐形性和间接性使一些办展机构在策划展会整体方案时往往会出现“重招展、轻招商”的错误倾向。当展会由几个单位联合举办时，就出现大家争着去招展却无人重视展会招商的局面，结果使得展会开幕后到会观众不理想，展会质量不能令人满意，展会发展受到影响。

为了避免出现这种不利局面，当展会由几个单位联合举办时，必须明确展会的招商工作是由谁负责；如果展会的招商工作是由各办展机构共同来负责的，就必须明确各办展机构之间的招商分工。

各办展机构之间的招商分工包括明确各单位必须共同遵守的招商原则、对各单位负责的招商地区（或行业）和重点目标观众的划分、对招商费用的预算和支付办法的规定、对重点目标观众的邀请和接待安排等。对各单位的招商工作进行分工，是保证展会到会观众数量和质量的重要手段之一。

对各单位的招商分工必须合理，并经常进行协调。如果招商分工不合理，有些单位就会缺乏招商积极性，或者有些招商任务超出了某些单位的能力范围，这将严重影响展会的整体招商效果。由于展会招商效果具有隐形性，如果展会的招商工作不能进行经常性的协调，各单位之间的招商工作就会出现步调不一致的混乱局面。展会招商工作必须有一个主要的负责单位，否则展会招商的效果就难以有较大的把握。总之，对各单位的招商分工一定要结合各单位的招商实力充分发挥各单位的优势，做到优势互补，共同圆满完成展会的招商工作。

2.本单位招商人员的分工安排

不管展会的招商工作是由几个单位共同负责还是只由一家单位负责，有招商任务的单位都要对本单位的招商人员的工作作出安排。

对本单位招商人员的分工作出安排，第一，要确定主要负责招商的人员的名单，明确其主要任务是进行展会招商而不是招展；第二，要明确各招商人员负责招商的地区范围和重点目标观众；第三，要制定各招商人员的信息沟通和工作协调办法；第四，对重点目标观众要制定统一的接待安排计划。

尤其值得一提的是，展会招商工作带给展会的效益是长期的和持续的，如果展会的招商工作不到位，展会的长期发展肯定会受到极大的影响。展会招商和展会招展一样，都是展会能成功举办所必不可少的重要因素。在筹备展会时，一定不要认为招商工作是可有可无的，也不要因为展会招商不能带来即时和直接的经济效益就忽视展会招商工作。

三、各个部门间的协调

有分工就要有协调，组织结构的实质就是分工与协调的总和。分工是为了提高效率，形成局部优化；协调的意义则在于使组织中全部活动和努力在组织的投入和产出过程中步调一致地达到整体目标，形成整体优化。

一方面，协调要以科学的组织结构为基础，因为组织结构是组织目标、组织权利、职责关系、信息传递渠道的框架，而组织协调的综合成果正是由这些结合而成的；另一方面，协调又受组织行为活动过程的影响，领导的有效性、组织成员认同的一致性、良好的人际关系、高昂的士气等是组织协调的基本保证。从这个意义上讲，协调表现的是组织、部门之间的协调，实际是人际关系的协调。因此，协调不仅要注意硬件——结构上的协调，还要注意软件——人际关系的协调。

基于以上认识，组织经营管理首先应以结构、制度、程序作保证，力求形成人人有分工、事事有人管、职责职权既不重复又无缺口的分工协调局面。

(一)协调的必要性

展览活动与经营涉及多个部门和行业，专业化程度越来越高，分工越来越细，各项工作都需要众多人员和众多工序的协同合作才能完成，各个部门要相互制约、相互信赖。因此，必须发挥协调职能，才能使各个方面协同合作，达到活动组织与经营所必需的平衡。

(二)协调的条件

相互协作需要一定的条件，这些条件不满足就会出现协调障碍。一般说来，展览项目各部门间要做到协调一致需具备如下条件：

1.信息沟通

信息沟通是发挥管理职能的前提条件，良好的协调是展览活动各方参与者之间高效且持续不断沟通的结果。因此，活动管理者必须在整个管理过程中确保所有参与者及时掌握所需信息，彼此密切联系。以下是保障高效率沟通的5种基本方法：

(1)建立沟通监控机制，确定参与各方发出和接受信息的最佳渠道。

(2)避免使用可能受到噪音、视觉等干扰的沟通方式。

(3)对所有书面沟通文件要求接受方签收回复，确认接受方收到并正确理解信息内容。

(4)使用录像带、录音带等非传统沟通方式，以便更好地储存信息，增强信息感染力。

(5)对更改指令的信息，必须采取书面沟通方式。对涉及增加、减少、替换服务或产品的更改指令的信息，必须要求有关客户和其他责任人书面签收。

2.整体利益

活动组织中委员会由各方代表组成，这些成员有可能把个人的观点、偏见、利益融入到活动计划中。因此活动管理者有责任说服有关成员放弃个体利益来保全活动的整体利益，只有通过委员会的一致努力才能达到活动的最终目的。

活动管理者可以亲自进行团队训练，也可以聘请专家来帮助进行团队训练。比如，在活动筹备中，组织一系列由活动参与各方参加的非正式社交活动，让参与者互相了解，增进友谊。在此过程中，管理者应通过细致的观察，发现谁能适应团队合作，而谁不适应团队合作，并进行针对性说服工作。

3.信任

活动的管理者必须赢得活动参与者的普遍信任，才能通过有效的协调手段调动活动参与者的积极性，并依靠参与者的共同努力圆满完成工作。活动参与者一般不会盲目地信任管理者，而是根据自己理智的判断来决定什么时候和在多大程度上信任管理者。管理者在大型活动组织过程中所表现出的一贯的正确行为和公正决策是赢得他人信任的关键。管理者的行为和决策一旦前后不一、游移不定、脱离实际或失之公允，那么他本人也就失去被他人信任的基础。管理者必须通过自己的不懈努力才能获得活动参与者的信任并使这种信任得以维持。

4.合作

活动有效协调的另一个重要基础是活动参与各方的密切合作。由于活动参与者在个性、专业、经历、文化背景等方面存在巨大差异，所以创造一个能够使众多参与者密切合作的氛围是一项艰巨的任务。营造合作氛围的关键在于阐明组织活动的目的，只有在明确的目的指导下，活动者才能共同协作，最终满足活动委托方和宾客的需要。

第二节　展览会的人员配备

一、展览会人才配备的原则

就展览会的人员配备而言，一方面需要尽可能地雇用长期性员工来满足工作的需要；另一方面，也需要在特定时期雇用全/兼职的临时工、自由职业者、实习生，甚至是志愿者来帮助正式员工完成工作。不管使用哪些策略，都要合理运用以下几个原则，尽可能地吸引最优秀的人才。

（一）以人为本原则

人是最积极、最活跃、最具能动性和革命性的生产要素，人力资源是区别于其他一切自然资源和经济资源的一种特殊资源。人力资源既是天然资源，又是再生资源;既是物质资源,又是非物质资源。与其他经济资源相比,人力资源具有自然和社会等方面特征。因此,要充分尊重“人性”,把人力资源视为企业中最主要和最重要的资源,有效运用激励手段,充分发挥人力资源的潜能。

(二)开发先导原则

如果展览机构不能使其拥有的人员发挥有效价值,该机构将处于竞争劣势;能够发挥人员有效价值,但不具有稀缺性的人员,只能使该机构维持竞争均势;人力资源具有有效价值而且是稀缺性的,但是易被模仿,该机构短期内可能会获得竞争优势,但一旦被其他竞争者模仿复制则又会回到竞争均势。只有那些有价值的、稀缺的同时又难以被模仿的人员才可能构成展览活动的持久竞争优势。因此,展览机构要把人力资源的重点放在开发上,而不是像传统的人事管理那样把重点放在管人上。

(三)系统科学原则

传统人事管理实行的是封闭的、被动的和事务性管理模式:视员工为活动的负担、投入的成本,管理多为“被动反映性”,以管事为中心,只注重管好现有员工。而展览活动应实行开放的、主动的和育才型管理,视员工为能动的资源、未来的收益,除了开发大型活动正式组织内的人力资源,还要注重开发非正式组织、团队和组织外的人员。

通过不断地获取会展企业人力资源,使之融合到会展组织中,保持和激励他们对本组织的忠诚和积极性,提高他们的工作绩效,尽量激发他们的潜能,以支持会展目标的实现。

二、展览会人才配备的流程

展览会人才配备过程是会展项目对会展人才的“选、用、育、留”的过程,在这个过程中,工作要点如下:

(一)获得会展项目人员

会展公司根据其文化价值观、使命、目标与战略,确定职能分工与劳动分工的形式,分析并具体制定出每一个工作岗位的职务说明书;根据公司内、外条件与目标,作出人力资源近期、中期和远期的规划;据此进行对所有人员的招聘、考评、选拔、委派与安置工作。

(二)统一会展项目人员思想

使招聘到的人员不仅在形式上加入到本公司中来,而且在思想上、感情上和心理上与组织认同并融为一体。对员工进行培训,介绍公司的宗旨与目标,启发和指引员工接受这些组织目标,协调好组织中的人际和群际关系。

(三)保持热情、激发潜力

对招聘的人员采取适当措施,使其对工作的条件和环境感到满意,培养和保持其工作热情。公司通过设计并执行公平合理的奖酬、福利、保健等制度，建立起激励机制，激发劳动者的潜力。

(四)控制与调整

设置与执行合理而完整的绩效考评制度，并在此基础上采取适当的措施，如晋升、调迁、解雇、离退、奖励、惩戒等。

(五)持续培养

是指企业为有效地发挥员工的才能和提高员工的能力而采取的一系列活动。它包括两个目标：一是提高会展人员的质量；二是提高其活力。

三、展览会人才选聘的方法

会展业需要优秀的人才。在当前的形式下，为了保持竞争优势，企业应当投入更多的精力到人才的选择和录用上去。但鉴于会展业的迅猛发展与合格人才短缺之间的矛盾，要做到这点并不容易。事实已经证明，那些仔细了解职业要求、为企业作好充分准备的人确实具备更高的工作效率，在面临新任务时也遇到了较少的困难，而这就可以使企业的成本尽可能降低，从而使企业获利。

在招聘人员过程开始之前，有些问题应该予以考虑：这个职位是否真的需要人？预算能够允许吗？公司内部有没有人能够胜任这项工作？空缺的职位可以通过提升员工或部门间的人员调动来填补，这样就可以将预留给聘用调查、人才选择、人才培训等方面的经费节省下来。公司内部提升员工是对员工很大的激励，能够产生工作动力，也在组织内部起到了模范的作用，同时使员工发展复合技能的可能性扩大到最大，这对他们的职业生涯是有好处的。

选择人员的过程应遵循以下步骤：第一，候选人员应拥有学历证明，或完成相应的课程；第二，所有的应聘者都要经过面试，包括一些工作技巧测试；第三，要求那些应聘合格者提供个人证明。

思考与练习

1. 展览会一般需设立哪些部门？它们的部门职责是什么？
2. 展览会各部门间协作的条件有哪些？
3. 展览会需要配备什么样的人员？
4. 展览会配备人员的原则是什么？

第十三章

展览会的财务管理

学习要点

●展览项目的预算管理

●展览项目的资金筹措

●展览项目的成本管理

引导案例

2008北京奥运会赞助商选择标准

2008北京奥运会在选择赞助商时,主要参照以下五项标准:

1.资质因素。赞助商必须是有实力的企业,是行业内的领先企业,发展前景良好,有充足的资金支付赞助费用。

2.保障因素。赞助商能为成功举办奥运会提供充足、先进、可靠的产品、技术或服务。

3.报价因素。企业所报的赞助价格是选择赞助企业最重要的参考因素之一。

4.品牌因素。企业具有良好的社会形象和企业信誉,企业的品牌和形象与奥林匹克理想和北京奥运会的理念相得益彰,产品符合环保要求。

5.推广因素。企业在市场营销和广告推广方面投入足够的资金和作出其他努力,以充分利用奥运会平台进行市场营销,同时宣传和推广2008北京奥运会。

案例分析

对商业展览项目来说,其现在和未来的盈利能力是其在市场上得以存在的理由,缺乏盈利能力,再好的展览项目也终将失去生命力。展览项目可行性分析中的盈亏平衡分析其实是展览项目财务管理的开始,然后是预算管理、资金的筹措、成本管理,每一项内容都关乎展览项目的成败。

第一节 展会预算管理

展会预算是将展会运行决策所确定的整体经营目标通过有关数据，用货币形式具体和系统反映、以货币计量方式表达的一种计划。作好展会的预算管理，不仅可以明确展会的经营目标，传达经营任务，协调平衡有关部门的工作业绩，还可以将预算作为控制展会运作成本的依据和业绩考核的标准。

一、编制展会预算的方法

不同规模和性质的展会，其预算编制的方法不同。目前，各种类型的展会通行的预算编制方法有六种：固定预算、弹性预算、零基预算、概率预算、增量预算和滚动预算。其中，固定预算、弹性预算和零基预算最为常用。

1. 固定预算。是根据未来既定的业务量水平，不考虑预算期内展会经营活动业务量的变动情况而编制的一种预算。预算编制出来以后，除非预算期内出现特殊情况必须对预算作调整，否则预算一般不作变动。固定预算一般在每届展会筹备之前就作出，具有相对稳定性。固定预算的编制工作量不太大，各分类预算之间关系紧密，在实际业务量与预算业务量相同或相差不大时有利于进行绩效考核和控制业务活动资金的使用。但是如果实际业务量与预算业务量之间差别较大，固定预算往往就难以起到很好的作用。因此，固定预算一般适用于那些比较成熟、稳定或业务较简单的展会，也适用于一些非营利性的或非商业性的展会。

2. 弹性预算。是考虑到预算期内业务量可能变动的情况，根据成本习性，按照业务量与成本和收入之间的函数关系，依据一系列可达到的业务量水平而编制的一种预算。弹性预算随着业务量的变动可以相应作出机动调整，预算具有一定的弹性。这种预算使实际业务与预算具有可比基础，使预算控制和差异分析更具有意义和说服力。弹性预算一经编制，只要各项消耗标准和价格等依据不变，预算就可以连续使用。因此，弹性预算的适用范围较广，尤其适用于对成本的预算和对利润的预算。

3. 零基预算。是指对于任何预算项目编制都以零为起点，不考虑基期的数量和基础，一切从实际需要和承受能力出发而编制的一种预算。零基预算要求对一切业务活动都必须进行成本效益分析，并以此为基础，再根据各业务活动的重要程度依次决定其预算数额的多少。零基预算具有三个优点：一是一切从零开始重新评估各项业务活动的效益和支出的必要性，不受现行执行情况的约束，有利于压缩开支、节约成本；二是不仅可以作为测算盈利的手段，还可以根据不同方案的业务量及其成本水平安排业务活动；三是可以把业务活动与财务收支情况和现金流量有机结合起来，从多方面监督预算的执行情况。零基预算的缺点是编制工作量较大，其资金安排的合理与否有赖于成本效益分析的准确性。

4.概率预算。在业务量变动很大且各项业务的定值难以确定时，根据有关变量对业务定值的变动范围进行估算，得出它们的概率，并在调整后计算期望值来编制预算，这种运用概率来编制的预算就是概率预算。它实际上是一种修正的弹性预算。

5.增量预算。是以报告年度为基数，根据计划年度业务量的增减情况来编制的一种预算。如果编制的预算是在报告年度的基础上增加一定的数量，称为增量预算；如果是在该基础上减去一定的数量（即增量为负数），称为减量预算。这种预算的优点在于有基期数据为依据，编制工作量不大，各预算年度的预算可以相互衔接；但是，如果基期数据不合理，则这种预算会将这种不合理延续下去，不利于预算的改进。

6.滚动预算。把整个预算期分成若干阶段，前一阶段是比较详细的实施预算，后一阶段是比较粗略的预订预算；在执行完了前一阶段的实施预算以后，根据预算完成的情况及有关因素的变动情况，对下一阶段的预订预算进行调整，并续编再下一阶段预算。滚动预算有利于对未来的经营活动进行周密部署和全盘规划，从动态中把握未来，使预算和实际情况更相适应。

会展业一般以一届会展为一个预算期。在实际操作中，不管采用哪种预算方法编制预算，在编制预算时一般都要遵循三个基本原则：一是确保预算编制的全面性和完整性；二是要以明确的经营目标为前提；三是预算既要可靠又要留有余地。

二、招展预算

招展预算是展会为招展各项工作的顺利进行而作的成本费用支出预算。它是在各招展工作筹划基本已定的基础上，对展会招展可能需要的费用支出作出的整体安排和具体支出计划。招展预算的编制应从招展工作的实际需要出发，本着统筹安排、合理利用的原则，实事求是地进行。

展会的直接招展费用主要包括：

1.招展人员费用。包括招展工作人员的工资、差旅费、办公费等。

2.招展宣传费用。

3.招展代理费用。

4.招展公关费用。

5.其他不可预见的费用。

招展预算要编制得细致，费用支出要安排合理，以保证招展工作顺利开展。

招展预算还要本着节约的原则，严格控制展会的招展成本，防止招展费用失控。另外，招展预算的费用支出要注意在时间安排上与招展工作的实际需要相互配合，不能出现工作开始时费用充足而最后费用不够，或者是开始不愿支出而最后拼命加大费用支出等不良现象。

三、招商与宣传推广预算

招商与宣传推广预算是展会为邀请观众和保证宣传推广各项工作顺利进行而作的费用支出预算。它是在各项招商与宣传推广工作筹划基本已定的基础上，对展会招商与宣传推广可能需要的费用支出作出的整体安排和具体支出的计划。编制招商与宣传推广预算，应从招商与宣传推广工作的实际需要出发，本着统筹安排、合理利用的原则，实事求是地进行。

展会的直接招商与宣传推广费用主要包括：

1.人员费用。包括招商与宣传推广工作人员的工资、差旅费、办公费等。

2.宣传推广费用。

3.招商代理费用。

4.其他不可预见的费用。

招商预算的编制要本着节约的原则。严格控制展会招商与宣传推广成本，防止招商与宣传推广费用失控。费用支出安排要注意在时间上与招商与宣传推广工作的实际需要相配合，不能出现开始时费用充足而最后费用不够，或者是开始不愿支出而最后拼命加大费用支出等不良现象。

四、展会总预算

编制展会总预算，首先要弄清楚举办一个展会的成本费用一般包括哪些。一般来说，展会的成本费用构成如下：

(1)展览场地及相关费用，即租用展览场馆的租金以及由此而产生的各种费用。这些费用包括：展览场地租金、展馆空调费、展位特装费、标准展位搭建费、展馆地毯及铺设地毯的费用、展位搭建加班费等。

(2)宣传推广费用，包括广告宣传费、展会资料设计和印刷费、资料邮寄费、新闻发布会所需费用等。

(3)招展费用。

(4)招商费用。

(5)相关活动费用，包括展会期间举办的各种技术交流会、研讨会等活动费用，展会开幕式及嘉宾接待、酒会费用。

(6)办公费用和人员薪酬费用。

(7)税收。

(8)其他不可预见的费用。

而举办一个展会的收入一般包括：

(1)展位费收入，就是向参展商出租展位的收入。

(2)门票收入，包括展会、相关会议、表演等的门票收入。

(3)广告收入，包括在展会现场、展会的各种印刷品上以及展会官方网站等发布广告的收入。

(4)各种赞助收入，除企业和有关单位对展会的商业赞助外，政府对展会的资金支持也可以看作一种赞助。

(5)其他相关收入。

我们在对上述各项进行逐个测定并加以汇总后，就可以为举办展会作一个初步的成本收入预算，见表 13-1。

表 13-1　展会成本收入预算表

	项目	金额	占成本比例(%)
收入	展位费收入		
	门票收入		
	广告收入		
	各种赞助收入		
	会议及相关活动收入		
	其他相关收入		
	总收入		
成本	展览场地及相关费用		
	宣传推广费用		
	招展费用		
	招商费用		
	相关活动费用		
	办公费用和人员薪酬费用		
	税收		
	其他不可预见的费用		
	总成本		
利润			

编制展会成本收入预算表后，可以初步了解举办该展会的成本、收入和利润大约是多少，也可以初步判断举办该展会是否可行。此外，我们还要计算以下几个指标，并通过这几个指标来初步判断该展会的经济效益和是否具有可持续发展的可能性：

(1)投资利润率，是指正常年度办展所获利润占投资总额的比例。投资利润率越高越好，不能低于无风险投资利润率。

(2)静态投资回收期，是指收回办展总投资所需要的时间。投资回收期越短越好，但不能短于基准投资回收期。

(3)边际贡献率，是指每增加一定量的资金投入对展会的贡献的大小。它可以分为总边际贡献率、招展边际贡献率、招商边际贡献率、宣传推广边际贡献率等指标。

(4)平均招展成本，即展会每平方米或每个标准展位的招展费用的大小。

(5)平均招商成本，即展会每个到会专业观众的邀请费用的大小。

(6)展会抗风险系数，即展会的盈亏平衡面积与展会实际面积之比，如果这个比例较大，则展会的抗风险能力较弱。

通过展会成本收入预算表，我们可以初步了解预算支出的各项费用大约占展会预算总收入的百分比是多少，从而有利于对展会各项支出进行结构调整和合理安排。通过对收入和成本费用的各个具体项目进行分析和调整，可以使展会成本与收入的预算更加合理。

第二节　展会资金的筹措

展会从筹备到最后顺利举办，要求有足够的资金来满足展会筹备工作各项支付的需求。如果资金不足以满足展会筹备工作的需求，有关筹备工作就会陷入被动之中；特别严重时，展会可能就此夭折。因此，分析展会的现金流量，进而据此筹措展会资金，对确保展会的顺利举办具有重要的意义。

一、规划展会的盈利模式

展会靠什么来盈利？展会的盈利模式与展会的现金流量以及资金筹措和使用密切相关。盈利模式不同，展会现金流入和流出的时间和数额不一样，展会需要筹措的资金数量和使用资金的时间也不相同。因此，在进行展会现金流量分析和资金筹措之前，首先要规划展会的盈利模式。

一般来说，展会主要有以下五种盈利模式：

(1)展位费盈利模式。以销售展会的展位所取得的收益作为展会主要的利润来源。在这种模式中,展位费收入及其所产生的利润是展会最主要的收入和利润来源,展会门票和展会服务等其他收入只是补充。

(2)门票盈利模式。以销售展会门票所取得的收益作为展会主要的利润来源。在这种模式中,门票的收入及其所产生的利润最重要,展位费等其他收入所产生的利润所占比例很小或根本没有利润。

(3)赞助盈利模式。展会的利润来源主要是有关赞助,展会门票和展位费等其他收入都退居次要位置。

(4)剩余盈利模式。展会的收入和利润主要来自有关单位的拨款,利润产生于拨款金额大于展会成本费用支出的余额。

(5)综合盈利模式。展会的收入和利润来源由上述四种模式中的两种或两种以上的方式共同构成。

上述盈利模式中,前两种和最后一种模式多见于商业性的展会,第三种多见于政府主导展会,第四种多见于非商业性的展会。其中,展位费盈利模式适用于专业贸易展会,门票盈利模式适用于消费类展会。

二、展会现金流量分析

所谓现金流量,是指从展会筹备开始到展会闭幕结束的一段时间内所发生的现金收支。其中,现金收入称为现金流入量,现金支出称为现金流出量,现金流入量与现金流出量相抵后的余额称为现金净流量。所谓"现金",既包括货币现金、支票、银行存款等货币性资产,也包括展会需要投入或收回的相关非货币性资产的重置资本或变现价值。

一个展会的筹备工作能否按计划顺利推进,很大程度上取决于展会有无实际现金进行支付,而不是取决于在一定时期内有无利润。因为,尽管"期间利润"代表了一定的盈利能力,但"期间利润"是当期收入与当期费用对比的结果;而当期收入可能是实际现金收入也可能是应收项目,当期费用可能是实际现金支出也可能是应付项目;所以,尽管展会"期间利润"很大,但这并不一定意味着就有足够的现金进行支付。而一旦资金缺乏,展会筹备工作就会受到严重影响。

由于展会从筹备到最后顺利举办往往要超过一年的时间,因此,在分析展会的现金流量时,要对展会筹备各阶段可能产生的现金流入和流出量进行预测,这样才能最有效地安排资金的使用,发挥资金的最大价值。进行现金流量预测,既包括对现金流入量和流出量的数量预测,也包括对其流入和流出的时间的预测。

1. 现金流量的时间。从展会现金流动来看,大致可以分为筹备阶段、展览阶段和闭幕后结算阶段,现金流量的各个项目可以归属于各个时间阶段之中。

(1)筹备阶段。主要是现金流出,包括预先支付的展览及会议的场地租金、招展费用、宣传推广费用招商费用以及其他运营资金等,如果展会有固定资产投资，则还包括固定资产投资。筹备阶段的现金流出量往往十分巨大，展会要重点规划。在筹备阶段的后期，展会开始有展位费、赞助费、广告等现金收入。这时，在分析现金流量时，要把现金流入量和现金流出量结合起来分析，才能使资金的效用发挥最充分。

(2)展览阶段。既有现金流入也有现金流出。这一阶段现金流入量的大小与筹备阶段后期现金流入量紧密相关，如果前一阶段现金流入量较大，则本阶段流入量就较小；反之则较大。

(3)闭幕后结算阶段。对于盈利的展会来说，这一阶段主要为现金流入；对于尚在培育期的不盈利的展会来说，这一阶段主要表现为现金流出。

2. 现金流量的数量。为了正确预测展会的现金流量数值，需要正确判断哪些收支会引起展会现金总流量的变动，哪些收支不会引起展会现金总流量的变动。为此，在预测展会各阶段现金流量的具体数量时，应注意以下几点：

(1)要剔除沉淀成本。沉淀成本是过去已经发生并已支付的款项，这些支出是当期无法改变的，不能把它列为相关现金流量。

(2)考虑现金当量。现金当量是一年内能够变现的流动资产和需要用现金支付的流动负债。在展会筹备期间，有些投入是以非货币资产形式投入的，尽管没有实际支付现金，但还是应视作现金流出；同样，有些收入尽管没有收到现金，但也应该视为现金流入。

(3)考虑资金的时间价值。由于存在通货膨胀、利息、资金增值以及风险等因素的影响，同样数额的资金发生的时间不同其价值并不相同。资金的价值包含和体现时间的价值，等额资金在不同时间的价值差别就是该资金的时间价值。

(4)不可忽视的机会成本。机会成本是选取一个投资方案而放弃其他方案的收益。

3. 编制展会现金流量表。在预测了现金流量的时间和数量后，可以根据有关项目编制现金流量表，以此来安排和控制展会的现金流量(如表 13-2)。

表 13-2 展会现金流量表

时间 项目	1月	2月	3月	4月	5月	6月	7月	8月	9月	…	总计
总计											

通过上表，不仅可以清楚知道在什么时间有什么项目和多少现金需要流出和流入，也可以知道在整个展会期间某一项目总计有多少现金流量。

三、展会资金的筹措

经过展会现金流量分析，我们对展会筹备阶段需要多少资金有了一个大致的了解。为了保证展会顺利举办，展会筹备阶段所需要的资金投入必须有保证，不能出现因资金短缺而导致展会筹备工作无法进行的情况。办展单位可以根据其自身的经济实力及展会筹备工作对资金投入的需要，通过一定的渠道、采取适当的方式筹措所需要的资金，如争取政府资助、向银行贷款和其他企业资金投入等。

1.赞助。赞助收入是展会资金的一项重要来源。提供赞助的可以是社会上有关企业、机构或个人；获取赞助可以采取社会公开召集的方式，也可以采取内部定向方式；赞助的形式有独家赞助或者联合赞助；赞助的可以是现金、实物，也可以是服务。例如，展会的门票、资料袋经常由企业赞助承印，展会的招待宴会也常常由赞助者负担。

2.政府资助。政府资助可以看作政府对展会的一种资金赞助，也可以看作政府对展会的一种投资。政府资助可以是资金支持，也可以是税收优惠，还可以是宣传推广支持或服务支持。对展会而言，政府资助往往比资助金额本身具有更大的意义。

3.市场开发。这是以展会的形象、标志等知识产权的转让，或以展会的附属服务为交换物来获取资金、服务和物资的一种行为，如展会各种广告收入、展会各种纪念品收入等。

4.负债筹资。向银行或有关机构借款以筹措资金，或以商业信用的形式筹措资金。

不管通过上述哪种方式筹措资金，在筹措资金时展会应遵循以下基本原则：

1.规模要适当。展会筹备的不同时期对资金投入的需求量是不同的，展会要预测各个阶段的资金需求量，确定合理的筹资规模，既可以避免因资金筹措不足而影响展会筹备的正常进行，又可以防止资金筹措过多而造成资金闲置和浪费。

2.筹措要及时。在筹措资金时，展会必须注意资金的时间价值，并能根据资金时间价值的原理和计算方法，结合展会筹备各个阶段对资金的实际需求，合理安排资金的筹集时间，适时获取所需要的资金。要避免过早筹集资金所形成的资金闲置，又要防止资金筹措时间滞后。

3.方式要经济。不同筹资方式其成本有所不同。比如，通过负债所筹集的资金，财务风险较大，但资金成本相对较低；通过所有者权益筹集的资金，财务风险较小，但资金成本较高。展会应采取经济、可行的筹资方式，注意资金的结构，降低成本，减少风险。

4. 来源要合理。不同的筹资渠道，其筹措资金的难易程度不同，对展会的收益和成本的影响也不一样。展会要认真研究资金的来源渠道，合理选择资金的来源，不可因资金缺乏而"病急乱投医"。

第三节　展会成本的控制

展会成本控制是展会成本管理的重要内容。成本控制是根据预定的成本目标，对展会筹备及运营过程中的成本费用进行约束和调节，发现偏差进行纠正以实现预定的成本目标。对展会进行有效的成本控制，是使展会能成功举办的重要保障。

一、展会成本控制的原则和类型

现代成本管理包括成本预测、成本决策、成本计划、成本控制、成本核算、成本分析和成本考核等环节。其中，成本控制是展会成本管理各环节中的核心内容，是展会降低成本和提高效益的重要手段。

展会成本控制的对象是展会筹备及举办过程中所发生的货币形式的全部成本费用支出。从成本形成的过程看，包括展会的立项成本、可行性研究成本、品牌策划成本、宣传推广成本、招展成本、招商成本、展会现场运营成本以及有关管理费等其他成本费用。展会成本控制要遵循以下原则：

1. 全面性原则。包括全过程成本控制和全员成本控制。全过程成本控制要求成本控制既要有前置控制也要有反馈控制，既要有纵向控制也要有横向控制；全员成本控制要求成本控制要做到事事有人管、处处有控制、人人有责任。全面性原则有助于展会保持全面性和一致性，使成本控制行为与成本控制目标相协调。

2. 效益性原则。在控制展会成本时，对于成本控制指标的确定、成本控制方法的选择、成本控制组织体系的建立和进行展会服务等工作时，要以提高效益为目标。效益性原则有助于展会精打细算，增收节支，提高经济效益。

3. 例外管理原则。成本控制人员对控制标准以内的事项不逐项控制，而是将注意力集中在成本的实际值偏离成本目标值的差异"例外事例"上，即：

(1)成本差异额较大的事项。

(2)经常出现差异额的事项。

(3)由可避免原因引起的性质严重的事项。

(4)影响展会决策的事项。

成本控制遵循例外管理原则,有助于将成本管理人员从繁琐的日常事务中解脱出来,集中精力抓重点问题。

4.权责利结合原则。成本控制应明确相关经济责任,并赋予责任者相应的权力和经济利益,从而使事事有人管并管而有效,奖惩分明,调动各方面的积极性。

进行展会成本控制,还要严格遵守国家的有关财政和会计法规。

在上述原则的指导下,根据展会成本控制的不同分类维度,可以将展会成本控制分成不同的类型,见表13-3。

表13-3　展会成本控制类型一览表

分类维度	成本控制类型	描　述
时间	前置控制	在成本发生以前对有关成本进行约束、修正和控制
	反馈控制	把实际成本与成本目标进行对比,调整和修正偏差,调整未来发生的成本
层次	集中控制	成立成本控制中心集中对成本开支进行统一控制
	分散控制	把成本控制权交给各基层单位,主管部门只进行汇总和检查
	分级控制	在与总成本目标保持一致的前提下,每一个层次都有自己的成本控制目标
程序性	程序控制	按预先制定的控制程序对各项成本进行控制
	目标控制	按预先制定的成本目标对各项成本进行控制
数量	绝对成本控制	按成本发生的绝对额进行成本控制
	相对成本控制	结合展会的规模、销售、利润及经营要素的组合来对成本进行相对控制

二、展会成本控制的程序和方法

展会成本控制的程序一般分为制定标准成本、执行标准成本、检查考评三个步骤:

1.制定标准成本。制定展会筹备各阶段、各环节和各事项的成本费用标准、目标、预算或定额,对各种费用开支规定数额、界限,并作为衡量实际支出是否合理的依据。

2.执行标准成本。根据标准成本执行并控制展会筹备各阶段、各环节和各事项的成本费用支出,随时检验是节约还是超支,并预测未来发展趋势,及时采取措施，把偏差控制在一定范围内。

3.检查考评。查找和分析成本产生差异的原因，判明责任归属，对有关情况进行考核评价，纠正偏差，奖优罚劣；采取措施防止不利因素重复发生，同时总结经验和教训，改进成本控制的方法和标准。

在实际操作中，以上三个步骤循环往复构成展会成本控制循环。每一次循环成本控制标准都能按实际情况进行调整，成本控制方法也会更加合理。

当展会成功闭幕后，财务管理部门将根据展会成本控制的有关情况编制“展会成本控制报告”，供决策部门在制定下一届展会成本控制标准和方法时参考。

按以上步骤，进行展会成本控制一般有四种常用办法：目标成本控制法、标准成本控制法、定额成本控制法和责任成本控制法。

1.目标成本控制法。是根据目标成本来控制展会的成本支出，使实际成本符合目标成本的要求，以此来不断降低展会成本的一种成本控制方法。这种成本控制方法是以价格和利润为基础、以目标管理为手段、以全时序控制为对象的一种控制方法。它对于符合目标成本要求的行为可以不加以干预，对于不符合要求的要加以限制，对于违反国家财经制度规定的要加以纠正，对达不到目标的要加以指导和帮助。这种成本控制方法的执行程序一般为：制定目标成本—分解目标成本—控制目标成本—考评目标成本。

2.标准成本控制法。是通过比较实际成本和预先制定的标准成本从而发现两者之间的差异，分析并追踪产生差异的原因和责任，并据此采取措施来实现标准成本的一种成本控制方法。在实际操作中，标准成本有基本标准、理想标准和正常标准三种：基本标准是实施标准成本的第一年或某一基本年度的实际成本；理想标准是展会在最佳经营环境和最优要素组合下的标准成本；正常标准是展会在现有经营环境、正常价格和技术水平条件下制定的标准成本。标准成本控制方法的执行程序一般为：标准成本的制定－成本差异的计算和分析－财务处理。

3.定额成本控制法。是通过制定定额成本并以定额成本为基础，计算定额差异和分析差异责任，加减定额差异来计算实际成本以达到成本控制的一种成本控制方法。它把成本计算和成本控制结合起来，以定额成本作为控制和分析成本的依据来强化成本控制，程序一般为：制定定额成本计算定额差异—分析差异原因和责任—进行差异控制。

4.责任成本控制法。是展会内部确定责任成本层次、建立责任中心并对各责任层次和责任中心的责任成本进行核算和考评的一种成本控制办法。所谓责任成本是指以成本责任单位为控制对象，根据谁负责、谁承担的原则归集和分配的可控成本。这种成本控制方法将成本核算、成本控制与经济责任制紧密结合起来，充分调动各责任单位的积极性来促进展会成本的降低。其一般程序为：首先，划分责任层次、建立责任中心，明确成本责任和权限；其次，将成本目标分解到各责任中心，作为考核和评价的标准；最后，根据有关核算体系，比较实际发生额与成本目标，检查和考核各责任层次和责任中心的实绩。

三、展会外汇管理

对于一些国际性的展会来说，除了展会筹备过程中发生的各项成本费用以外，外汇往往也是影响展会成本费用的一个重要因素。外汇汇率的不断波动，常常会令展会的利润减少，费用增加。加强外汇管理，是国际性展会进行有效成本控制的一个重要方面。

要加强外汇管理就必须明确：展会在哪些时候、哪些业务使用外汇的现金流量分析也必须包括在展会的整体现金流量分析中。只有这样，才能对展会需要使用外汇的时间和数量做到心中有数。对于国际性展会而言，主要在以下几个方面会有外汇收入：展位费、广告费、会刊登录费、会议场地费及相关收费、展具出租收入、现场服务收费以及赞助收入等。外汇支出主要有：国外招展费用、招商费用、宣传推广费用以及支付给国外有关机构的费用等。

不论是外汇收入还是外汇支出，只要存在汇率变动和外汇敞口，就会存在外汇风险。外汇风险是由于汇率变动给外汇收付者或外汇持有者带来的经济损失或可能丧失的预期收益。汇率变动有时会带来收益，可能使展会的利润锦上添花；但更多的情况下会带来损失，这些损失有时候足以让一个展会出现财务危机。因此，对外汇风险的规避和防范，是展会外汇管理的核心内容。

一般来说，展会在收付外汇方面可能会有三种风险：

(1)外汇交易风险。是展会以外币计价结算展位费或服务从而在交易中产生外汇收入，由于计价货币汇率发生变化而导致的经济损失。外汇交易风险随交易的产生而产生，随外汇的实际收付而消失。

(2)外汇折算风险。在国际性展会的财务运营中，多种货币计价的资产和负债根据会计制度的要求必须定时合并到一种基本货币上来。但由于汇率的变化，可能引起资产负债表上某些项目价值的变化。外汇折算风险往往会影响到展会的远期现金流量。

(3)经济风险。是指由于意想不到的汇率变动引起的展会未来一定时期内收益发生变化的潜在性风险。

展会外汇管理要想办法尽量规避上述外汇风险，尽量不使展会的成本费用因汇率的变动而增加。展会规避外汇风险的常用办法见表 13-4：

表 13-4 展会规避外汇风险常用办法一览表

	常用规避办法	描　述
一般办法	甄选计价货币	支付尽量选软货币计价，收入尽量选硬货币计价；或采用复合货币计价，或采用本币计价结算
	保值措施	加价或压价保值，或在合同中加列保值条款
	提前或延迟支付	根据外汇汇率变动的趋势提前或延迟支付款项
	外币票据贴现	将有关外汇票据到银行贴现获取资金
	利用外汇贷款	先向银行贷款外币并卖出以收回本币，待外汇收入到账后再用其偿还银行外币贷款
	自我平衡外汇	在展会外汇收支过程中通过货币的选择和收付来自我抵消汇差损失
利用外汇市场	外币期权交易	按规定的汇率在一定时期内买进或卖出一种外币，以交换另一种外币的权利
	套汇	利用不同外汇市场某些外币汇率的差异，在汇率低的市场买进，同时在汇率高的市场卖出
	掉期	在买进或卖出一笔即期外汇的同时，卖出或买进一笔相同金额的远期外汇
	套期保值	根据外汇交易金额卖出或买进价值相等的一笔外国资产或负债的外汇
	套利	当现行汇率与长期汇率之差小于当时两国通行利率而两种货币又较稳定时，进行即期与远期外汇买卖来套取利息差额

需要特别指出的是，利用外汇市场操作来规避外汇风险是一项技术性十分强的业务，它要求操作人员必须具备丰富的国际金融知识，对外汇市场十分熟悉；否则，操作起来有时候不仅不能规避外汇风险，还往往会产生其他额外损失。

思考与练习

1. 编制展览项目预算的方法是什么？
2. 如何筹措展览项目运营所需的资金？
3. 展会成本控制的原则是什么？

4.展会成本控制的程序是什么？

5.展会成本控制的方法有哪些？

实训项目

按表 13-1 编制小组拟做展览项目的预算。

第十四章

展览的后续工作

学习要点

- 展览后续工作的内容
- 展览会的评估与总结

引导案例

案例一　完美服务在展后——中展观众登录服务系统

中展网作为国内有着多年展会服务经验的服务商之一，在展会服务方面有一套自己独特的运作方式，其中包括它自主研发的观众登录服务系统。我们在前几期的服务介绍中详细讲解了中展网的展会展前预登记服务、展会现场服务等细节，本文将重点介绍的是中展网关于展后的服务——展会观众数据统计分析。

近年来，中国的展览业市场呈现出迅速发展的态势，品牌展会如雨后春笋般成长起来，面对如此激烈的市场竞争，展会主办方之间的竞争不仅在于展会主题概念、创新的规划，更重要的则在于贯穿始终的人性化服务。

品牌展会有其自身的特点，它不仅在于参展商的数量多或精、展会的面积大或适中，更在于展会的高质量服务。品牌展会的参展商和专业卖家有多次参展的经验，他们表现得更专业、更有主见，考虑问题更加细致、成熟。他们对展会的要求不只停留在简单的交易功能上，更在追求一种彰显尊贵与个性的高品质服务系统，从而体现其自身的地位和价值。

中展网观众登录服务系统针对主办方和参展商对不同展会的数据要求和选择，在同行业中率先开发出展后数据统计分析，为主办方和参展商消除了后顾之忧。中展网始终本着对主办方和参展商负责的态度，积极、热情地为展会的成功举办服务，真正让主办方、参展商和专业买家得到及时、真实的展会数据，使其体会到中展网始终不变的服务态度。以诚待人，满足主办方和参展商的个性化需求已作为一条基本准则贯彻到展会服务工作中。

展会观众数据统计分析工作的性质要求不仅在现有数据的处理上要认真仔细，而且对模糊的数据来源要进行回访，力求数据真实、准确，为展会下一步开展工作提供有力的支持。这些举措不仅在很大程度上帮助展会树立了品牌形象，也帮助各参展商形成了良好的口碑。

展会观众数据统计分析主要是以真实、准确的评估分析展会。其作用是：第一，对外发布展会效果；第二，提供下届展会策划参照。

中展网在展会现场通过接待观众有效地采集观众信息，全面地分析观众信息。其中展会现场接待观众数据采集主要是通过登录服务器的现场报到单元来存储现场采集的观众数据，统计、整理展会的当日报告。另外还有门禁服务器的现场报告，观众行为信息包括人数、人次、小时流量等系统都能一一识别并分析出具体的数据。现场的接待服务又包括对展会现场观众人次、人数、地区等信息进行统计和展会结束后进行完整的展会数据统计与分析。

第一，现场实时统计。将每天从展会现场得到的现场数据资料上报主办单位，主办单位根据需要可在展会现场进行公布，以提高展会的透明度和可信度。中展网现场统计，及时向主办方提交报告。其中包括展前观展商数据库——展会前历届展会数据的整理、分析、查重、挖掘等；观众基本信息数据库——这里又分为现场在登记服务器所注册的信息和通过观众现场提供的名片而补充的信息；观众行为信息数据库——记录观众在展会过程中的行为信息；观众调研信息数据库——展会后完整的观众信息数据。

第二，现场统计及展会后完整的数据分析，提交专业详尽的报告及图表分析。凡经过中展网观众登录服务系统统计过的数据都会经过严格的部门审核和认证。其统计项目分为：观众现场登记及入场人数统计；观众现场入口及入场流量数据统计；海外观众人数及国家构成统计；国内观众人数及区域构成统计；观众职务构成统计，调研项构成统计；专业观众职务构成统计；专业观众行业构成统计；展会调研项分类详细统计。最后形成一份完整的《观众信息统计报表》提交给主办方和审核部门。

在展览行业迅猛发展的今天，构建企业与客户之间的信任，让中国的展览业走上健康、良性发展的轨道，完善售后服务体系是必不可少的前提条件。中展网的展会观众数据统计分析为主办方和参展商提供了一份办展、参展的有利参考数据。

案例二 上海技交所为工博会参展外商度身定制展后服务

为期一周的工博会闭幕。这一次，参展的外商们走得特别放心。因为，人虽走了，一批参展待“嫁”的异国技术却能留在中国继续寻觅买家。

以往，展会结束意味着推介到期，不少外商随之陷入去留两难的境地。回国，手中的技术尚“待嫁闺中”，毕竟来一次中国不容易；留下，就得派专人满中国跑，情况不熟，语言不通，成功的概率很低。

得知这样的尴尬，上海技术交易所特地为参展外商们度身定制了“技术留售”服务。展会期间尚未成交的技术，由专业技术经纪人一对一揽下，继续在中国推广，不仅了却了外商们的后顾之忧，还能大大节约商务成本。

韩国Nanux公司率先尝到了“技术留售”的甜头。在2003年工博会上，国内不少纺织和卫生用品生产商对Nanux开发的纳米银产品兴趣浓厚。但由于该产品是首次在国内露脸，买家们显得顾虑重重，一时拿不定主意。很快，展会结束了，Nanux公司觉得尚有希望，不想这么快就放弃。

Nanux公司的矛盾心理让技交所意识到外商们的普遍需求。作为尝试，技交所揽下了纳米银的国内推广事宜。先请华东理工大学超细粉末研究中心验证纳米银独特的消毒杀菌功效，后又针对纳米银易使纺织品老化、泛黄等缺陷，组织华东理工大学、上海无纺布学会开展联合攻关。扫除了技术上的顾虑，技交所开始在网站和遍及全国的会员单位中“广而告之”。短短两年，上海、河北、南京、深圳等地的5家企业就将纳米银技术欣然买下。

纳米银的故事在外商中一传十、十传百，“技术留售”的需求跟着纷至沓来，甚至连工博会其他展馆的参展外商都主动找上门来。技交所在短短一周内收到的“技术留售”委托累计多达60余项。英国的高清晰数字电视视频合成设备、以色列的RFID主动式电子标签技术、德国的太阳能电池……韩国展团更是将无线信号收发话筒、数码门锁、在线游戏等13项技术成果一股脑托给了技交所委派的“技术留售”代表。而去年工博会留下的韩国船用自动识别系统、芬兰体外诊断试剂等技术，在“技术大使”的尽心“浇灌”下，也相继在中国落地开花。

往后，除了工博会，技交所还将把“技术留售”服务推广到其他与技术相关的国际性展会上，并派出技术经纪人主动出击，了解参展外商们的实际需求，拓展出更多会展经济的延伸服务。

案例分析

展览现场工作的结束不是展览项目的完结。有些工作比较细碎，如邮寄发票、补寄会刊、帮助参展企业进行展品回寄等；有些工作需要较长时间才能完成，如展会总结、展会评估、展会分析报告等。这些工作既是展览主办方工作的一个必要组成部分，也是其服务水平的重要体现。

第一节 展后工作的内容

在展后总结会议结束时，办展机构一般还会布置展会闭幕以后需要继续完成的一些后续工作。展会的后续工作既是本届展会的收尾工作，也是下届展会的开始，所以，展会闭幕后的后续工作是不能省略的。

一、展会闭幕后的后续工作

1. 向客户邮寄展会总结并致谢

展会闭幕后，要及时给所有参加展会的参展商和观众邮寄展会总结，并对他们参加本展会表示真诚的感谢。展会总结不仅要邮寄给展会现有的参展商和观众，还要寄给那些暂时没有来参加本展会的目标参展商和目标观众，这样就可以为展会下一届的招展和招商打下基础。展会的致谢函可以只邮寄给现有的参展商和观众，但对于那些曾经帮助过展会筹办的机构和个人，如各协办单位、支持单位、消防保安部门等也要致谢，对于一些重要的客户和机构，办展机构还可以派人亲自登门致谢。展会总结和感谢函的邮寄方式有信函、电子邮件和电话传真等。

2. 更新客户数据库

一届展会完毕，办展机构的客户数据库可能会发生很大的变化：有新客户加入，老客户流失，有些客户的信息会发生变更，等等。办展机构要根据客户信息的变化及时调整客户工作的方式和方向。成功的展会往往是那些客户工作做得出色的展会。更新展会客户数据库既包括对参展商数据的更新，也包括对观众台的数据的更新，还包括对各种展会服务商以及业务代理的资料的更新。

3. 进行展会总结性宣传

展会闭幕以后，可以就展会总的情况进行一次总结性宣传，办展机构可以将展会的情况总结成一份新闻稿，提供给各新闻媒体，让展会有始有终。很多办展机构都不注意展后的总结性宣传，其实，展后总结性宣传不仅是将本届展会的举办成果对社会和客户作一个交待，更是为下一届展会作舆论准备。进行展后总结性宣传往往会获得较好的效果。

4. 发展和巩固客户关系

展览期间，尽管办展机构有机会和客户面对面地进行交流，但由于办展机构和客户各自的时间都很紧张，业务也很多，双方很多时候都不能进行很好的交流和沟通。展会闭幕以后，办展机构要继续保持与客户的关系，继续加强与客户的交流和沟通，发展和巩固客户关系。对于一些重要的客户，办展机构还可以亲自登门拜访。

5. 处理展会可能存在的一些遗留问题

展览期间，由于时间有限，业务又较多，可能会遗留一些问题，如有些客户的款项可能还没有完全付清，有些客户的展品还没有处理完毕，有些客户还需要商务考察等。展会闭幕后，办展机构要组织力量，及时处理展后遗留问题，尽量不要将这些问题拖到下一届展会，更不能让这些问题影响到下一届展会。

6. 准备下一届展会

展会闭幕后，办展机构要开始进行下一届展会的各项筹备工作了。例如，准备下一届展会的策划方案，推广下一届展会的招展和招商办法，策划下一届展会的宣传推广方案，编印下一届展会的招展书、观众邀请函，制定展区的展位划分办法等。和其他行业不同，其他行业的从业人员一般是按年来计划和筹备业务事项的，但展览业不一样，展览业从业人员一般是根据展会的办展规模按展会的届来计划和筹备其业务事项的。因此，从这种意义上来讲，不仅新创立的展会需要精心地策划和营销，就是已经举办了多届的展会每一届的策划和营销也都需要有创新，这样，会展才不会由于因循守旧而走向衰落。

二、后续管理工作的主要方法

有计划、有组织地开展会展后续管理工作，有利于提高后续工作的效率。美国的两项调查表明，如果在展会闭幕后继续进行与新客户的沟通与交流，展出者的营销额可以增加2/3。因此，美国著名展览专家艾伦·可诺派奇博士建议展出者将预算的15%～20%用于后续宣传和后续工作，并在展览筹备阶段就针对后续工作制定出计划。

一般情况下，后续工作由销售、技术等部门负责，展览部一般不负责会展后续工作。后续工作的主要依据是展台记录。在展会期间应建立完善的展台记录，以便在后续工作中派上用场。展台人员在展会期间会接触很多客户，包括留下名片的客户、交谈过的客户、表现出兴趣并索取报价的客户、表示要订货并开始谈判的客户，等等。所有这些客户都应按标准规格详细记录。

在展会期间，由于展会工作人员及参观者都很忙，没有足够的时间询问和记录，客户的许多详细情况很难了解，比如客户公司成立的年份、雇用人数、年经销额、地址、财政状况、信用等级、其供应商和最终用户名称等。这些信息如果能在后续工作中进一步收集并加以整理，将会成为判断客户的重要参考依据。

会展后续工作讲究效率。高效率的后续工作是展出成功的基本保证之一。后续工作应当在展会期间就开始做，可以由展台人员做，也可以由总部做。

只要潜在的客户参观了展台，就可以安排展台人员在当晚寄发事先准备好的明信片或信函，对客户参观展台表示感谢。如果展台人员在跟客户沟通中答应提供资料、样品、报价单等，应尽快办理，不要等到展览结束之后。如果感谢信或相关资料能在客户离开展会后迅速寄到，客户肯定会对展出者的效率和诚意感到惊奇，并留下深刻印象，这将有助于后续工作的展开，有助于实质性贸易关系的建立。

展会闭幕后，若有条件，展台人员可以适当多留几天，抓紧时间拜访当地重要的客户。通过参观客户的办公室、生产线、仓库等或与客户进一步交谈，了解客户的实力，加强与客户的联系。展台人员还要抓紧时间、抓住机会继续洽谈已开始并有可能谈成的交易，争取在离开展出地之前签约，但是对新客户的大额交易宜慎重。

展台人员回到公司后，应根据公司的统一安排继续做后续工作或者是将后续工作交给有关部门和人员。

会展后续工作是会展工作中的重要组成部分，是展出者营销工作中的主要阶段之一，应当高度重视并切实做好这一工作。高效率、高质量的会展后续工作是实现会展目标并达到营销目的的基本保证。

第二节 展后工作总结

展会工作总结是指在展会结束后，对展会的策划、营销、招展、招商、现场管理等工作所进行的回顾、分析和评价后形成的文书。

一、展会工作总结的作用

1. 总结经验教训

展会工作的成功经验以及失败的教训对于进一步做好展会工作具有十分重要的意义。通过回顾总结，将获得的展会工作经验、体会，遇到的困难和问题，以书面的形式记载下来，能够为今后的展会工作提供借鉴，以便少走弯路，提高效率。

2. 相互学习交流

展会工作总结还常常是展会总结表彰大会的交流材料，可以起到相互学习、取长补短、促进共同发展的作用。

3. 汇报工作情况

向上级机关汇报工作可以采取报告、简报和总结等书面形式。如果需要向上级汇报重要工作，或者汇报上级规定必须报告的工作，展会工作总结就可以更改形式，以正式报告的形式呈报给上级机关。平时工作完成后，可以用简报的形式转载展会工作总结，也就是将本单位的展会工作总结作为简报的正文上报。定期性的工作总结，如年度工作总结，也可以直接提交给上级机关。

二、展会工作总结的结构和写法

1.标题

展会工作总结的标题有四种写法：

(1)由单位名称、时限、主题、文种构成。这类标题主要用于总结单位内部定期性的展会工作，如《××展览公司2012医疗器械展工作总结》。

(2)由总结主题和文种组成。这类标题通常用于一项具体展会工作的专题总结，如《2012医疗器械营销工作总结》。

(3)采用普通文章标题的写法，即用一句或两句短语概括总结的主要内容或基本观点，不出现总结字样。这类标题主要用于报刊杂志上发表的总结，如《我们是怎样在美国办展的》。

(4)由正副标题组成。正题提示总结的主题，副题说明总结的单位、期限、种类等。这类标题主要用于报刊发表、简报转发或在会议上交流的总结，如《找准定位、加强规划、创建品牌——2012医疗器械展工作总结》。

2.署名

展会工作总结一般都是以单位的名义进行的，因此应当署单位的名称，并置于标题下。

3.正文

(1)开头。一般概括说明举办展会的背景、依据、指导思想、基本情况(名称、届次、主办单位、时间、地点、出席人数和规格、参展商以及观众的数量和质量、总成交额等)。开头力求简洁，开宗明义。

(2)主体。主体部分的内容一般有三项：一是本届展会的特点，组织工作的具体做法、效果和成绩；二是经验和体会；三是存在的问题和教训，或者进一步努力的方向。

主体部分的写法有三种：一是按具体做法和成绩－经验和体会－问题和教训或努力的方向模块来写。这种写法比较符合人们的阅读和思维习惯，使用较为广泛。具体写作时也可将做法和经验或者经验和问题糅在一起来写，夹叙夹议。二是按工作的时间阶段安排结构，适合于对工作周期长、阶段性较强的展会进行总结。三是按所作的工作项目安排结构，比如综合性总结涉及的方面较多，各项展会工作之间的特点不一，就可以将每一方面的展会工作排列起来，逐项加以总结。

(3)结尾。应归纳、呼应总结的主题，指出努力方向，提出改进意见，或表示决心、信心等。

4.日期

在正文右下方写明定稿的具体日期。

思考与练习

1.简要说明展后工作的重要性。

2.展后工作的内容有哪些？

3.展会工作总结的作用有哪些？

参考文献

[1]唐少清,魏士洲.会展运营管理.北京:机械工业出版社,2007

[2]丁萍萍.会展实务.北京:高等教育出版社,2009

[3]许传宏.会展策划.上海:复旦大学出版社,2007

[4]龚维刚,陈建国.上海:华东师范大学出版社,2007

[5]华谦生.会展管理.广州:广东经济出版社,2008

[6]任国岩,骆小欢.会展组织与管理.北京:高等教育出版社,2004

[7]镇剑虹,吴信菊.会展策划与实务.上海:上海交通大学出版社,2005

[8]贺刚,金蓓.会展信息管理系统.北京:对外经济贸易出版社,2004

[9]许传宏.会展服务与现场管理.北京:中国人民大学出版社,2008

[10]黄丹.市场调研与预测.北京:北京师范大学出版社,2007

[11]王春雷,陈震.展览会策划与管理.北京:中国旅游出版社,2006

[12]刘勇.会展服务管理. 北京:化学工业出版社 2008

[13]牟红.会展服务管理. 北京:机械工业出版社,2007

[14]胡平.会展营销.上海:复旦大学出版社,2005

[15]刘大可.会展营销教程.北京:高等教育出版社,2006

[16]余明阳,姜炜.博览学.上海:复旦大学出版社,2005

[17]马勇,王春雷.会展管理的理论、方法与案例.北京:高等教育出版社,2003

[18]周彬.会展概论.上海:立信会计出版社,2003

[19]刘大可,王起静.会展活动概论.北京:清华大学出版社,2004

[20]刘大可.会展经济学.北京:中国商务出版社,2004